我们一起解决问题

通达信公式选股实战

精准、高效发现强势股

诸葛金融◎著

人民邮电出版社

北　京

图书在版编目（CIP）数据

通达信公式选股实战：精准、高效发现强势股 / 诸葛金融著. -- 北京：人民邮电出版社，2024.5
ISBN 978-7-115-62742-1

Ⅰ. ①通… Ⅱ. ①诸… Ⅲ. ①股票交易－应用软件－基本知识 Ⅳ. ①F830.91-39

中国国家版本馆CIP数据核字(2023)第182135号

内 容 提 要

在股票投资中，选股是一个重要环节。在合适的时间选出符合交易策略的股票，是投资者获得投资收益的前提条件。

本书首先介绍了在通达信炒股软件中，用简单的编辑公式的方式进行选股的基本概念、逻辑和方法；其次介绍了如何根据上市公司基本面指标来编辑选股公式，如何根据技术指标及K线图形态来编辑选股公式；最后介绍了通达信公式选股的进阶方法和演示案例。

本书可以帮助没有编程知识的普通投资者学会利用通达信软件的基础功能，通过简单的编程，精准、快捷、高效地选出符合自己交易条件的股票。

◆ 著　诸葛金融
责任编辑　杨佳凝
责任印制　彭志环

◆ 人民邮电出版社出版发行　北京市丰台区成寿寺路 11 号
邮编 100164　电子邮件 315@ptpress.com.cn
网址 https://www.ptpress.com.cn
涿州市般润文化传播有限公司印刷

◆ 开本：880×1230　1/32
印张：10.5　　　　　　　　　2024 年 5 月第 1 版
字数：240 千字　　　　　　　2025 年 9 月河北第 8 次印刷

定　价：69.80 元
读者服务热线：（010）81055656　印装质量热线：（010）81055316
反盗版热线：（010）81055315

　　无论机构还是散户，成功的投资者都需要建立一套适应市场，并能保持长期稳定盈利的交易系统。简单来说，交易系统包括交易策略、风控措施和交易工具。而通达信软件中的公式编写功能强大，是新时代 A 股股民必须学会、用好的实战交易工具。

选股策略、市场逻辑与公式编写

　　与交易标的数量有限的期货市场不同，在 A 股市场中，上市公司数量多，并且走势分化。因此，A 股投资者的交易策略又分为选股策略和买卖策略。在实战中，如果选对了股票，那么即使采用最简单的买卖策略大概率也能赚钱；如果选错了股票，那么用再好的买卖策略大概率也会亏钱。也就是说，投资 A 股，选股策略的重要性远远大于交易策略。如果三七分，那么交易策略占三成，选股策略占七成。

与绝大多数散户不同，机构投资者会将计算机作为最基础的交易工具，并结合正确的市场逻辑，建立一整套交易系统。A股市场的机构投资者基本上都使用通达信软件，通过编写公式和程序把特定的市场逻辑公式化，实现程序化的选股和交易。

散户需要补上公式选股的短板

在任何领域，向赢家学习都会大大增加我们成功的概率。我们散户炒股不但要学赢家的理念，更重要的是学习赢家的方法。与机构投资者相比，散户股民还需要在三个方面弥补自己的短板。

第一，学习机构投资者的市场逻辑。市场逻辑分为基本面逻辑和技术面逻辑，而制定选股策略要同时依据基本面逻辑和技术面逻辑，制定买卖策略则主要依据技术面逻辑。散户只有认真研究和学习机构投资者的正确市场逻辑，才能在理念上与市场同频。

第二，学会并用好通达信软件的公式编写功能，与市场赢家在交易工具层面站在同一起跑线上。

第三，要跟机构投资者一样，利用通达信软件的公式编写功能，打造个性化的交易工具包。交易工具包就是交易策略的公式包，包括选股公式包和买卖指示公式包。

机构投资者如何生成选股公式

理解了"历史会重演"这个道理，我们便找到了股市的财富大门，而打开财富大门的钥匙是市场逻辑。与通常意义上的"一把钥匙开一把锁"不同，打开股市的大门，需要将多把钥匙在特定的时空下加以组合运用。在特定条件下，这个钥匙组合可能会有效；但是如果换一个时空，先前起作用的钥匙组合也可能失效。也就是说，市场逻辑是否准确，是一个概率事件。

基于上述事实，机构投资者编写公式一般会采用以下方法。

第一，借助价值投资理论和技术分析原理，定义特定的市场逻辑，即个股的某种特征与价格运动的关联性。

第二，将个股的某种特征标准化，进行量化建模，并在此基础上编写公式。

第三，找出符合模型标准的个股，并标示特定的时空点进行图表验证或历史数据测评。

第四，优化公式。

第五，将优化后的公式加入公式工具包。

事实上，普通散户利用通达信软件也能够重复上述过程。通达信系统的指标公式实现了特定市场逻辑的标准化，并能在个股详情页上标示出来。利用选股公式，散户能够依据特定的市场逻辑选出符合标准的个股；如果需要指定时间段，还可以实现指定时间段选股。

散户需要构建的公式包

在实战中，散户投资者需要构建两种类型的公式包：一种是指标公式包，用来对个股进行跟踪观察，以及买卖交易；另一种是选股公式包，用来精准、高效地选出强势股。

用于买卖策略的指标公式有三个要点：趋势识别、买卖点提示和止损设置。本书详解了对应的三个指标公式，具体如下。

第一，"均线趋势"指标公式。该公式优化了均线的显示方式，以"红涨绿跌"的形式直接显示个股的趋势方向和所处的趋势阶段。

第二，"MACD柱状图"指标公式。该公式是很多专业交易员习惯使用的MACD指标呈现方式，其在提供更多技术细节的同时，有效克服了MACD滞后性的弊端。

第三，"ATR吊灯止损"指标公式。很多散户可能并不熟悉ATR指标，其实现在很多专业交易员都在使用这个指标，并衍生出了多种使用策略。本书在第5章详细阐述了ATR指标的技术原理，以及在止损设置中的使用方法。

对于更重要的选股策略，本书充分参考了机构投资者的市场逻辑，以精准、高效地发现强势股为目标，重点讲解了五套选股公式，具体如下。

第一，"强势基本面"。采用该选股公式的目的是选出机构青睐的成长型白马股。该选股公式的制定者在市场逻辑上除了依据个股的基本面数据外，还考虑了机构年度选股的关键时间节点。

第二，"我的巴菲特选股方案"。该选股方案是通达信软件对巴菲特选股公式的优化。很多机构会采用巴菲特的价值投资方式，本书中介绍的此类公式加入了机构投资者最基本的选股标准，目的是排除机构大概率不会参与的个股。

第三，"布林带+MACD柱状图"。布林带是最常见的技术指标之一。通常，95%的价格运动都发生在布林带内部，由此可以推断出，剩下5%的价格运动是异常的剧烈运动，对应的则是强劲的上涨趋势或下跌趋势。运用该选股公式，可以用布林带找出强趋势运动的起爆点，再配合MACD柱状图的使用来精确把握买卖点。

第四，"强势老鸭头"。查看通达信软件自带"老鸭头"选股公式的源代码，我们会发现它与很多人认为的老鸭头技术原理并不一样，它是经典波浪理论的实战公式，其目的是及时选出2浪结束后3浪的起涨点，或是4浪结束后5浪的起涨点。本书第6章详细解析了通达信系统公式的源代码，还原了该公式背后的技术原理，这是学习优秀公式的一种有效方法。在此基础上，本书利用波浪理论的实战技术原理，对其进行了再优化。

第五，"TD序列多转"。"神奇九转"是一些散户熟悉的指标之一，其背后的原理是"TD序列"。TD序列是一种基于时间的技术分析理论，相对于常见的价、量、形态和K线理论，它属于高级技术分析理论的范畴。本书第9章以TD序列理论为依据，展示了机构投资者在建立特定交易系统过程中，公式编写的一般流程，以及对应的结果：指标公式＋选股公式＋买卖策略。感兴趣的读者可以在此基础上，深入发掘或举一反三，编写出更好的公式包。

成功既有共性，也有独特性。一个成功的交易系统既要满足长期、稳定盈利的共性，同时也会充满鲜明的独特性。笔者衷心希望读者能够善用通达信软件的公式编写功能，根据自己的交易经验和交易风格，打造属于自己的交易系统，成为股市的赢家。

市场是一个复杂的系统，交易的世界没有标准答案。本书的观点仅是一家之言，其目的在于抛砖引玉，敬请读者指正。

目录

第 1 章

通达信公式选股流程和应用场景

1.1　A 股投资者为什么要学会通达信公式选股方法

炒股赚钱的逻辑是低买高卖，低买高卖的逻辑是个股正处于或即将处于上涨趋势。在有着 5 000 多家上市公司的 A 股市场中，个股的走势通常是分化的，有的股票在涨，有的股票在盘整，还有的股票在跌。因此，炒股赚钱的逻辑归根结底就是选股。

通达信软件是一个综合系统，其中的公式选股能够帮助投资者精准、高效地发现强势股，是 A 股投资者必须掌握的投资工具。

1.1.1　A 股市场与盈利有关的三个重要常识

A 股是由沪交所、深交所和北交所构成的大型市场，在这个市场中，想要炒股盈利的投资者都必须知道三个重要常识。

第一，A 股是鼓励价值投资的市场，主要的盈利方式是做多。A 股的这个特点使普通股民很难通过做空赚钱。任何一只牛股，哪怕是贵州茅台这样长周期的大牛股，也不可能一直上涨。所有投资者都知道，股价不可能涨到天上去。因此，单向操作策略必然伴随着换股的基本要求。

第二，中国是一个庞大的经济体，在 A 股上市的公司有几千家。换句话说，A 股市场可交易的个股的数量级别是以千计的。个体投资者采用人工选股的方式不可能应对这样数量级别的股票。散户要想选出好股，需要学会用通达信软件进行公式选股。

第三，A 股市场现阶段采用的交易规则是"T+1"，股民当天买进的个股当天不能卖出。这个制度起到了防止过度交易，保护股民的作用。但是，这个交易规则也会让一些交易策略或交易技巧失效。例如，投资者买进后，当天价格就跌破甚至大幅度跌破止损价，投资者是无能为力的，只能看着。这个事实会迫使追涨做突破的投资者去优化、再优化选股标准，这加大了技术面选股的难度。

基于上述事实，在 A 股市场盈利的关键点是选股，一个高效的解决方案是用通达信软件进行公式选股。

1.1.2　向机构投资者学选股逻辑

学会用通达信系统进行公式编写一点也不难，就如同职场中必须会使用办公软件 Word、Excel、PPT 一样，普通投资者很快就能掌握。但是，如同使用 Word 写文章一样（有的人妙笔生花，而有的人则词不达意），通达信实战选股公式，有的人觉得非常好用，而有的人觉得没有什么用，原因在于妙笔生花的人脑子里有想法，好用的公式背后都有自己的市场逻辑。

有经验的股民都会说，股市是历史的重复。但是，作为股市赢家的机构投资者在此基础上提出了更进一步的问题：

- 历史是什么概念？
- 重复又是什么形式？
- 如何利用"股市中的历史重复"获利？

历史就是已经发生的事实，对股市来说，就是过去的牛市和熊市，以及更常见的震荡市。股市的历史还包括曾经的牛股，以及牛股辉煌之后的恐怖跌势。

重复的形式分为两种。一种是资金面推动技术面，多头买买买，催生牛市和大牛股；空头卖卖卖，造成熊市和熊股。另一种是每个时代的明星产业或是明星企业，在基本面数据和市场美好愿景的共同作用下，股价不断创新高；涨到极限高价后，股票滞涨或者掉头向下。

在如何利用"股市中的历史重复"获利方面，机构主要靠基本面选股，原因在于多数机构做的是长线的价值投资。而游资的选股逻辑则更侧重资金面推动的技术面，做的是中短线投资。

1.1.3　实战中如何用好公式进行选股

向机构投资者学选股，重要的是学会选股方法。选股方法是逻辑、工具和流程的结合。

任何一个选股模型都是简化后的市场逻辑。无论机构还是游资，甚至是 AI，都不能还原历史的所有细节。也就是说，不可能还原几十年前一次大牛市或大牛股的基本面或技术面的所有信息。因此，我们在编写选股公式的时候也要简化，尽量找到核心的选股标准。

对熟练掌握通达信公式编写方法的股民来说，在工具使用层面上与机构投资者并没有本质上的差异。因此，对选股流程的控制非常关键，股民需要注意两个要点。

第一，通达信公式分为指标公式和选股公式，投资者要搭配使用。

第二，通达信公式选股系统中有一个功能叫"时间段内满足条件"，这个功能非常重要。投资者可以使用这个功能，用选股公式选出历史上符合特定标准的个股，再配合指标公式查看之后的走势。

事实上，公式选股就是快速、直观地展示"重复的赚钱的历史"，从而找到可能盈利的个股和技术面上的启动点，在实战中重复赚钱的过程和结果。

1.2　公式选股首先要做好股票池管理

使用通达信系统的条件选股功能，我们可以快速扫描 5 000 只股票，筛选出符合条件的个股。那么，我们应该将筛选出的个股存放在哪里呢？这是我们首先要解决的问题。在使用条件选股功能之前，我们需要提前做好股票池的管理工作。

1.2.1　熟悉系统自带的股票池管理功能

"自选股"和"临时条件股"是通达信系统自带的用于管理股票池的功能。"自选股"通常用于人工选股。"临时条件股"通常用于公式选股。它们的入口在行情报价列表页面下方的最左侧，在那里，我们可以找到"分类"菜单，如图 1-1 所示。

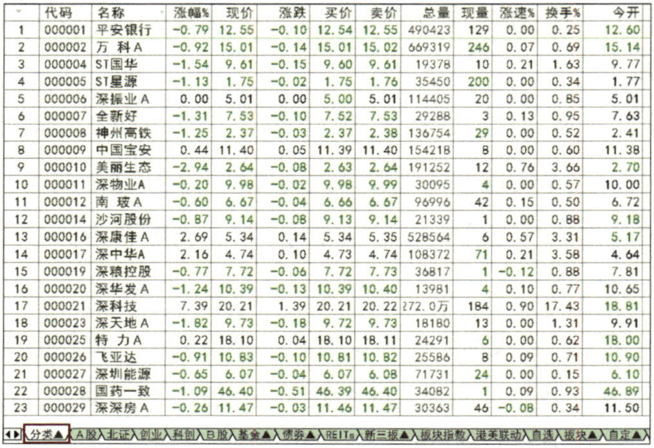

	代码	名称	涨幅%	现价	涨跌	买价	卖价	总量	现量	涨速%	换手%	今开
1	000001	平安银行	-0.79	12.55	-0.10	12.54	12.55	490423	129		0.25	12.60
2	000002	万 科A	-0.92	15.01	-0.14	15.01	15.02	669319	246	0.07	0.69	15.14
3	000004	ST国华	-1.54	9.61	-0.15	9.60	9.61	19378	10	0.21	1.63	9.77
4	000005	ST星源	-1.13	1.75	-0.02	1.75	1.76	35450	200	0.00	0.34	1.77
5	000006	深振业A	0.00	5.01	0.00	5.00	5.01	114405	20	0.00	0.85	5.01
6	000007	全新好	-1.31	7.53	-0.10	7.52	7.53	29288	3	0.13	0.95	7.63
7	000008	神州高铁	-1.25	2.37	-0.03	2.37	2.38	136754	29	0.00	0.52	2.41
8	000009	中国宝安	0.44	11.40	0.05	11.39	11.40	154218	8	0.00	0.60	11.38
9	000010	美丽生态	-2.94	2.64	-0.08	2.63	2.64	191252	12	0.76	3.66	2.70
10	000011	深物业A	-0.20	9.98	-0.02	9.98	9.99	30095	4	0.00	0.57	10.00
11	000012	南 玻A	-0.60	6.67	-0.04	6.66	6.67	96996	42	0.15	0.50	6.72
12	000014	沙河股份	-0.87	9.14	-0.08	9.13	9.14	21339	1	0.00	0.88	9.18
13	000016	深康佳A	2.69	5.34	0.14	5.34	5.35	528564	6	0.57	3.31	5.17
14	000017	深中华A	2.16	4.74	0.10	4.73	4.74	108372	71	0.21	3.58	4.64
15	000019	深粮控股	-0.77	7.72	-0.06	7.72	7.73	36817	1	-0.12	0.88	7.81
16	000020	深华发A	-1.24	10.39	-0.13	10.39	10.40	13981	4	0.00	0.65	10.65
17	000021	深科技	7.39	20.21	1.39	20.21	20.22	272.0万	184	0.90	17.43	18.81
18	000023	深天地A	-1.82	9.73	-0.18	9.73	9.75	18180	13	0.00	1.31	9.91
19	000025	特 力A	0.22	18.10	0.04	18.10	18.11	24291	1	0.00	0.62	18.00
20	000026	飞亚达	-0.91	10.83	-0.10	10.81	10.82	25586	8	0.09	0.71	10.90
21	000027	深圳能源	-0.65	6.07	-0.04	6.07	6.08	71731	24	0.00	0.15	6.10
22	000028	国药一致	-1.09	46.40	-0.51	46.39	46.40	34082	1	0.09	0.93	46.89
23	000029	深深房A	-0.26	11.47	-0.03	11.46	11.47	30363	46	-0.08	0.34	11.50

`分类▲` A股 北证 创业 科创 B股 基金 债券 REITs 新三板 板块指数 港美联动 自选 板块 自定

图1-1 "分类"菜单

单击"分类"菜单，弹出图1-2所示的"分类"子菜单。倒数第三个子菜单是"自选股"，对应的快捷键是06。倒数第二个子菜单是"临时条件股"。

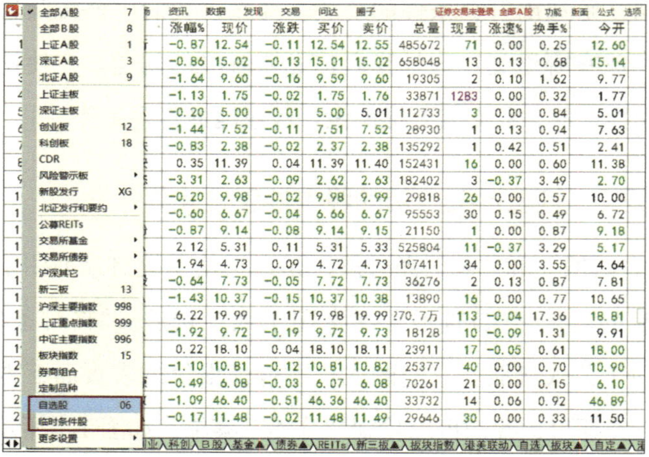

图1-2 "分类"子菜单1

单击"自选股"子菜单，进入"自选股"界面，如图 1-3 所示。由于"自选股"是一个日常使用频率很高的功能，因此它是一个与"分类"菜单平级的菜单，位于行情报价列表页面下方中间偏右的位置。在新安装的股票软件中，"自选股"和"临时条件股"两个界面都是空的，里面没有股票。

图 1-3　空的"自选股"板块

1.2.2　手动添加个股到股票池中

我们随便查看一只股票的 K 线图，如 300613 富瀚微，如图 1-4 所示。在主图右击，系统自动弹出图 1-4（a）所示的主图功能菜单。在任意一个副图上右击，系统自动弹出图 1-4（b）所示的副图功能菜单。

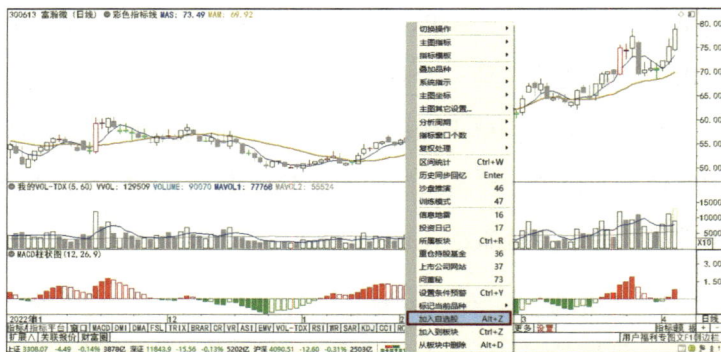

（a）

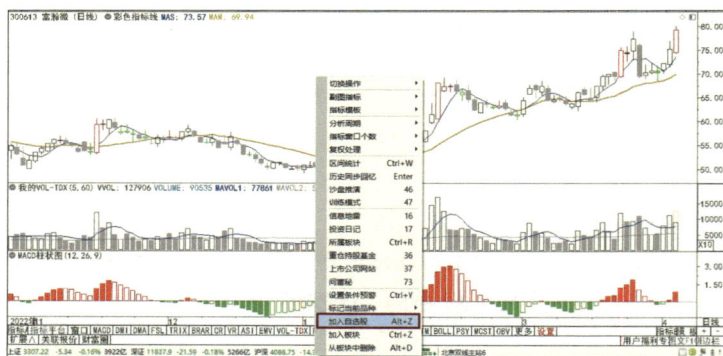

（b）

图 1-4　主图和副图功能菜单

对比两个功能菜单，可以发现主图和副图的大部分功能都是相同的。倒数第三个菜单是"加入自选股"，对应的快捷键是"Alt+Z"。倒数第二个菜单是"加入板块"，对应的快捷键是Ctrl+Z。另外，主图仅比副图多了"叠加品种""系统指示""主图坐标"和"主图其他设置"这四个功能，熟练使用这四个主图功能可以大大提高技术分析的效率。

按快捷键"Alt+Z"，弹出"加入自选股 / 板块"提示框，如图 1-5 所示。默认选中"自选股"，默认勾选"放在前面"，单击"确定"按钮，该股便被添加至"自选股"里了。

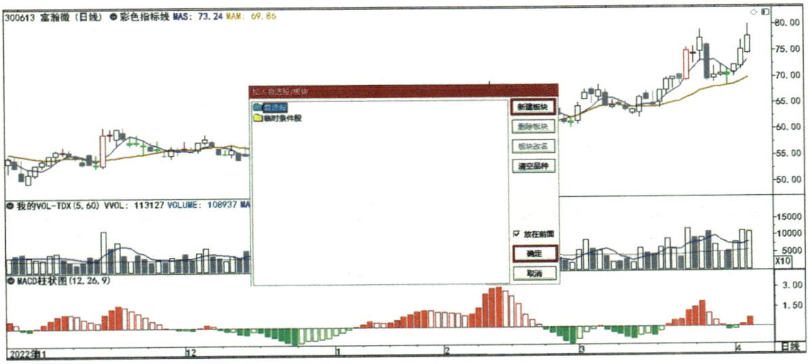

图 1-5　"加入自选股 / 板块"提示框

按快捷键"Esc"，回到行情报价列表页面，如图 1-6 所示，可以看到富瀚微（300613）被排在"自选股"界面的第一个。

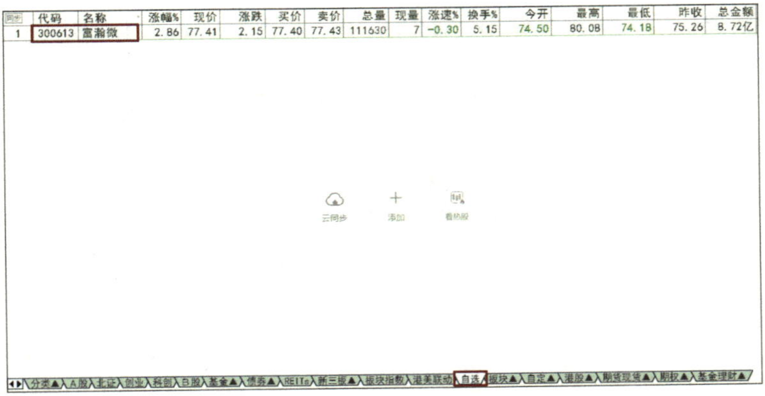

图 1-6　有个股的"自选股"板块

手动添加个股到"自选股"的流程，可以让我们在翻看具体个股时，一旦遇到走势好的股票，就可以立刻将其"加入收藏夹"。

1.2.3 建立常用的股票池管理系统

我们在做日常的股票池管理时，除了使用通达信系统的自带功能，还可以建立用于规范个人交易习惯的股票池"文件夹"。本节以常用的选股交易三个阶段为例，讲解如何建立专门存放用各种选股方法选出的大量优质个股的"大股票池"，在"大股票池"中筛选出正处于上升趋势（如价格正处于 20 日均线上方）的"小股票池"及"交易股票池"。

建立股票池的主要工作就是在通达信系统中管理各个板块，主要有两种方式。

（1）在个股详情页面管理板块

如图 1-5 所示，在"加入自选股 / 板块"提示框中，单击"新建板块"按钮，弹出"新建板块"对话框，如图 1-7 所示。

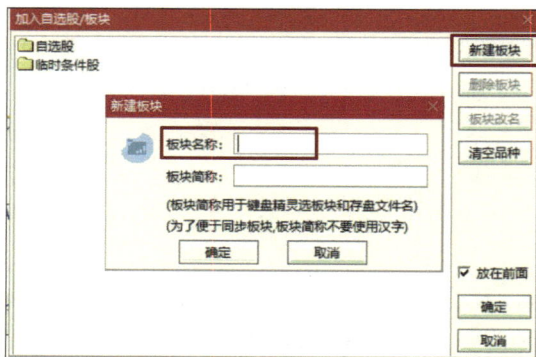

图 1-7 "新建板块"对话框 1

如图 1-7 所示，在"板块名称"输入框中，填写"大股票池"，如图 1-8 所示。当填写完成时，下面的"板块简称"会自动出现"DGPC"。在对话框中也有关于板块简称的说明，大写字母的板块简称可以用于键盘精灵。当我们创建了"大股票池"板块后，在键盘精灵中输入"DGPC"，也可以快速进入"大股票池"界面。

在图 1-8 中单击"确定"按钮后，如图 1-9 所示，新的板块创建完成。"临时条件股"下方会增加"大股票池"板块。

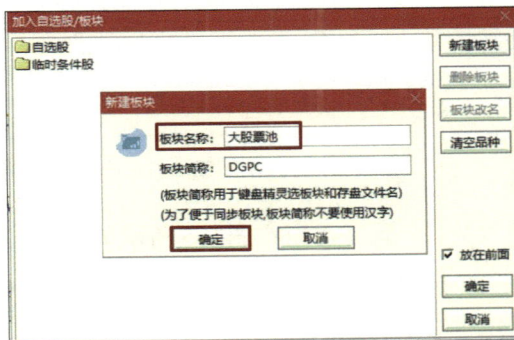

图 1-8　"板块名称"输入框

图 1-9　创建新的板块

重复新建板块的过程，可以添加"小股票池"和"交易股票池"板块，如图 1-10 所示。

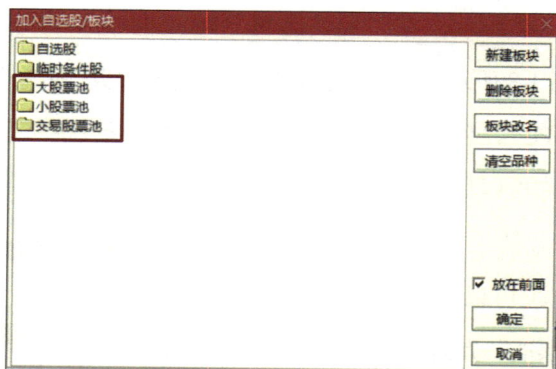

图 1-10　创建三个常用板块 1

除了可以在图 1-5 所示的"加入自选股 / 板块"提示框中添加新的板块，还可以把个人创建的板块删除。如图 1-11 所示，选中"大股票池"，单击"删除板块"按钮，弹出"确定删除"对话框。单击"确定"按钮，可以删除"大股票池"板块。重复删除板块的过程，可以恢复到图 1-5 所示的"加入自选股 / 板块"提示框状态，板块选择框中只剩下两个系统自带的功能。

图 1-11　"删除板块"对话框

（2）在行情报价列表页面管理板块

在行情报价列表页面下方偏右侧，找到"自定"菜单。单击"自定"菜单，弹出"自定义板块设置"子菜单，如图 1-12 所示。

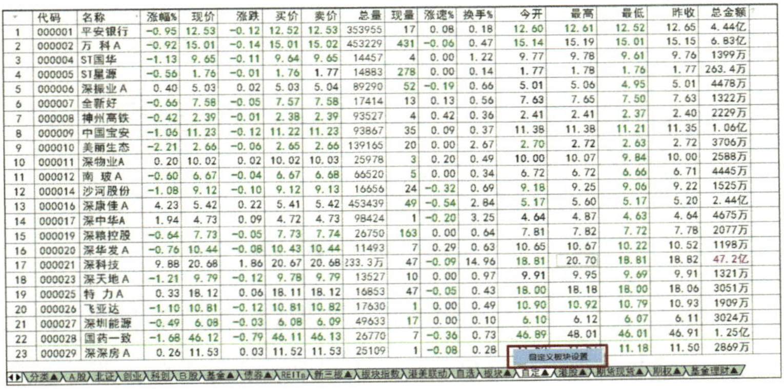

	代码	名称	涨幅%	现价	涨跌	买价	卖价	总量	现量	涨速%	换手%	今开	最高	最低	昨收	总金额
1	000001	平安银行	-0.95	12.53	-0.12	12.52	12.53	353955	17	0.08	0.18	12.60	12.61	12.52	12.65	4.44亿
2	000002	万 科A	-0.92	15.01	-0.14	15.01	15.02	453229	431	-0.06	0.47	15.14	15.19	15.01	15.15	6.83亿
3	000004	ST国华	-1.13	9.65	-0.11	9.64	9.65	14457	4	0.00	1.22	9.77	9.78	9.61	9.76	1399万
4	000005	ST星源	-0.56	1.76	-0.01	1.76	1.77	14883	278	0.00	0.19	1.77	1.78	1.76	1.77	263.4万
5	000006	深振业A	0.40	5.03	0.02	5.03	5.04	89290	52	-0.19	0.66	5.01	5.06	4.95	5.01	4478万
6	000007	全新好	-0.66	7.58	-0.06	7.57	7.58	17414	13	0.13	0.56	7.63	7.65	7.50	7.63	1322万
7	000008	神州高铁	-0.42	2.39	-0.01	2.38	2.39	93527	4	0.42	0.36	2.41	2.41	2.37	2.40	2229万
8	000009	中国宝安	-1.06	11.23	-0.12	11.22	11.23	93867	35	0.09	0.17	11.38	11.38	11.21	11.35	1.06亿
9	000010	美丽生态	-2.21	2.66	-0.06	2.65	2.66	139165	20	0.00	2.67	2.70	2.72	2.63	2.72	3706万
10	000011	深物业A	0.20	10.02	0.02	10.02	10.03	25978	3	0.20	0.49	10.00	10.07	9.84	10.00	2588万
11	000012	南 玻A	-0.60	6.67	-0.04	6.67	6.68	66520	5	0.00	0.34	6.72	6.72	6.66	6.71	4445万
12	000014	沙河股份	-1.08	9.12	-0.10	9.12	9.13	16656	24	-0.32	0.49	9.19	9.25	9.06	9.22	1525万
13	000016	深康佳A	4.23	5.42	0.22	5.41	5.42	453439	49	-0.54	2.84	5.17	5.50	5.17	5.20	2.44亿
14	000017	深中华A	1.94	4.73	0.09	4.72	4.73	98424	1	0.00	3.25	4.64	4.87	4.63	4.64	4675万
15	000019	深精控股	-0.67	7.73	-0.05	7.73	7.74	26750	163	0.00	0.67	7.77	7.82	7.72	7.78	2077万
16	000020	深华发A	-0.76	10.44	-0.08	10.43	10.44	11493	7	0.29	0.61	10.65	10.67	10.22	10.52	1198万
17	000021	深科技	9.88	20.68	1.86	20.67	20.68	233.3万	47	-0.09	14.96	18.50	20.70	18.82	18.82	47.2亿
18	000023	深天地A	-1.21	9.79	-0.12	9.78	9.79	13527	10	0.00	0.97	9.91	9.95	9.69	9.91	1321万
19	000025	特 力A	0.33	18.12	0.06	18.11	18.12	16853	47	-0.05	0.43	18.00	18.18	18.06	18.06	3051万
20	000026	飞亚达	-1.10	10.81	-0.12	10.81	10.82	17630	1	0.00	0.49	10.90	10.92	10.79	10.93	1909万
21	000027	深圳能源	-0.49	6.08	-0.03	6.08	6.09	49633	17	0.00	0.13	6.12	6.17	6.02	6.11	3024万
22	000028	国药一致	-1.68	46.12	-0.79	46.11	46.13	26770	7	-0.36	0.37	46.89	48.01	46.01	46.91	1.25亿
23	000029	深深房A	0.26	11.53	0.03	11.52	11.53	25109	1	0.00	0.08	11.28		11.18	11.50	2869万

图 1-12　"自定义板块设置"子菜单

单击图 1-12 中的"自定义板块设置"子菜单，弹出图 1-13 所示的"自定义板块设置"提示框。在新安装的股票软件中，只有"自选股"和"临时条件股"两个板块，它们不能被删除。

对比图 1-5 所示的"加入自选股 / 板块"提示框和图 1-13 的"自定义板块设置"提示框，它们都可以对板块（也就是股票池）进行新建和删除。图 1-5 针对的是一只股票与一个板块之间"一对一"的关系；而图 1-13 可以批量管理多个板块的多只股票之间"多对多"的关系，它的股票池的批量管理功能很强大。

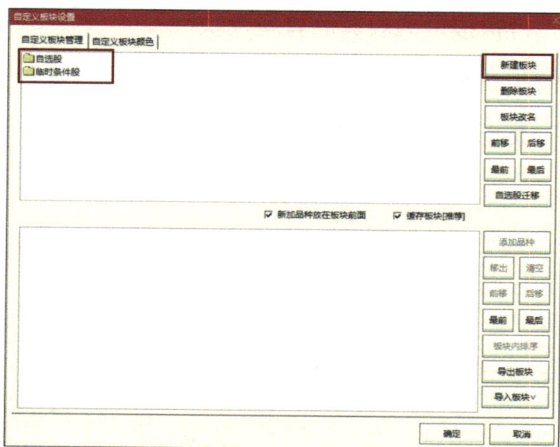

图 1-13 "自定义板块设置"提示框 1

在图 1-13 中，单击右侧的"新建板块"按钮，弹出"新建板块"对话框，如图 1-14 所示。在"板块名称"输入框中填写"大股票池"。

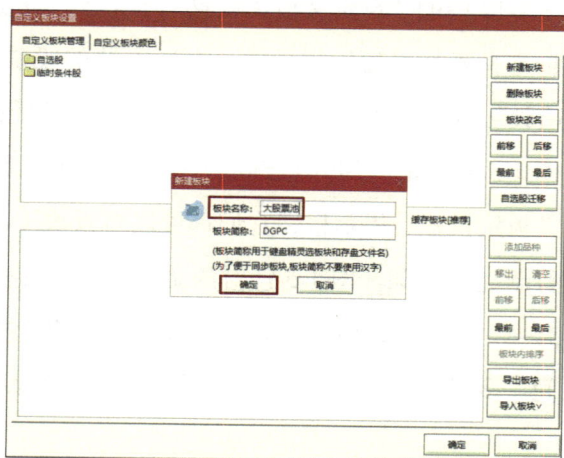

图 1-14 "新建板块"对话框 2

单击"确定"按钮，出现图 1-15 所示的提示框，可以看到在"临时条件股"下方增加了"大股票池"板块。

对比图 1-15 和图 1-9，我们发现创建的新板块都显示在板块最后。但是图 1-15 中还显示了当前"大股票池"板块包含的股票数量为 0。

图 1-15　"自定义板块设置"提示框 2

重复新建板块的过程，添加"小股票池"和"交易股票池"板块，如图 1-16 所示。

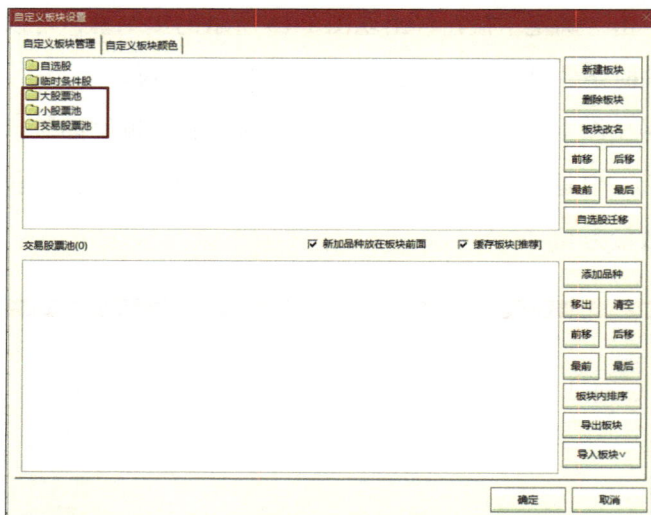

图 1-16　创建三个常用板块 2

创建好三个常用板块后，单击图 1-16 中的"确定"按钮或者"取消"按钮，回到行情报价列表页面，再次单击"自定"菜单，弹出"自定"子菜单，如图 1-17 所示。

图 1-17　"自定"子菜单

对比图 1-17 和图 1-12，我们发现图 1-17 在"自定义板块设置"菜单上方多了三个新板块。注意，"大股票池"后面的"51"，"小股票池"后面的"52"，"交易股票池"后面的"53"，它们表示的不是板块中股票的数量，而是自定义板块的快捷键。通达信系统为自定义板块预留了 51 至 59 共 9 个快捷键，其余自定义板块的快捷键只能通过"板块简称"的大写字母进行编辑。

综合图 1-14 和图 1-17，如果我们想要快速进入"大股票池"板块，那么可以在键盘精灵中输入"DGPC"，也可以输入"51"。

1.3　公式选股的执行与结果检查

"UPN 连涨数天"是通达信系统自动显示的第一个选股公式。它以连涨三天为条件进行选股，如果选出的某些股票都是小阳线，那么表明这类股票很可能在支撑位积蓄了力量，随后很可能突然剧烈运动，形成"神奇九转"的走势。本节就以此为例，对公式选股的整个过程进行说明。

1.3.1　执行选股

按快捷键"Ctrl+T"，打开"条件选股"窗口，如图 1-18 所示。

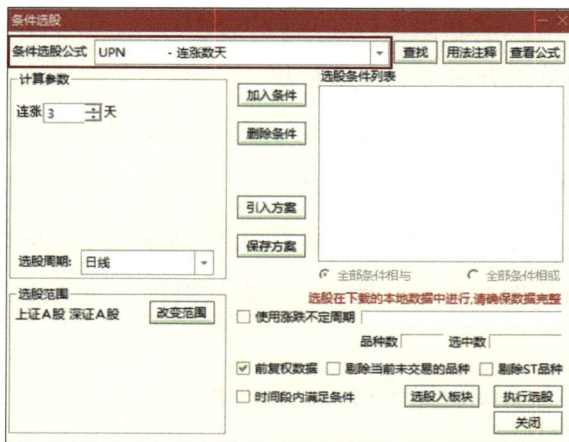

图 1-18　初始的"条件选股"窗口

在初始的"条件选股"窗口中，条件选股公式为"UPN 连涨数天"，默认参数为"3"，默认选股周期为"日线"，单击"加入条件"按钮，如图 1-19 所示。

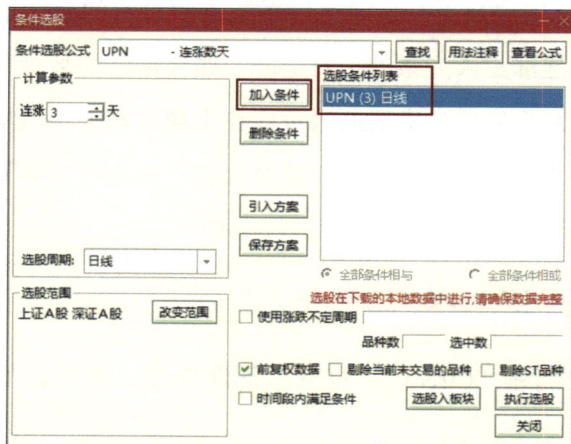

图 1-19　加入选股条件

如图 1-19 所示，"选股条件列表"中添加了"UPN（3）日线"。其中，"UPN"表示选股公式的名称，括号里的"3"表示选股时使用的参数值，"日线"表示选股周期。

勾选"剔除当前未交易的品种"和"剔除 ST 品种"，单击"执行选股"按钮，如图 1-20 所示。

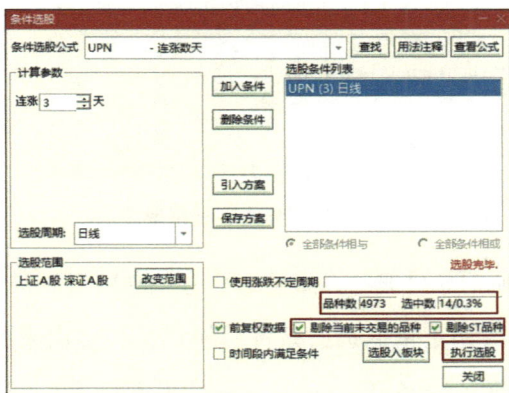

图 1-20　执行选股

可以看到，系统从 4 973 只股票中选出了 14 只股票，选中率约为 0.3%。由于本次选股采用了默认选股范围，也就是说，当前上证 A 股和深证 A 股共有 4 973 只股票。选中率是由选中的股票数量除以选股范围的数量，然后四舍五入得到的（14÷4 973≈0.003）。

1.3.2　检查结果

当单击"执行选股"按钮时，选出的股票被存放在"临时条件股"界面。单击图 1-20 中的"关闭"按钮，自动进入"临时条件股"界面。

如果从"临时条件股"界面换到了"A 股""创业"或者自定义板块，想要回到"临时条件股"界面，那么可以单击"分类"菜单，选中"临时条件股"菜单，如图 1-21 所示。

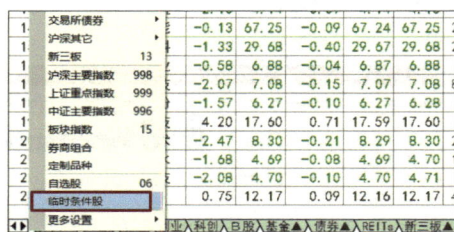

图 1-21　"分类"子菜单 2

此时"临时条件股"界面显示了选中的 14 只股票，如图 1-22 所示。这些股票是依据选股条件板块逐个扫描出来的。列表中的个股富瀚微（300613），它的名称是蓝色的。名称颜色与其他个股不同的原因是，我们前面已将该股加入了"自选股"。

图 1-22　选中的股票列表

双击图 1-22 中的第一只股票联创光电（600363），进入该股的详情页，如图 1-23 所示。

图 1-23　选中个股的详情 1

该股当前以 20 日均线为支撑，正处于上升趋势。最近一根 K 线是涨幅超过 6.18% 的放量大阳线，由于收盘价超过了之前平台的最高价，所以投资者也可以使用"翻亚当"技术，预测后面几天可能出现的走势，如图 1-24 所示。

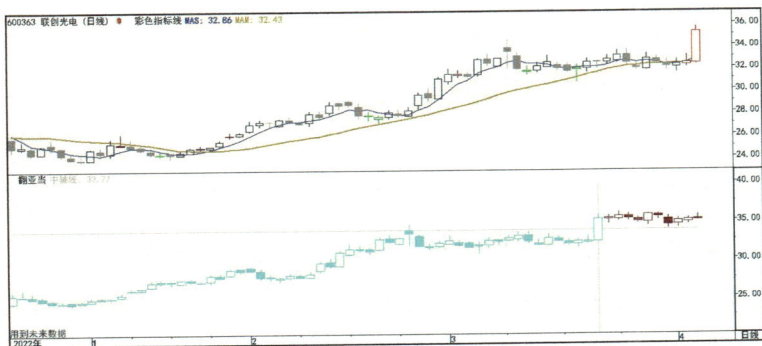

图 1-24　选中个股的详情 2

该股后续的走势分两种：第一种是在当前的大阳线实体上半部分做横盘整理；第二种是持续放量上涨大阳线。根据两种不同的可能性，我们可以设置不同的交易计划。

1.3.3　收藏个股

如果经过初步分析，图 1-23 中的个股技术面尚可，那么可将其加入"大股票池"板块。

由于该股当前收盘价高于 20 日均线，因此还可将其加入"小股票池"板块。

至于是否将该股加入"交易股票池"，取决于次日的走势。如果次日开盘后价格快速涨过大阳线的最高价，主观判断后续可能是持续放量，那么以大阳线上涨的走势，要立刻将其加入"交易股票池"；如果次日开盘后该股在大阳线实体上半部分做横盘整理，那么可以考虑等到第七个交易日前后，价格在中轴线附近得到有力支撑时，再将其加入"交易股票池"。

1.4　公式选股的三大使用场景

无论使用自行编写的公式还是本书中讲述的公式，投资者都需要掌握特定公式的市场逻辑，以及可能的参数设置方法。投资者对实战中的选股公式不能贪多，必须求精。在实战前，要反复学习机构投资者的选股方法，真正掌握特定选股方案的使用技巧。

实战中的公式选股一般分为阶段性选股、尾盘选股和早盘选股三种使用场景。

1.4.1　阶段性选股

阶段性选股是指中长期选股，一般每个月或每周进行一次。有经验的投资者一般会定期进行股票池的整理工作，这时可采用阶段性选股方法。

阶段性选股是重要但不紧迫的工作，投资者需要更多的耐心。对一般的个体投资者来说，大股票池有几十只个股就足够了，最好采用"宽选严进"的方法。所谓"宽选"，是指可以使用多种选股方案选股，既是选股，也是在倾听市场的声音；"严进"是指选择进入股票池的标准要严格，至少是中线呈上涨趋势的个股。

1.4.2　尾盘选股

尾盘选股是短线选股法，目的是在个股第二天冲高时卖出。但如果个股第二天走势特别强劲，那么也可以多留几天做波段选股。

一般情况下，个股的短线走势通常会持续两天。如果短线见顶，那么通常早盘冲高回落，下午弱势整理，甚至创出新低；如果短线下跌转上涨，那么通常也会在下午表现为筑底成功，并有上涨的迹象；如果个股处于持续上涨阶段，那么当天会有冲高后强势整理的盘面特征。因此，尾盘选股是一个很重要的选股时段。

尾盘选股一般在下午 2 点至 2 点 45 分进行，通常包括两个步骤。

（1）快速浏览自己的股票池，查看是否有合适的个股。

（2）使用特定的选股公式，海选出符合特定技术标准的个股，之后再人工筛选出合适的个股。

1.4.3　早盘选股

短线交易者通常有两个买进的时间窗口：一个是下午 2 点以后，其优点是走势相对稳定，第二天可以卖出；另一个是早盘买进，其优点是可以买到趋势更为确定的强势股。

如果说尾盘选股是找出趋势可能上行的个股，那么早盘选股则是要选出当天最强势的个股。投资者进行早盘选股可以采用最简单、最直接的"跳空缺口"选股方案，以缺口和放量作为早盘选股的核心标准。

需要注意的是，投资者进行早盘选股不要采用海选模式，最好在已经确定过的股票池中选。例如，以前一天尾盘选出的个股做潜在标的，数量以不超过 10 只股为佳。

第 2 章

通达信公式的语法和函数

2.1 通过指标公式学语法

要想利用通达信系统编写出优质的选股公式，最好从技术指标公式入手。指标公式具有直观显示的优势，所见即所得。利用指标公式可以看到大部分我们希望看到的结果，比如，罗列多只股票的历史财务报表数据，标记典型的 K 线形态，综合多个指标的特征数值找买卖点，还可以利用指标公式的显示特性进行函数学习，调试指标公式的算法逻辑等。

2.1.1 指标公式的常用操作

以在主图显示最常用的均线指标为例，假定当前主图只有 K 线图表，单击主图左上角的小图标，弹出主图指标菜单，如图 2-1 所示。

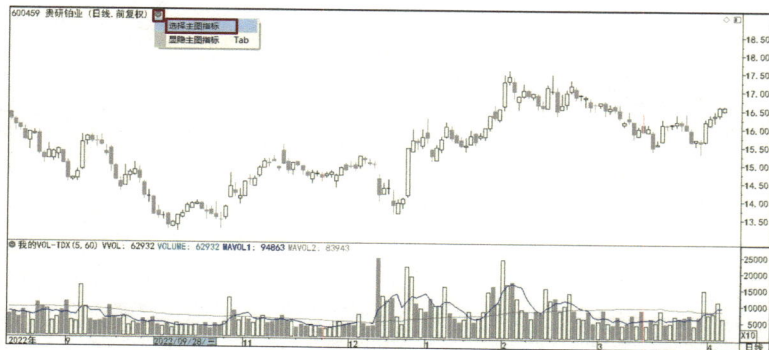

图 2-1 主图指标菜单

单击"选择主图指标"菜单，弹出"请选择主图指标"对话框，如图 2-2 所示。

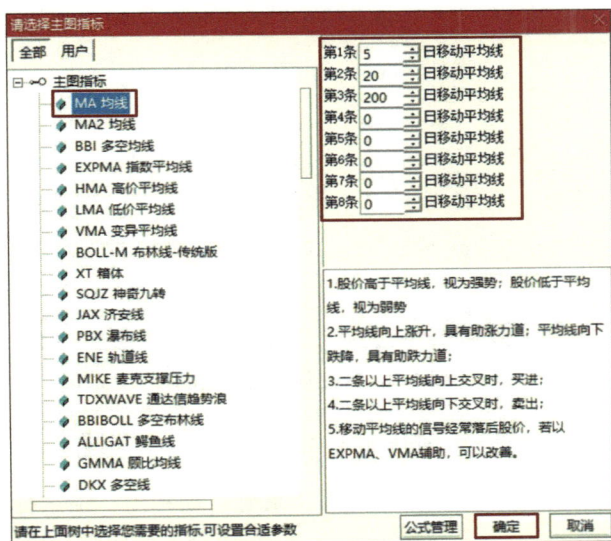

图 2-2　选择主图指标

　　在公式树中选中"MA 均线",然后在对话框的右侧设置指标参数,第 1 条日移动平均线参数为"5",第 2 条日移动平均线参数为"20",第 3 条日移动平均线参数为"200",其他参数为"0"。

　　三个参数的设置依据是,第 1 条设为短期均线(一周),因为通常一周有 5 个交易日;第 2 条设为中期均线(一个月),因为通常一个月有 22 个交易日;第 3 条设为长期均线(一年),因为一年大约有 250 个交易日。

　　设置完参数后,单击"确定"按钮,回到主图,如图 2-3 所示。将设置好的三条指标线叠加在 K 线图上,黑色为短期均线,蓝色为中期均线,紫色为长期均线。

图 2-3　有三条均线的主图

单击右键打开主图功能菜单，选择"主图指标"—"选择主图指标"菜单，如图 2-4 所示，系统自动弹出"请选择主图指标"对话框。

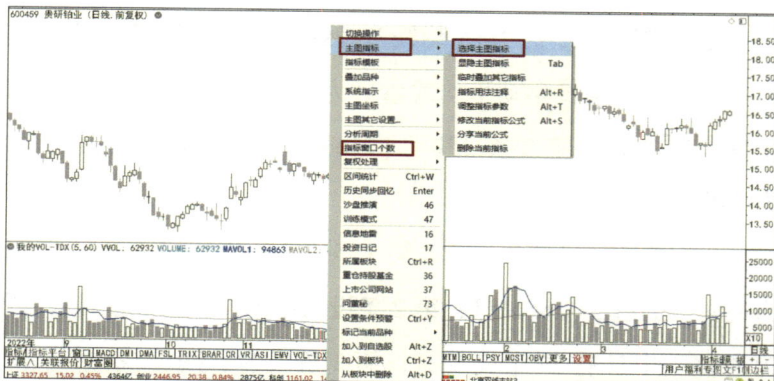

图 2-4　主图功能菜单

副图指标的入口与主图指标类似，例如，我们把图 2-1 副图中的成交量指标改为 MACD 指标。单击副图左上角的小图标，弹出副图指标快捷菜单，如图 2-5 所示。

图 2-5　副图指标菜单

单击"选择副图指标"菜单，系统自动弹出"请选择副图指标"对话框，如图 2-6 所示。

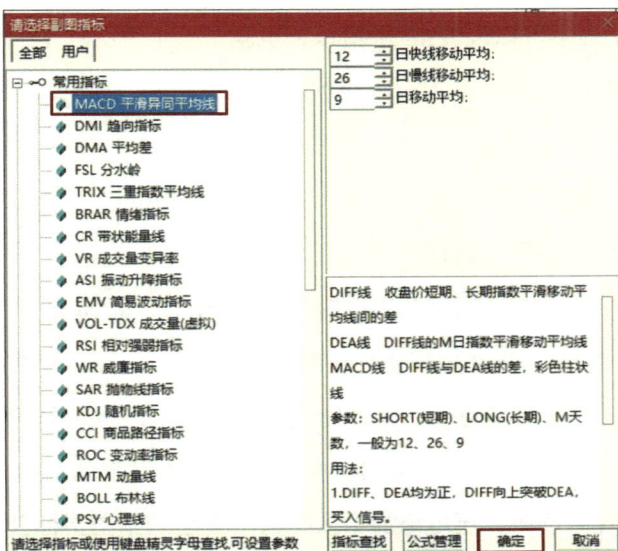

图 2-6　选择副图指标

在公式树中选中"MACD 平滑异同平均线"，使用默认的参数后，单击"确定"按钮，回到主图，如图 2-7 所示。

图 2-7 副图为 MACD 指标

我们还可以在图 2-4 所示的主图功能菜单中选择"指标窗口个数"，最多可以设置 12 个窗口，也就是 1 个主图和 11 个副图。

其他副图指标设置入口如下。

（1）在副图单击右键，在副图功能菜单中选择"副图指标"—"副图主图指标"菜单，系统自动弹出图 2-6 所示的"请选择副图指标"对话框。

（2）选中某个副图，按快捷键"Ctrl+I"，系统自动弹出图 2-6 所示的"请选择副图指标"对话框。

（3）在图 2-7 的最下方，先选中某个副图，然后单击页面下方的某个指标名称，该副图就会快速变更为设定的新指标。单击"设置"按钮，还可添加个人编写的常用的副图指标公式。

2.1.2　查看指标公式的源代码

回到图 2-3，主图已显示了均线指标。此时打开主图功能菜单，选择"主图指标"—"修改当前指标公式"菜单，或者按快捷键"Alt+S"，进入图 2-8 所示的"指标公式编辑器"页面。

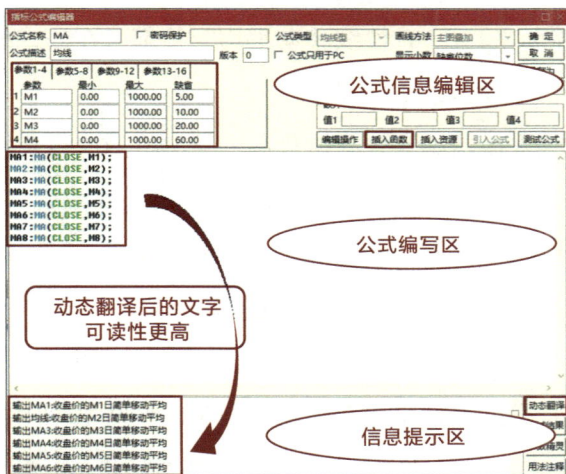

图 2-8　指标公式编辑器

指标公式编辑器主要分为上、中、下三部分，上面是公式信息编辑区，中间是公式编写区，下面是信息提示区。

图 2-8 中的公式名称为"MA"，公式描述是"均线"，二者组合为"MA 均线"，即我们在图 2-2"请选择主图指标"对话框中选择公式时看到的公式名称。

公式类型主要与公式的用途相关。画线方法主要分为主图和副图。

在参数编辑区最多可以设置 16 个参数。系统公式"MA 均线"

的 8 个参数分别为 M1、M2、M3、M4、M5、M6、M7 和 M8。

　　系统允许设置参数，但不允许在公式编写区使用。在公式编写区用到的参数，必须在参数编辑区先定义。此外，参数编辑区右下角的"参数精灵"还可以对参数提示框中的信息进行个性化设置，例如，图 2-2 中的"日移动平均线"和图 2-6 中的"日快线移动平均""日慢线移动平均"等都是在公式编辑器的"参数精灵"输入框中设置的。

　　公式编写区是编写公式源代码的核心区域，也是我们学习公式语法的重点。读懂系统公式的源代码，修改公式源代码，或者看懂他人写的公式源代码，指的都是这个区域的内容。

　　信息提示区的右侧有四个功能按钮：动态翻译、测试结果、参数精灵和用法注释。选中某个功能按钮，左侧的文本框中会显示对应信息。当选中参数精灵或用法注释时，可以在左侧的文本框中输入汉字。图 2-8 是默认的动态翻译状态，将公式编写区的公式源代码翻译成接近自然语言的文字。显然，动态翻译比公式源代码的可读性高。

2.2　公式编写的语法

　　在公式编写区输入公式源代码，这就好比是给计算机输入一些命令，计算机按照顺序一行一行执行命令。由于输入的是计算机能懂的语言，因此需要遵循一定的语法规则，比如，**公式编写区的字母都应该是大写的**，标点符号必须在英文状态下输入。

一个公式可以包含一个语句，也可以包含多个语句。图 2-8 的公式有 8 个语句，每个语句的结尾都有一个终止符";"。如果最后一个语句没有终止符，系统会自动在公式最后添加终止符。终止符表示一个语句的结束。一个语句就是计算机执行的一个命令，包含一个简单的"意思"在里面。

例如，图 2-8 中公式的第一行语句：MA1:MA(CLOSE,M1)。

这句话的意思是，命令计算机做出参数为 M1 的指标线。由于参数 M1 的缺省值为 5，画线方法是主图叠加，也就是命令计算机在当前股票的 K 线图的主图上，做一根包含 5 个时间周期的均线。如果 K 线图是日线，那么做出的指标线就是 5 日均线；如果 K 线图是月线，那么做出的指标线就是 5 月均线；如果 K 线图是 1 分钟线，那么做出的指标线就是 5 分钟均线。除非特殊说明，否则本书使用的都是日线图。

一个完整的语句包含语句名称、输出符、语句内容和终止符这四个部分。以 5 时间单位均线语句为例，前三个部分对应如下：

- 语句名称为"MA1"；
- 输出符为"："；
- 语句内容为"MA(CLOSE,M1)"。

我们可以将语句名称理解为命令计算机记住本语句的名字，或者给后面的语句内容计算出来的数据结果起个名字，最好将其设定为有意义的名字，如 MA1，表示第一条均线。语句名称可以用中文或英文，也可以用数字来表示，但是不能将数字放在名称的最前面。语句名称也不能过长，测试公式时可以检测出所有的语法错误。

如图 2-8 所示，在公式的第二行语句中，MA2 是蓝色的，提示当前股票软件中有其他的公式名称与当前的语句名称相同。但计算机只会执行本公式给出的命令，不会执行其他同名公式的指令。

输出符表示当前语句的类型，可以理解为命令计算机做何种类型的工作。如果一个语句没有输出符，也没有语句名称，那么可将其称为无名语句。公式的最后一句往往是无名语句，例如，如果编写用来学习函数功能的公式，或者公式描述里介绍了当前公式会输出什么，就可以省略语句名称。如果我们希望公式的某个输出值会被其他公式引用，那么就需要语句名称。

当输出符为 ":" 时，表示当前的语句会被画出指标线，可称其为指标图形语句。

当输出符为 ":=" 时，表示当前的语句名称不会被画出指标线，可称其为赋值语句。当调试公式算法逻辑时，通常先把中间状态的数值用输出符 ":" 画出来，等到后续公式编写完成，并且数据取值没有问题后，再把输出符改为 ":="。

语句内容是一个语句的心脏，表示命令计算机执行命令的具体内容。它可以是数学计算，也可以是画线指令，还包括逻辑判断等。除了常见的加、减、乘、除，通达信系统还提供了丰富的函数功能，帮助我们完成各种公式的编写。

2.3　如何修改指标公式

简单修改图 2-8 所示的系统公式，就可以画出图 1-23 主图中的彩色均线。为了便于理解，按快捷键"Alt+1"，只保留主图。

（1）打开指标公式编辑器，修改公式名称

打开"MA 均线"的指标公式编辑器，如图 2-9 所示，将公式名称修改为"彩色均线"，公式描述改为"短期 5 均，中期 20 均"。

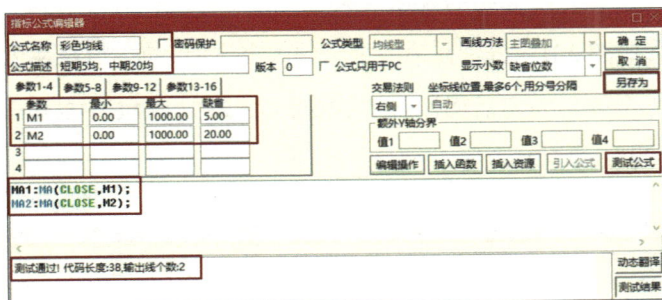

图 2-9　修改系统公式 1

（2）修改参数

参照图 2-9，将 8 个参数只保留 2 个，删除 M3、M4、M5、M6、M7 和 M8。把 M2 的缺省值从"10"改为"20"。

在信息提示区选中"参数精灵"，删除"第 3 条 Param#3 日移动平均线"及后面的所有文字，如图 2-10 所示。

图 2-10　修改系统公式 2

（3）修改公式源代码

参照图 2-9，将 8 个语句只保留 2 个，删除包含 M3、M4、M5、M6、M7 和 M8 的 6 个语句。

（4）测试公式

单击图 2-9 中的"测试公式"按钮，此时信息提示区会自动选中"测试结果"，并提示"测试通过！"。测试通过的公式源代码表示没有语法错误，系统可以保存。

（5）修改指标线的显示效果

参照图 2-11，分别在第一个语句内容后面添加"**,COLORBLUE**"，在第二个语句内容后面添加"**,RGBXCC9933,LINETHICK2**"，注意加"**,**"。

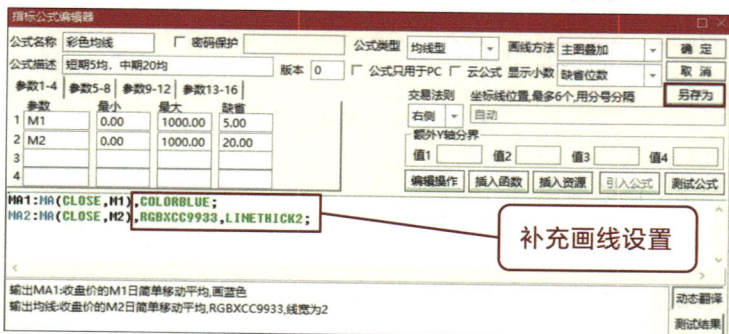

图 2-11　修改系统公式 3

（6）保存公式

单击图 2-11 中的"另存为"按钮，保存公式。

（7）查看新的画线效果

在主图中选择新创建的指标公式"彩色均线"，显示效果如

图 2-12 所示。图中的蓝色细线是 5 均线，黄色粗线是 20 均线。

图 2-12　彩色均线效果图 1

（8）增加金叉和死叉小图标

按快捷键"Alt+S"，打开"彩色均线"的指标公式编辑器。如图 2-13 所示，在图 2-11 所示的公式末尾增加两行语句，用来在金叉下方和死叉上方画小图标。添加了公式之后，可以看到"动态翻译"也自动更新了两行语句的解释。

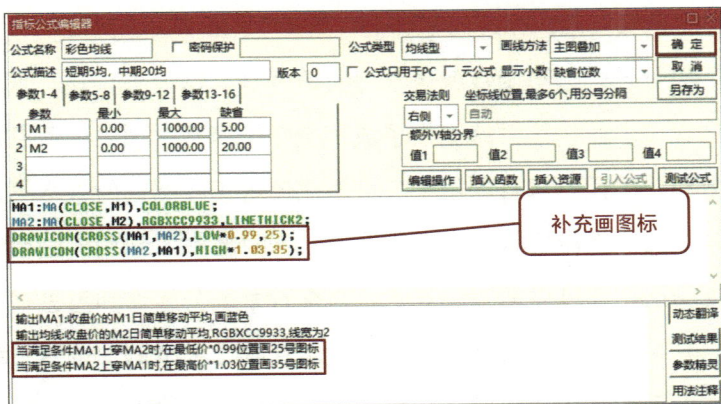

图 2-13　修改彩色均线公式

（9）再次查看新的画线效果

单击"确定"按钮，保存公式，回到图 2-14 所示的界面。

图 2-14　彩色均线效果图 2

2.4　常用的函数操作及功能

相比英语学习，学习公式编写语法需要在了解一个句子包含"主谓宾"结构原理的基础上，熟悉常用的基本句型。

学习公式编写函数就像学习英语一样，需要查字典，熟悉单词含义。通达信系统提供了成百上千个函数，如果把所有的函数和帮助说明都打印出来，可能比读者正在阅读的这本书还要厚。我们不需要将它们全都背下来，只要熟悉常用的函数和基本用法，就可以编写公式了。当查看系统公式遇到没见过的函数时，请仔细阅读函数帮助说明，查看用法举例，按照系统提示可以基本学会使用。如果对具体的函数功能不太了解，那么在条件允许的情况下，尽量把处理的数据结果画出来，显示在图表中，以帮助我们记忆和学习。

2.4.1　函数字典的常用操作

图 2-8 是编写公式最常用的指标公式编辑器，在公式信息编辑区的右下方，单击"插入函数"按钮，打开"插入函数"窗口，如图 2-15 所示。打开"插入函数"窗口，就相当于打开了函数字典，里面包含了通达信系统的所有函数，并且还会不定时地更新，既可以快速查找函数及相应的帮助说明，又可以将选定的函数插入公式编辑器的公式编写区。

"插入函数"窗口主要分为上、中、下三个区域，上方用于选择函数，中间是函数帮助说明，下方是功能按钮。

在选择函数时，单击左侧某一个函数类型，右侧会显示对应的函数列表。单击某个函数，将显示对应的函数帮助说明。

"查找（F3）"按钮用于查找函数，在左侧的输入框中输入英文字

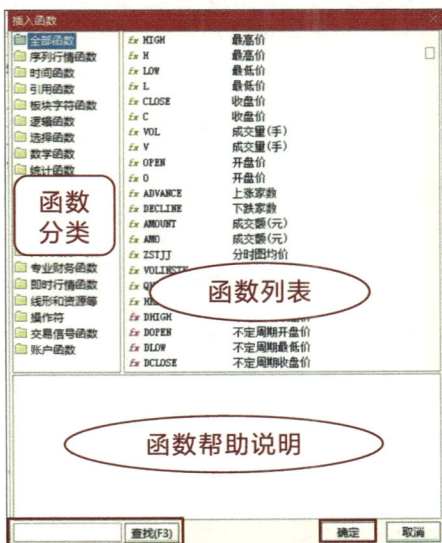

图 2-15　"插入函数"窗口

母或者中文汉字，按快捷键"F3"，或者按回车键"Enter"，就会进入查函数字典的状态。如果对查找的第一个结果不满意，那么可以继续按快捷键"F3"，或者按回车键"Enter"，查看下一个函数。

函数的查找主要是根据函数的英文名或者中文名查找对应的函数，支持输入文本的部分匹配。例如，在输入框中输入"CLOSE"，就可以查看英文名中所有包含CLOSE的函数，进而查到CLOSE收盘价、DCLOSE不定周期收盘价、CLOSEALLD清多头仓、CLOSEALLK清空头仓和CLOSEPROFIT平仓盈亏。当查到最后一个函数时，再按快捷键"F3"或者回车键"Enter"时，系统自动弹出"查找完毕"提示框，如图2-16所示。单击"确定"按钮，可以重新查找第一个函数。

选中某个函数后，单击"确定"按钮，选定的函数会自动在公式编辑器的公式编写区中显示，并预留函数输入的括号和逗号。以移动平均线的函数为例，在查找输入框中填写"移动平均"，查找的第一个函数是"MA"，如图

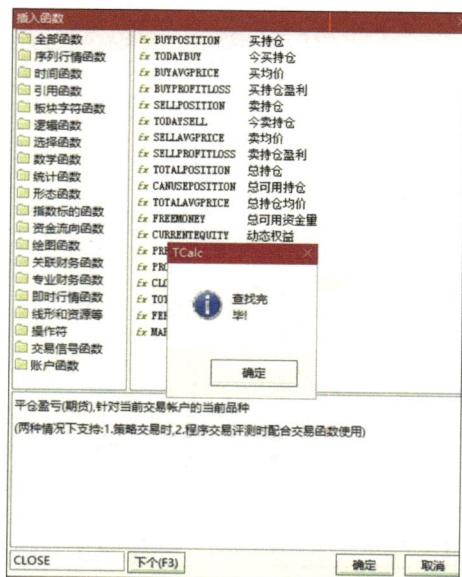

图2-16　查找完毕提示框

2-17 所示，其余中文名
字中含有"移动平均"
字样的函数也能被查到。

　　注意，函数帮助说
明中的"用法"给出了
使用函数的标准语句：

MA(X,N)

　　括号里的 X 和 N 分
别表示函数 MA 的两个
输入，第一个输入表示
指定用于计算平均值的
数列，第二个输入表示
计算平均值的时间周期数。

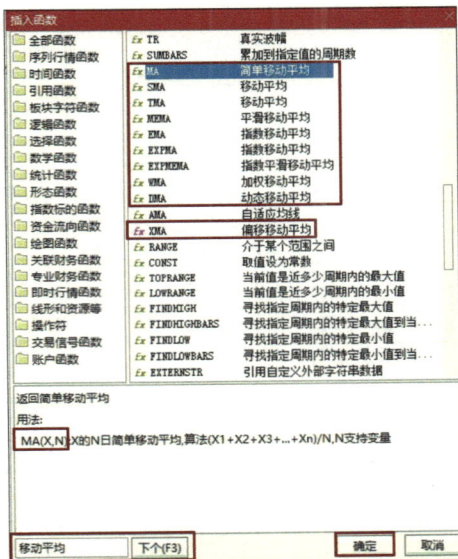

图 2-17　查找移动平均的相关函数

　　例如，求收盘价的 20 均线，对应的公式语句为：

MA(CLOSE,20) 或 MA(C,20)

　　第一个输入填写收盘价的函数 CLOSE 或者 C，第二个输入
填写 20。

　　选中图 2-17 中的函数"MA 简单移动平均"，单击"确定"
按钮，回到指标公式编辑器，如图 2-18 所示。在指标公式编辑
器的公式编写区，系统自动填入了"MA(,)"。

　　这是公式编写的中间状态，公式不能保存。单击"测试公
式"按钮，可以在"测试结果"中看到提示（当前没有填写公
式名称）。

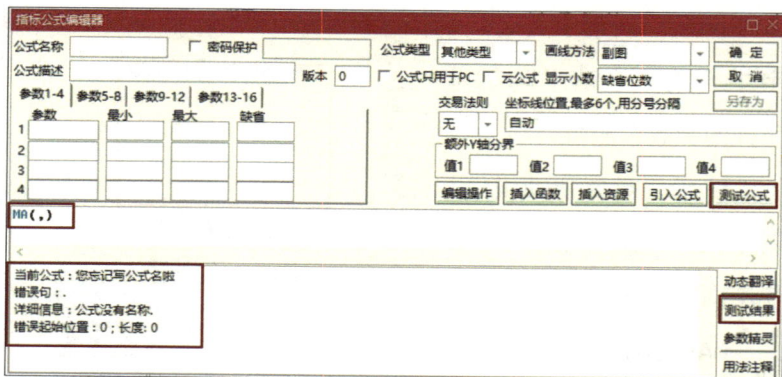

图 2-18　自动填入选中的函数

在图 2-18 中的"公式名称"文本框中输入"均线"后，再次单击"测试公式"按钮，可以在"测试结果"中看到提示（函数 MA 缺少输入），如图 2-19 所示。

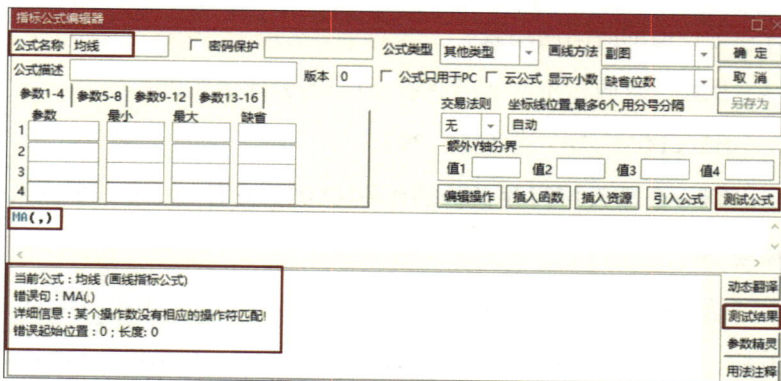

图 2-19　提示函数缺少输入

将"MA(,)"括号内的输入补齐为"MA(CLOSE,20)"，带有输入的函数才可以算作编写完整，如图 2-20 所示。再次单击

"测试公式"按钮，可以在"测试结果"中看到"测试通过"。

图 2-20　补齐函数的输入

2.4.2　函数的常用功能

函数作为通达信系统中最基础的工具，它处理的"原材料"都是数据。函数的功能包括从数据库中提取某个指定的数据，对数据进行各种运算，将想要的数据显示在图表中，对数据进行逻辑判断，依据逻辑判断的结果进行选股或者下达交易指令，等等。要想用好函数，必须随时关注当前处理的数据，以及数据处理的结果。

以数据作为函数的载体，综合各类函数可以实现图 2-21 中的数据处理链。不同类型的函数均服务于这个数据处理链，尽管与显示功能相关的函数不在数据处理链中，但显示功能本身是进行分析研判的关键。通过显示数据的方式寻找关键买卖点，可以更好地编写"逻辑判断"语句，从而指导交易。

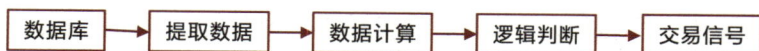

图 2-21　数据处理链

从图 2-15 所示的"插入函数"窗口中可以看到，函数被分为 19 类，包括序列行情函数、时间函数、引用函数、板块字符函数、逻辑函数、选择函数、数学函数、统计函数、形态函数、指数标的函数、资金流向函数、绘图函数、关联财务函数、专业财务函数、即时行情函数、线形和资源等、操作符、交易信号函数和账户函数。

序列行情函数可以提供各种类型的时间序列函数。

时间函数主要用于计算时间，如对年、月、日、时、分、秒等进行加减运算或者逻辑判断。当前系统能处理的日期范围是 1990 年 12 月 19 日至 2034 年 12 月 31 日。

引用函数主要用于对指定时间周期下的时间序列数据进行计算。

板块字符函数包括提取交易品种的各种基本信息字符串，以及常见的字符串运算函数等。

逻辑函数主要用于对时间序列数据进行逻辑判断。

选择函数主要用于编写条件判断。由于使用通达信公式的重点是处理序列数据，因此循环方面的函数不多。

数学函数和统计函数主要提供常用的数学计算工具，如正弦、余弦、开方、乘幂、标准差、方差、四舍五入和取模等。

操作符主要提供常用的基本符号，如加、减、乘、除、大于、小于、输出符和引用符号等。

形态函数提供了常用的描述走势形态的工具，如抛物线、之字转向、成本分布等。

指数标的函数提供了常用的大盘指数和行业指数的数据等。

资金流向函数提供了常用的成交量数据等。

关联财务函数、专业财务函数提供了丰富的财务报表数据。

即时行情函数提供了日内交易常用的行情数据。

绘图函数、线形和资源等在编写指标公式时常用来设定个性化的显示效果及提醒。

交易信号函数和账户函数是量化交易的基础工具。

第 3 章

通达信公式选股的基本逻辑

3.1　好的选股公式背后是趋势逻辑

"趋势是交易者的朋友。"这是每个股民耳熟能详的金句。如果做多，那么只有低买高卖才会赚钱，要选择上升趋势的股票；如果做空，那么只有高卖低买才会赚钱，最好选择下降趋势的股票。

J.M. 赫斯特在《股票交易时机的利润魔术》（*The Profit Magic of Stock Transaction Timing*）一书中详细讲解了趋势助力形成的价格通道技术。近年来的价格行为学对该理论有进一步的解释，可以更加具体地指导股民选股和交易。

图 3-1 所示为盘整行情的价格波动，价格在水平的支撑位和阻力位之间上下波动。80% 的市场行情都是盘整行情，这也是我们做交易胜率较高的市场环境。盘整行情中的买方力量和卖方力量围绕市场的均衡价格进行博弈，当价格接近支撑位时，买方力量将价格推高，形成摆动低点 SL（Swing Low）；当价格接近阻力位时，卖方力量将价格推回，形成摆动高点 SH

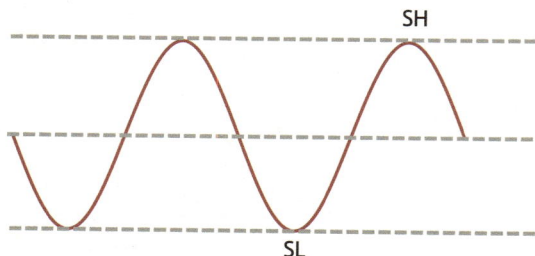

图 3-1　盘整行情的价格波动

（Swing High）。在盘整行情中，价格上下波动的空间和运动的时间大致相等，但不存在绝对相等。

如果市场存在主力想把价格往上推，那么它就会利用资金优势使水平均衡价格变得倾斜向上，如图 3-2 所示。虽然上升趋势中的价格也在上下波动，但形成了逐渐抬高的低点 HL（Higher Low）和逐渐抬高的高点 HH（Higher High）。在上升趋势中，价格向上运动的空间比向下运动的空间更高。上涨中正常的斐波那契数列回撤比例是 0.382 和 0.5；当回撤比例接近 0.618 时，这段上升趋势就有可能接近尾声了。如果回撤比例接近 1，并且不再形成更高的高点 HH，那么上升趋势大概率就会变成高位的横盘整理。

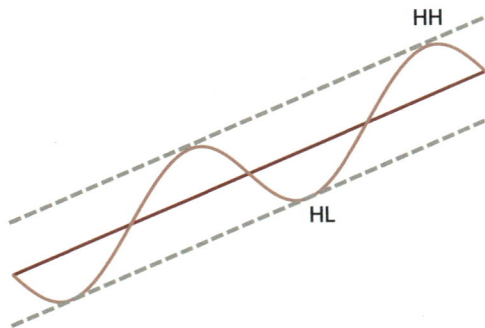

图 3-2　上升趋势的价格波动

如果市场主力把市场价格拉升到合适的位置开始出货，那么巨大的卖方力量就会使水平均衡价格变得倾斜向下，如图 3-3 所示。下降趋势中的价格相应形成了逐渐下降的低点 LL（Lower Low）和逐渐下降的高点 LH（Lower High）。在下降趋势行情中，价格向下运动的空间比向上运动的空间更高，常用的斐波那契回撤比例也是 0.382 和 0.5；当回撤比例接近 1，并且不再形成更低的低点 LL 时，这段下降趋势很可能结束，进入底部的横盘整理阶段。

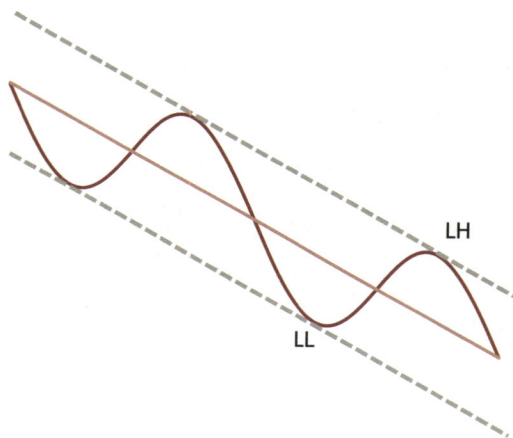

图 3-3　下降趋势的价格波动

技术分析中的趋势除了价格方面的运动规律，还有时间规律，也就是时间周期。通常认为，中长期的上升趋势由基本面推动，中短期的上升趋势由技术面推动。图 3-2 中向上倾斜的均衡价格持续时间越长，越容易受基本面影响。这里的持续时间既可能是日线图表中的 20 日均线持续 3 个月抬头向上，也可能是月线图表中的 10 日均线持续向上。

A 股市场目前还只能通过做多赚钱。通过通达信公式选股，找出图 3-3 中上升趋势的个股，这是交易者编写选股公式的唯一目的。

3.2　通达信系统选股方式

通达信系统的公式选股包含基本面选股、技术指标选股、走势特征选股、K 线形态选股和即时盘中选股等方式。基本面选股主要是通过分析企业财务报表数据进行筛选；其他几种选股方式主要针对不同时间周期的价格和成交量等基础数据特征进行筛选，属于技术面选股。

数据是通达信系统的基础，主要由财务数据包、股票数据包和行情数据包组成，分别通过不同的菜单下载到本地计算机。本章将重点围绕时间序列的选股逻辑进行介绍。

另外，还有一种常用的选股方式是在股票列表中对特定数值进行排序选股，这将在第 8 章详细介绍。

时间作为通达信系统最基础的变量之一，分为日历日期和交易日期两大类。常用的 K 线图表是基于交易日的一套图表系统，主要使用行情数据包，可以手动设置时间周期。系统依据选择的时间周期，提取对应的基础数据生成图表，它是一张针对特定股票在所有时间段的特征的分析表。

3.2.1　通达信公式选股的内在逻辑

通常情况下，我们通过观察 K 线图表，发现特定的特征后，就可以基于该特征编写选股公式，然后扫描所有股票，将特定时间点上符合该特征的股票筛选出来。因此，使用通达信系统进行选股，指标公式与选股公式之间存在图 3-4 所示的内在逻辑关系。

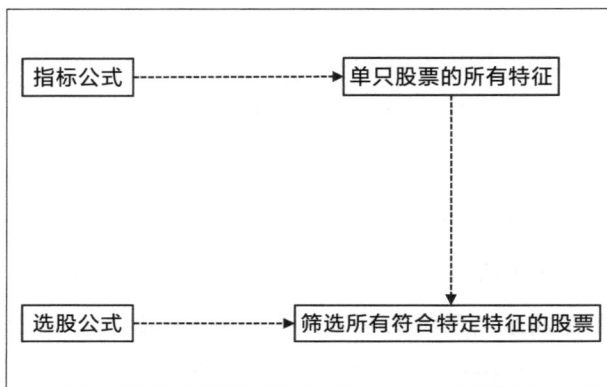

图 3-4 指标公式与选股公式的内在逻辑

选股公式类似于标准答案，一旦确定下来符合标准的特征，就把符合标准的股票都选出来。我们通常会使用指标公式作为筛选过滤股票的前置步骤（不是必需的），负责把标准的特征描述出来。

指标公式具有形象展示的特点，我们可以在 K 线图表上把指标明确标记出来，便于我们寻找特定的特征。此外，通达信系统中的"专家公式"和"五彩 K 线"两个功能作为指标公式的便捷模块，提供了快速标记的功能，可以帮助我们专注于寻找我们想要的特征和算法公式。

要想用好公式选股功能，需了解通达信系统中的指标公式和选股公式的内在工作原理，如图 3-5 所示。我们可以输入相同的参数，但输入的股票数据量和输出结果不同。

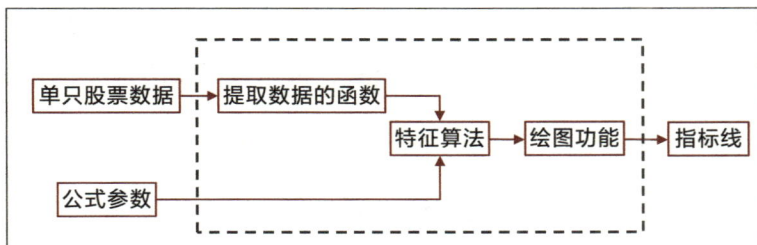

（a）

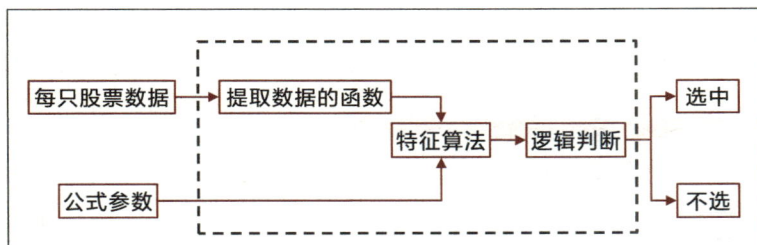

（b）

图 3-5　公式选股的数据加工模型

图 3-5（a）是指标公式的数据加工模型。使用指标公式，可以对提取的单只股票的数据按照算法，对每个时间点上的数据进行计算，然后使用绘图功能输出指标线——可以输出多条指标线。

图 3-5（b）是选股公式的数据加工模型。选股公式是对提取的多只股票数据按照算法，对特定时间点上的数据进行计算，然后对结果进行逻辑判断。如果符合条件就输出"1"，将该股票选中，并放入特定的选股结果板块；如果不符合条件，就输出"0"，不选。

因此，选股公式和指标公式之间存在一定程度的依赖关系。对于简单的选股公式，我们可以直接编写；而对于复杂的选股公式，则需要先编写指标公式，待调试无误后再编写选股公式。

3.2.2 通达信公式管理

通达信系统将公式分为技术指标公式、条件选股公式、专家系统公式和五彩 K 线公式四种类型，也可分别简称为指标公式、选股公式、专家公式和五彩 K 线。管理所有公式的入口是

图 3-6 公式管理器

"公式管理器"界面，如图 3-6 所示。按快捷键"Ctrl+F"，可以快速进入"公式管理器"界面。

四种公式之间的公式源代码是分开的，不能将指标公式另存为选股公式，也不能将五彩 K 线公式另存为选股公式。只能在特定类型下，对公式进行新建、修改和删除。以新建公式为例，过程分别如下。

- **新建指标公式**：在左侧的公式树中选中"技术指标公式"，单击右侧的"新建"按钮，系统自动弹出"指标公

式编辑器"。

- **新建选股公式**：在左侧的公式树中选中"条件选股公式"，单击右侧的"新建"按钮，系统自动弹出"条件选股公式编辑器"。

- **新建专家公式**：在左侧的公式树中选中"专家系统公式"，单击右侧的"新建"按钮，系统自动弹出"专家系统公式编辑器"。

- **新建五彩 K 线公式**：在左侧的公式树中选中"五彩 K 线公式"，单击右侧的"新建"按钮，系统自动弹出"五彩 K 线公式编辑器"。

关于公式的查看、新建、修改和删除操作，需要注意以下几点。

- 通达信系统自带的公式不能被修改和删除。我们只能修改和删除自己创建的公式，通过"公式管理器"上方的"用户"标签页可以快速找到这些公式。

- 当我们使用公式编辑器查看系统公式的源代码时，如果想要将系统公式修改成自己想要的公式，一定要单击公式编辑器右侧的"另存为"按钮，并注意修改公式名称。

- 当我们想要删除某个自己编写的公式时，在公式树中选中某个公式，单击右侧的"删除"按钮后，此时该公式处于"假删除"的状态。如果确实想删除该公式，需要重启股票软件。还可以单击右侧的"还原"按钮，将"假删除"的公式恢复到正常状态。

3.3　选股公式的关键是输出逻辑值

选股公式的输出是逻辑判断的布尔值，不是 0，就是 1，属于计算机能懂的语言。机器内部传输的是电信号，不管模拟信号还是数字信号，都不是人能直接读懂的。编写选股公式除了需要理解系统输入的是多只股票的数据量，还要理解系统输出的是逻辑。毕竟选股的过程是命令机器按照特定标准对股票进行筛选，并给出股票列表的过程。

制定机器能懂的标准，就是编写能够输出逻辑值的公式。在通达信系统中，输出逻辑值包括对指标数值进行计算和判断，使用逻辑函数遍历时间序列数值，以及对运算结果的逻辑值进行逻辑判断等。

3.3.1　对指标数值进行计算和判断

指标数值包括时间序列函数、指标线的数值等。以布林带指标为例，如图 3-7 所示。该股在经历了一段下降趋势后，开始横盘整理，并且形成了更高的低点 HL，以及更高的高点 HH。

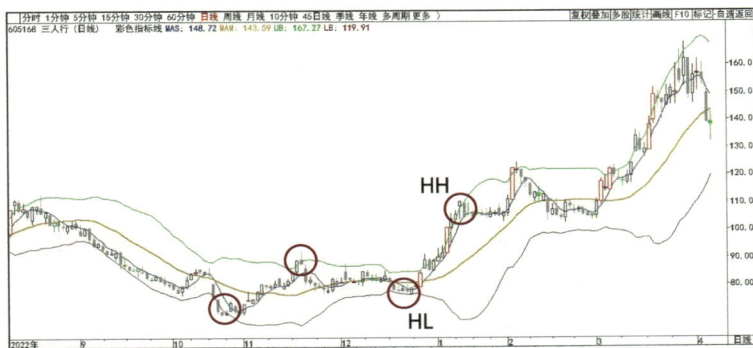

图 3-7　布林带指标示例

如图 3-8 所示，把 HL 至 HH 的这段上升趋势放大，可以看到 HL 之前最近几日的调整都在布林带中轨与布林带下轨之间，并且左下侧上箭头处的阳线收盘价回到了 5 日均线以内，可主观视为本次调整结束。上箭头处的 K 线价格逻辑编写公式如下：

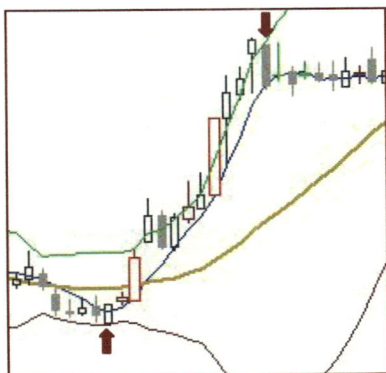

图 3-8　布林带上升趋势放大图

OPEN<MA(CLOSE,20) AND OPEN>LB AND CLOSE>OPEN

AND CLOSE>MA(CLOSE,5)

再看上面下箭头处的大阴线，前面的小型上升趋势沿着 5 日均线上涨，价格多次突破布林带上轨，而大阴线的开盘价和收盘价均在布林带上轨的下方，并且收盘价低于 5 日均线，可主观视为本段上涨结束。下箭头处的 K 线价格逻辑编写公式如下：

OPEN<UB AND CLOSE<OPEN AND CLOSE<MA(CLOSE,5)

这两个公式中的 MA(CLOSE,5) 表示对收盘价求 5 日均价。">" 和 "<" 都属于操作符，表示对前后两个数据的大小进行比较，输出的结果是逻辑值。"AND" 也属于操作符，表示对其前后的逻辑值再次进行逻辑判断，逻辑值的计算结果还是逻辑值。

以下箭头处 K 线价格公式为例，最终输出的逻辑值由三个条件决定。

条件 1：开盘价小于布林带上轨。对应的公式为：OPEN<UB。

如果开盘价和布林带上轨价格满足该公式，那么输出 1。相反，如果 K 线的开盘价大于或者等于布林带上轨价格，那么该公式输出为 0。

条件 2：阴线，收盘价小于开盘价。对应的公式为：CLOSE<OPEN。

如果开盘价和收盘价满足该公式，那么输出 1。相反，如果 K 线的收盘价大于或者等于开盘价，那么该公式输出为 0。

条件 3：收盘价低于 5 日均价。对应的公式为：CLOSE<MA(CLOSE,5)。

如果收盘价和 5 日均价满足该公式，那么输出 1。相反，如果 K 线的收盘价大于或者等于 5 日均价，那么该公式输出为 0。

三个条件之间用了两个 AND 连接，那么 K 线必须同时满足这三个条件才能输出 1。只要有一个条件的输出值是 0，整个语句的输出值就是 0。

3.3.2 使用逻辑函数遍历时间序列数值

逻辑函数的输出值都是逻辑值，输入是公式中指定的时间序列数值，或者对时间序列数值进行计算的逻辑值。以系统选股公式"四串阳"为例，使用了逻辑函数"EVERY"的公式如下：

EVERY(CLOSE>OPEN,4)

函数 EVERY 有两个输入：第一个是连续比较每根 K 线的价格特征，本例中 CLOSE>OPEN，即收盘价大于开盘价；第二个是连续比较 4 根 K 线。

语句 EVERY(CLOSE>OPEN,4) 表示先判断每根 K 线是否为阳线，如果是阳线，那么对该 K 线记为 1，然后再对连续的 4 根 K 线进行判断。如果连续 4 根 K 线都记为 1，那么连续的 4 根 K 线就满足"四串阳"的判断标准，输出 1。"四串阳"的判断标准是连续 4 根 K 线都是阳线。只要标准不满足，输出就为 0。

为了直观地显示，我们创建了一个五彩 K 线公式"四串阳"，如图 3-9 所示。五彩 K 线公式的输出与选股公式一样，也是逻辑值。

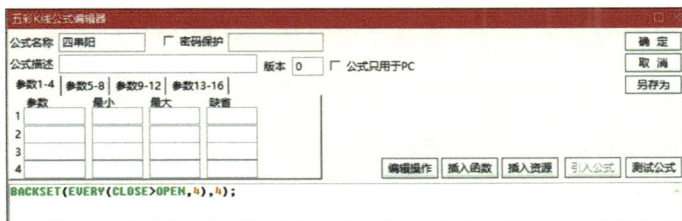

图 3-9　四串阳的五彩 K 线公式

复制四串阳的公式，将其作为函数 BACKSET 的第一个输入。第二个输入设置为"4"，表示当检查到满足四串阳的 K 线时，自动对这 4 根阳线一起做出标记，如图 3-10 所示。

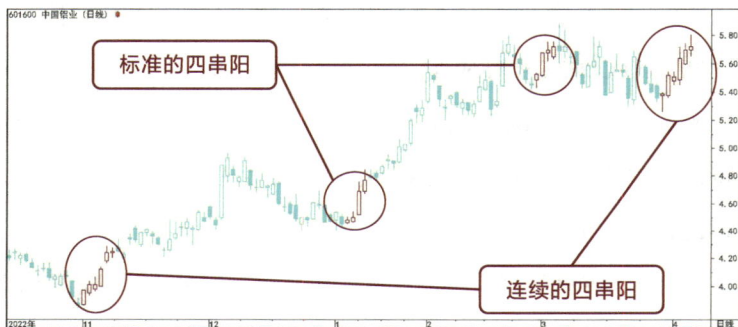

图 3-10　四串阳的五彩 K 线标记效果

图 3-10 中的第二个标记和第三个标记是标准的四串阳，即连续 4 根阳线。第一个标记和第四个标记都包含 6 根阳线，属于连续出现四串阳的情形，这些情况系统都会标记。

结合价格行为学的趋势逻辑分析，左数第一个四串阳出现在底部 V 型反转，如果随后出现更高的低点，便是高质量的交易机会。左数第二个四串阳出现在构造牛旗双底形态，四串阳强势上攻双底的颈线，如果价格快速突破颈线，或者在颈线价位附近存在强力支撑，就是高质量的交易机会。左数第三个四串阳属于高位的横盘整理，后续价格跌回到低点附近，可能存在区间交易机会。左数第四个四串阳属于出现楔形三推后的上攻。从图中可以看出，四串阳如果出现在趋势的早期和中期，那么通常会有高质量的交易机会。

当我们使用四串阳公式选股后，配合五彩 K 线的直观标记，可以快速分析当下的四串阳是否可能存在高质量的交易机会。

3.4　选股的时间判断逻辑

使用通达信系统进行条件选股时，如果不对时间段进行任何限制，那么系统就会默认对最近一根 K 线进行逻辑判断，也就是选出最近符合选股公式的股票。但是，有时我们想要选择的是 2 天前或者 10 天前符合选股条件的股票。这个需求可以通过对条件选股的时间段限制来实现。以四串阳选股为例，如图 3-11 所示。

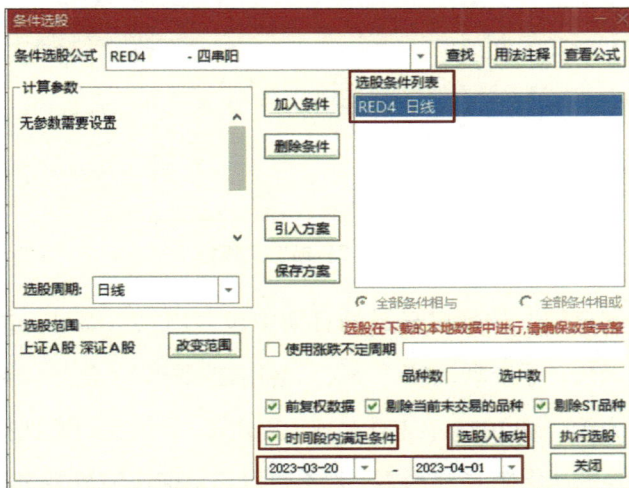

图 3-11　四串阳的时间段选股

将选股公式"RED4 四串阳"加入选股条件，选股周期默认为日线，勾选"剔除当前未交易的品种"和"剔除 ST 品种"。勾选"时间段内满足条件"，此时下方出现日期输入框，输入开始日期和结束日期。也可单击日期输入框右侧的三角图标，弹出"日期"选择框，选中想要设定的日期，如图 3-12 所示。

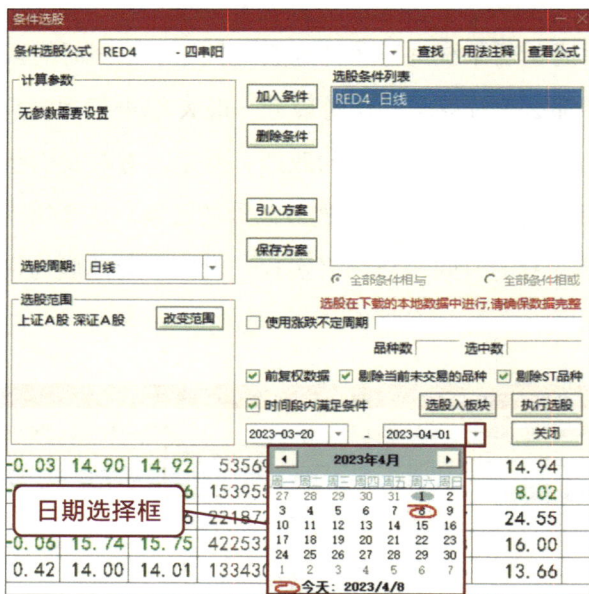

图 3-12 "日期"选择框

在"日期"选择框显示的日期中包含周六、周日，这便于我们数天数。系统默认的"今天"会用红圈标识，例如，图 3-12 中的"今天"是 2023 年 4 月 8 日（周六）。如果我们想选择十几天前出现的四串阳 K 线形态，那么可以用鼠标选中 2023 年 4 月 1 日（周六），将其作为结束日期，选中 2023 年 3 月 20 日（周一），将其作为开始日期。我们可以选择节假日作为开始日期和结束日期，例如，我们选择周六作为结束日期。但系统在执行选股时，会在结束日期前的最近一个交易日扫描结束后停止。也就是说，尽管我们选择的是 2023 年 3 月 20 日（周一）至 2023 年 4 月 8 日（周六），可事实上系统扫描的是这期间的所有交易日（2023 年 3 月 20 日至 3 月 24 日，2023 年 3 月 27 日至 3 月 31 日）。

除了使用"日期"选择框设定日期，还可以在开始日期输入框直接输入"2023-03-20"，在结束日期输入框直接输入"2023-04-01"。

单击"选股入板块"按钮，系统自动弹出图 3-13 所示的"请选择板块"对话框。

图 3-13　"请选择板块"对话框

选中"大股票池"板块，如果我们希望以当前的选股结果作为大股票池的基础数据，那么可以单击"清空品种"按钮，在执行选股之前将大股票池中原来的股票清空。

如果我们只希望将本次选股结果叠加在"大股票池"板块中，就不能单击"清空品种"按钮。默认勾选"放在前面"，可以将选股结果放在"大股票池"板块的股票列表最前面。

单击"确定"按钮，系统自动关闭"请选择板块"对话框，开始选股。选股结果如图 3-14 所示。

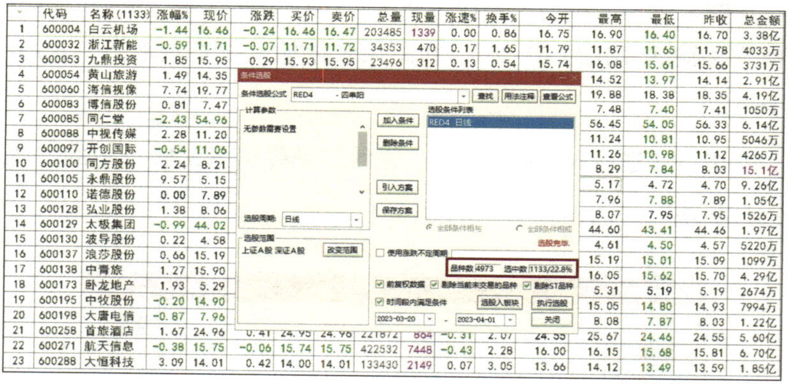

图 3-14　选股结果

可以看到，系统从 4 973 只股票中选出了 1 133 只股票，选中率约为 22.8%。也就是说，在上证 A 股和深证 A 股的近 5 000 只股票中，有超过五分之一的股票在 2023 年 3 月 20 日至 2023 年 4 月 1 日出现过四串阳 K 线形态。

双击图 3-14 中的个股，查看走势特征，如图 3-15 所示。主图同时设置了四串阳的五彩 K 线和 20 日均线。图中的色块是选股的时间段，制图时需手动添加。

（a）

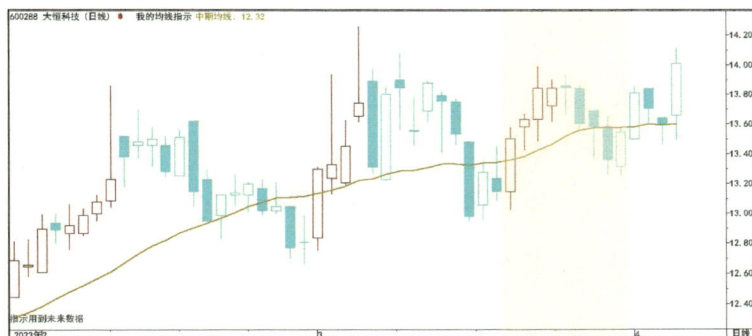

（b）

图 3-15　选股的个股结果

尽管图 3-15（a）中的个股在指定时间段内出现了四串阳，但以 20 日均线作为参考线，当前该股正处于下降趋势，不适合交易。

图 3-15（b）中的个股最近两个月多次出现四串阳 K 线形态，近期价格围绕 20 日均线上下波动，并且最近一根 K 线的收盘价收于 20 日均线上方，前一根 K 线又是一根收盘价等于 20 日均线的长下影线 Pinbar，综合最近的两根 K 线可以判断 20

日均线存在支撑作用，可将该股加入"小股票池"。

按快捷键"Ctrl+T"，系统会自动弹出"加入自选股／板块"对话框，选中"小股票池"板块，单击"确定"按钮，如图3-16所示。

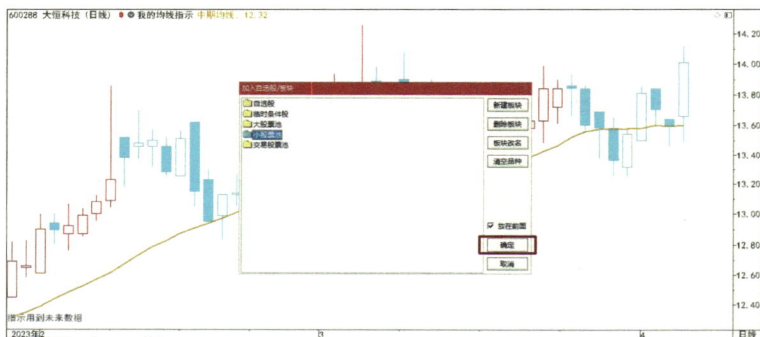

图 3-16　收藏个股

最后总结一下条件选股的时间段判断逻辑，如图3-17所示。

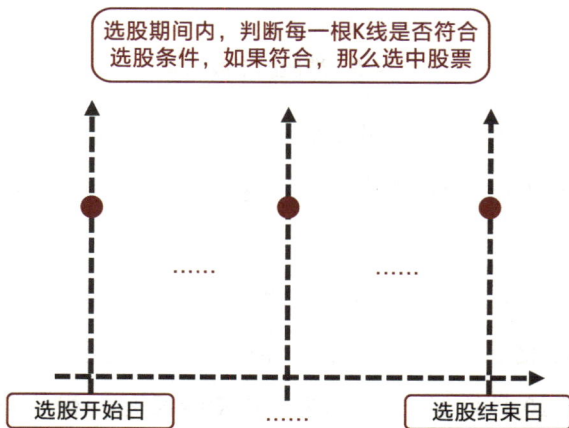

图 3-17　条件选股的时间段判断逻辑

使用时间段选股，通达信系统在逐个扫描股票时，叠加了时间点的扫描过程。系统对选中时间段的每一个交易日是否符合选股条件进行判断，只要任何一天符合选股条件，就会选中股票。

3.5　对选股结果进行二次筛选

如果仅使用一个选股条件进行选股，当条件设置得很宽泛时，选出来的股票数量就会非常多，如图 3-14 所示，选中率超过 20%。后续对 1 000 多只股票逐个查看详情，遇到合适的股票再加入"小股票池"，这样手动的二次选股非常耗时。对比图 3-15（a）和图 3-15（b），可以发现使用四串阳选出的个股既有处于下降趋势的，也有处于盘整中的。假设盘整中的个股和上涨趋势的个股符合加入"小股票池"的条件，那么参考图 3-15（b），我们就要编写一个选股公式，快速从 1 000 多只股票的"大股票池"中再次精选。

3.5.1　编写选股公式

价格趋势分为横盘整理、上升趋势和下降趋势三种。我们可以编写一个简单的选股公式"中期不是下降"，如图 3-18 所示。"中期不是下降"等同于"上升趋势＋盘整"，选股条件是当日收阳，当日的收盘价和前一日的收盘价都大于或者等于 20日均线。

采用 20 日均线作为参考线，连续两天收盘价都在 20 日均线上方，可以大概率排除当前正处于下降趋势的个股。

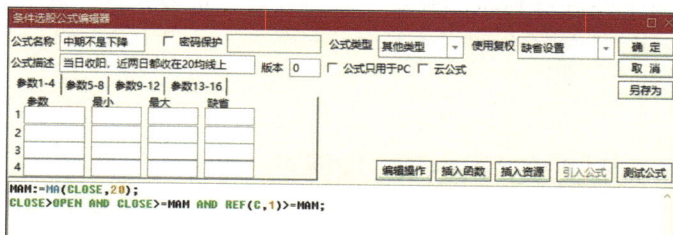

图 3-18　新建选股公式

公式包含两个语句。

第一个语句定义变量 MAM，提取收盘价的 20 日均线。

函数 MA 属于引用函数类型，表示计算数列的简单平均。它有两个输入：第一个输入确定引用的时间序列，CLOSE 是收盘价；第二个输入确定从时间序列中提取连续的几个数进行简单平均。一个月大概有 22 个工作日，将中期均线的参数设置为"20"。

第二个语句编写选股语句，包含三个选股条件。

条件 1：当日收阳。对应的公式为：CLOSE>OPEN

条件 2：当日的收盘价大于等于 20 日均线。对应的公式为：CLOSE>=MAM。

条件 3：前一日的收盘价大于等于 20 日均线。对应的公式为：REF(C,1)>=MAM 或 REF(CLOSE,1)>=MAM。

三个条件之间用了两个 AND 连接，所以 K 线必须同时满足这三个条件才能输出 1。

关于公式编辑器的日常使用，需要注意以下几点。

- 公式名称不能重复，也不能与系统公式相同。
- 对新建的选股公式或者指标公式，均默认选中"其他类型"，我们也可以根据具体的使用场景选择对应的公式类型。
- 单击"测试公式"按钮，可以检查编写的公式源代码是否存在语法错误，如果哪个语句写错了，公式编辑器的下方"测试结果"会有具体的提示。通达信系统不会保存有语法错误的公式。"测试公式"除了检查公式语法，还会检查参数信息。
- 如果公式中使用的某个参数没有在参数信息输入框中被定义，那么测试结果也会提示错误。当我们修改了参数信息后，"测试公式"将提示是否生成"参数精灵"。

3.5.2　执行二次选股

编写好选股公式后，下面对"大股票池"进行二次选股。按快捷键"Ctrl+T"，打开"条件选股"窗口，如图 3-19 所示。

在"条件选股公式"下拉框的最后找到新创建的选股公式，选中公式"中期不是下降"，单击"加入条件"按钮，右侧的"选股条件列表"中即添加了栏目"中期不是下降 日线"。

勾选"剔除当前未交易的品种"和"剔除 ST 品种"。

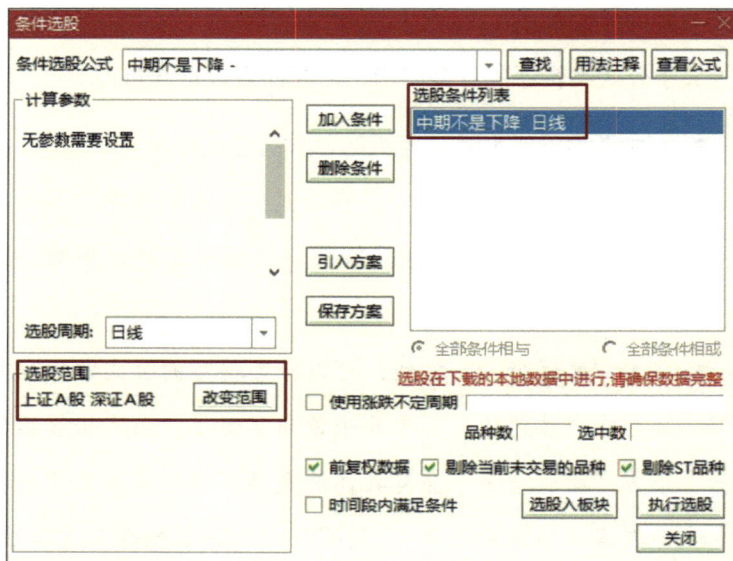

图 3-19　设置选股条件

默认的选股范围是"上证 A 股"和"深证 A 股"，单击右侧的"改变范围"按钮，弹出图 3-20（a）所示的"改变范围"对话框，初始默认选中的是"上证 A 股"和"深圳 A 股"两个文件夹。

分别单击"上证 A 股"和"深圳 A 股"两个文件夹，将两个文件夹图标上的红色"√"取消。

然后在"改变范围"对话框的左侧选中"自定义板块"，右侧显示已创建的三个股票池："大股票池""小股票池"和"交易股票池"。单击"大股票池"，前面的文件夹图标将出现红色"√"，如图 3-20（b）所示。

（a）

（b）

图 3-20　修改选股范围

最后单击"确定"按钮，关闭"改变范围"对话框，回到图 3-21 所示的"条件选股"窗口。

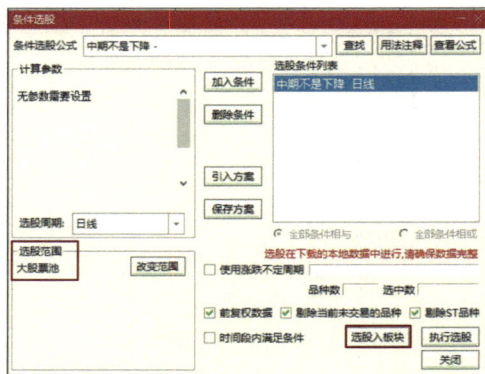

图 3-21　选股范围已改好

选股范围从之前的"上证 A 股""深证 A 股"变为新设定的"大股票池"。

由于选股需求是基于最近两根 K 线的收盘价与 20 均线之间的价格关系，因此不勾选"时间段内满足条件"。单击"选股入板块"按钮，系统自动弹出"请选择板块"对话框，如图 3-22 所示。

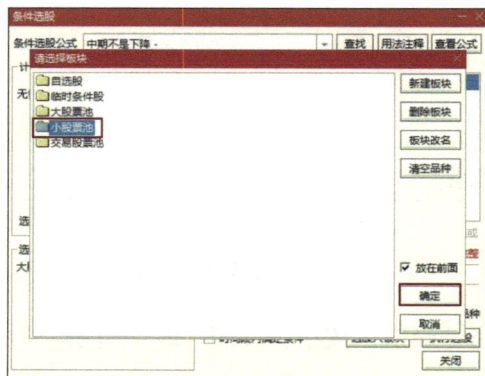

图 3-22　选择板块

选中"小股票池",然后单击"确定"按钮,弹出图 3-23 所示的对话框。

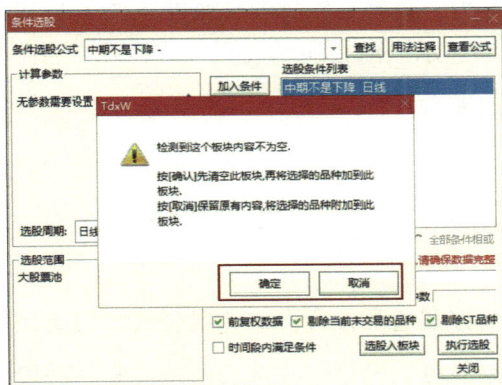

图 3-23　提示板块数据对话框

单击"确定"按钮后,系统在选股之前把"小股票池"已有的股票都清空,然后开始自动选股。单击"取消"按钮,系统在选股之前不会清空"小股票池"已有的股票,然后开始自动选股。选股结果如图 3-24 所示。

图 3-24　选股结果

可以看到，通达信系统从 1 133 只股票中选出了 390 只股票，选中率约为 34.4%。也就是说，通达信系统在大股票池中选出了约三分之一的股票，最近两日的收盘价大于等于 20 日均线。选股后系统自动显示当前板块的股票列表，在栏目"名称"后面有股票数量的提示。

3.6 交易策略与选股方案

一个选股方案通常包含多个选股公式，与前面的二次选股不同。二次选股可以控制每次选股的范围和时间段，从而构建出更复杂的策略。选股方案是在"选股条件列表"中同时使用多个选股条件，然后在同样的选股范围和选股时间进行选股。

3.6.1 创建选股方案

按快捷键"Ctrl+T"，打开"条件选股"窗口。分别将日线级别的"四串阳"和"中期不是下降"两个选股公式加入"选股条件列表"，如图 3-25 所示。

当"选股条件列表"有两个以上的选股条件时，下面两个灰色的单选框就会变成可选的状态。"全部条件相与"表示选中的股票必须同时满足所有的选股条件。"全部条件相或"表示选中的股票只要满足选股条件之一就行。通常选择"全部条件相或"比"全部条件相与"选中的股票数量更多。

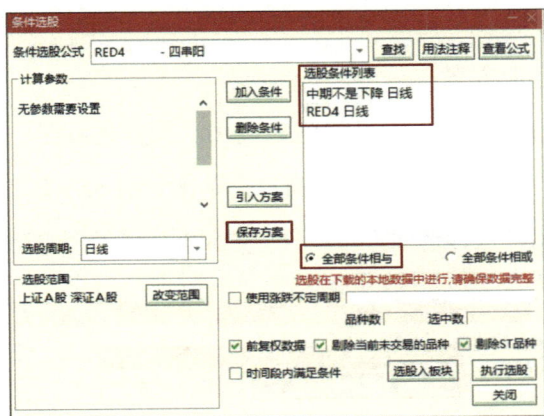

图 3-25　加入两个选股条件

设定好选股条件和"全部条件相与""全部条件相或"之后，单击"保存方案"按钮，系统自动弹出"保存条件"对话框，如图 3-26 所示。

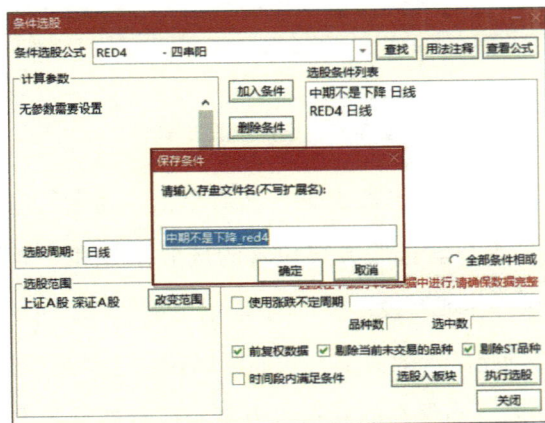

图 3-26　保存选股方案

系统根据已选的选股公式，自动显示默认的方案名称，也可进行手动修改。选股方案的名称改好后，单击"确定"按钮，即可保存选股方案。

保存好的选股方案可以随时调用。操作流程是，按快捷键"Ctrl+T"，打开"条件选股"窗口，单击"引入方案"按钮，系统自动弹出"选择选股方案文件"对话框，如图 3-27 所示。

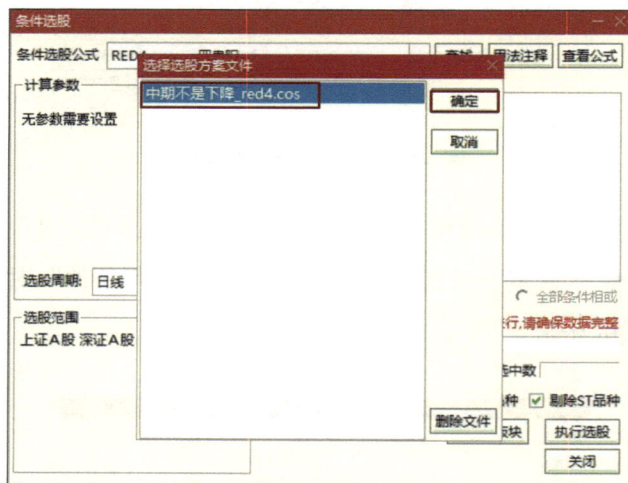

图 3-27　选择选股方案

选中想要使用的选股方案，然后单击"确定"按钮，回到"条件选股"窗口。选股方案包含的选股条件和"全部条件相与""全部条件相或"设定被自动填入，如图 3-25 所示。

对于已创建的选股方案，我们可以在"选择选股方案文件"对话框中删除。当保存的新选股方案与已有的选股方案文件名一样时，系统会提示是否覆盖旧的选股方案。如果不想覆盖，那么需要修改选股方案名称。

3.6.2 检查选股方案的结果

使用图 3-27 中的选股方案，单击"执行选股"按钮。选股结果如图 3-28 所示。

图 3-28 选股方案所产生的选股结果

可以看到，通达信系统从 4 973 只股票中选出了 187 只股票，选中率约为 3.8%。也就是说，在上证 A 股和深证 A 股中仅有 3.8% 的股票满足选股方案"中期不是下降 _red4.cos"。双击图 3-28 中的个股，查看股票详情，如图 3-29 所示。

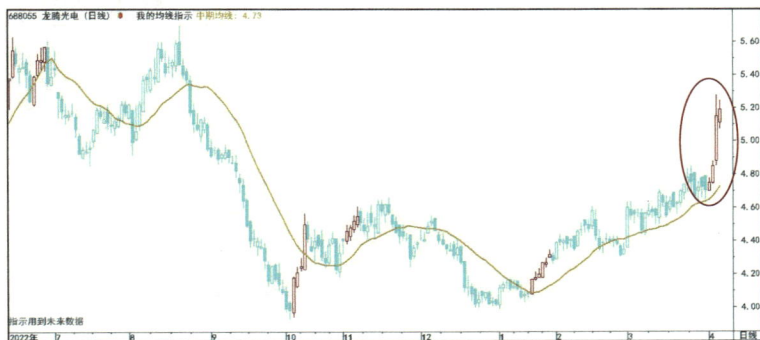

（a）

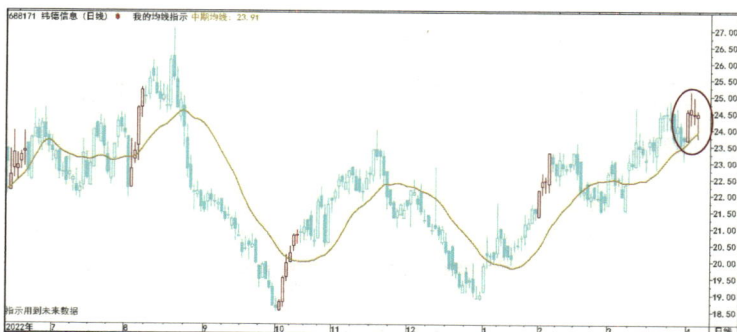

（b）

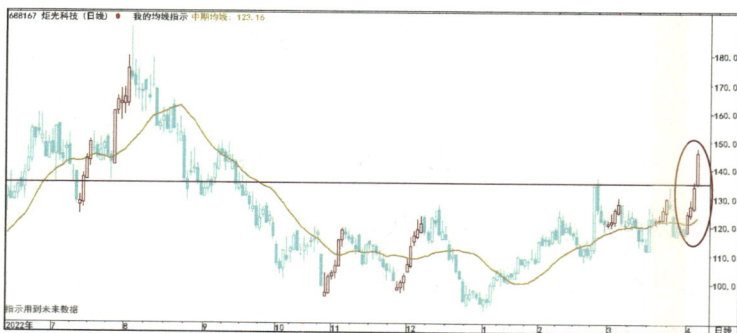

（c）

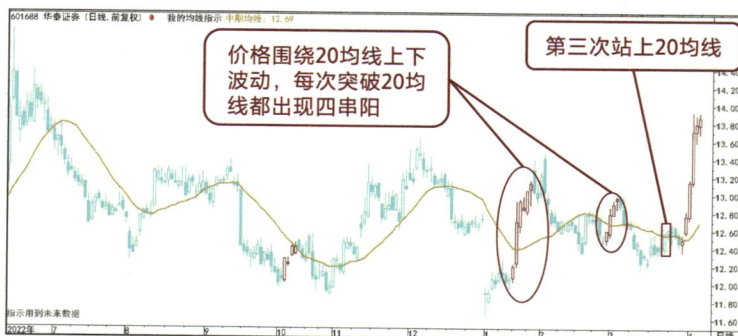

价格围绕20均线上下
波动，每次突破20均
线都出现四串阳

第三次站上20均线

（d）

图 3-29　查看选中的个股

在图 3-29 中，四只个股最近的四根 K 线都满足四串阳 K 线形态，而且最近两根 K 线的收盘价也都在 20 均线上方。它们都处于上升趋势，在构造底部形态的过程中也出现过四串阳。

图 3-29（a）（c）（d）中最近一次的四串阳收盘价逐步抬高，四根阳线中均有一根实体相对更长的阳线。

图 3-29（b）中最近一次四串阳并不是收盘价逐步抬高的，而是在前高附近横盘整理。这个四串阳包含一根阳线、一根纺锤线、一根十字星和一根长下影线 Pinbar。后三根 K 线的实体位于第一根阳线实体的上半部分，最后一根 Pinbar 的下影线跌破 20 均线后迅速回弹。

图 3-29（c）在 2023 年 3 月 25 日曾出现过四串阳，因此该股也能通过图 3-24 中的二次选股筛选出来。

图 3-29（d）是我们结合四串阳和 20 均线选股策略的典型形态。该股在底部横盘整理的过程中，围绕 20 均线上下摆动，每次突破 20 均线时都出现了四串阳。我们使用"四串阳"公式进行选股，并把选股时间段设定为 2023 年 1 月 10 日至 2023 年 3 月 10 日，然后再用公式"中期不是下降"进行二次选股，便可以在该股第三次站上 20 均线时将它选中。

通过对选股结果进行分析，我们发现选出来的个股多数在阶段性高位，原因在于个股连涨四天后通常要回调，但是我们筛选出了一段强劲趋势的个股。如果采用 AB=CD 的交易策略，可以将四串阳视为 AB 段，回调之后可能走 CD 段。因此，在采用该选股方案选出的个股中，可能存在不少一段时间后的波段强势股。

　　本例中的选股方案由两个选股条件组合而成，它可以快速
筛选出正处于上升趋势的股票。成熟的选股方案需要我们多做
实验、多测试，将不同的选股条件按照某个选股逻辑进行组合，
并对选股结果进行比较和分析。如果发现系统公式的选股条件
不能完全满足我们的选股需求，就要自己编写选股公式。

第 4 章

通达信基本面公式选股

4.1　基本面公式的编写原理

与很多股民通常的认知不一样，通达信系统中的基本面是一个更广泛的概念。基本面除了个股的财务数据之外，还包括个股的交易数据、板块的交易数据，以及市场总的交易数据。因此，基本面的选股公式分为两种：财务数据的选股公式和交易类数据的选股公式。

基本面对个股的估值，主要采用 PE 估值公式，具体如下：

$$股价 = 每股净利润 × 市盈率$$

对未来股价的估值公式如下：

$$未来股价 = 未来每股净利润 × 未来市盈率$$

估值公式中的两个变量是每股净利润（ROE）和市盈率（PE）。ROE 由企业自身决定，对应的是个股的财务数据；PE 则由市场所有参与者通过交易行为博弈后赋予，由市场决定，一般对应交易类数据。

例如，某个股当前价格是 20.00 元，每股净利润是 1.00 元，PE 就是 20 倍。如果该个股未来净利润增长率为 50%，那么未来每股净利润就是 1.50 元。

投资者甲知道这个信息后看涨该股，并采用 PE 估值公式，认为未来的股价是 30.00 元，以 20.00 元左右买进。股价在看涨买盘的推动下，很快上涨到了 22.00 元。

这时，投资者乙也知道了该个股未来净利润增长率为 50%

的信息，也同样看涨。此时，22.00 元股价对应的 PE 已经从 20 倍变成了 22 倍。因此，投资者乙用 PE 估值公式算出的未来价格就是 33.00 元。因为买进价是 22.00 元，所以投资者乙同样认为这是有利可图的交易。

上述市场逻辑表明，在看涨逻辑的推动下，PE 很可能会被逐步推高。直接的市场结果就是，个股净利润增加了 50%，股价可能涨了 1 倍多。

我们使用基本面选股公式的时候，要充分理解上述市场逻辑，尤其要重视基本面中与市场有关的交易类数据。通过编写特定基本面交易类数据与股价运动的指标公式，能够直观地看出特定交易类数据与股价阶段性大幅度涨跌的对应关系，从而更深刻地理解真实的市场逻辑，并拓宽我们的选股思路。

4.2　用基本面数据"发行价"交易新股的方法

新股是指新上市的股票。虽然新股价格波动大，有很强的短线盈利机会，但是无论中签者还是试图参与新股交易的股民，都面临交易日期短，缺少市场交易数据的困境。这是一个巨大的困难和风险，解决方法是可以采用基本面中的"发行价"数据。也就是说，在交易新股和进行价格分析时，发行价格是极其重要的参考价位。如果把发行价和上市后的最高价进行组合分析，就能更好地给交易者提供新股价格运动的分析框架。

4.2.1 使用"上市天数"数据筛选新股

下面从参与新股交易的股民视角出发，利用发行价和上市后最高价之间的斐波那契数列，辅助新股价格分析和新股交易。

筛选新股不需要专门编写选股公式，使用通达信系统自带的选股公式即可。以选出上市天数在 30 天以内的新股为例，按快捷键"Ctrl+T"，打开"条件选股"窗口，在条件选股公式中选中"A005 次新股选股"。

将上市天数栏的参数改为"30"，选股周期默认为"日线"，单击"加入条件"按钮。选股范围使用默认的"上证 A 股"和"深证 A 股"，单击"执行选股"按钮，如图 4-1 所示。

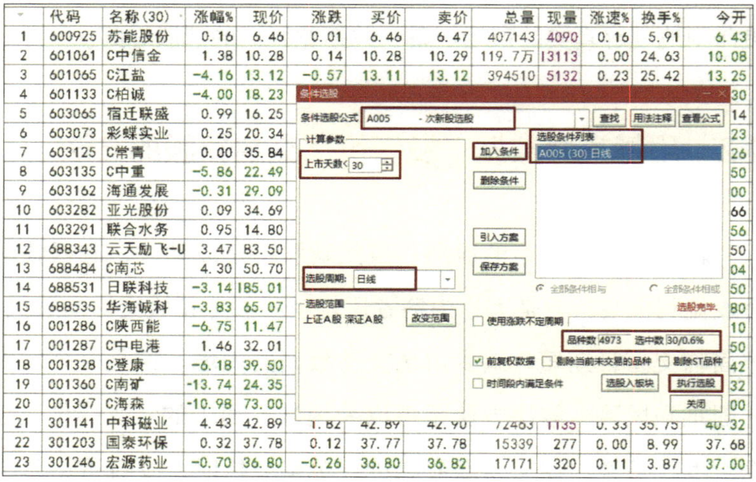

图 4-1　新股选股

可以看到，通达信系统从 4 973 只股票中选出了 30 只股票，选中率约为 0.6%。也就是说，在上证 A 股和深证 A 股的近

5 000 只股票中，最近有 30 只股票的上市天数在 30 天以内。

关闭"条件选股"窗口，打开一只个股（603073），如图 4-2 所示。该股上市当天大涨，第二天高开之后开始下跌。从最高价 31.00 元起算，到近期最低价 20.09 元，已经跌了 35.2%。在整数位 20 元附近可能存在支撑。

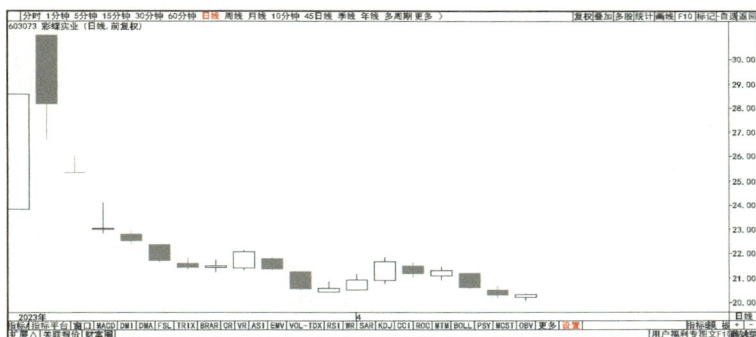

图 4-2　新股走势图 1

再看个股（601061），如图 4-3 所示。当前日线级别只有三根 K 线，通常不易分析后续的价格走势。

图 4-3　新股走势图 2

4.2.2　编写公式对新股进行价格分析

编写指标公式"新股价格分析"，如图 4-4 所示。画线方法选择"主图叠加"。

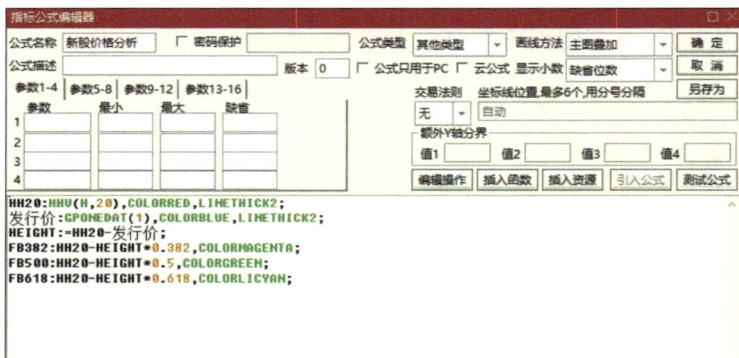

图 4-4　新股走势图 3

第一行语句名称为"HH20"，使用了引用函数类型中的 HHV 函数，计算出 20 根 K 线中的最高价，也就是近期最高价，并做出指标线：红色，2 号粗。

第二行语句名称为"发行价"，使用了专业财务函数类型中的 GPONEDAT 函数，引用股票的发行价，单位是元，并做出指标线：蓝色，2 号粗。在函数 GPONEDAT 的输入中放入不同的数据 ID，引用当前个股的不同数据，具体可以查看函数的帮助说明。

第三行语句名称为"HEIGHT"，计算近期最高价与发行价之间的价差。由于我们通常分析的是最高价大于发行价的个股，因此这里采用简单作差的计算公式，计算结果通常大于 0。遇到小于 0 的情况，也就是发行价高于近期最高价，俗称破发。当做出的指标线明显不符合我们交易套利的目的时，则可以考虑不交易这种类型的新股。

第四行、第五行、第六行语句分别做出 3 条斐波那契回撤的价格线。

第四行语句名称为"FB382"，表示从近期最高价回撤 38.2% 的价格位置，计算公式为近期最高价减去该价格的 38.2%（HH20-HEIGHT*0.382）。指标线颜色为红色，默认 1 号粗。

第五行语句名称为"FB500"，表示从近期最高价回撤 50% 的价格位置，计算公式为近期最高价减去该价格的 50%（HH20-HEIGHT*0.5）。指标线颜色为绿色，默认 1 号粗。

第六行语句名称为"FB618"，表示从近期最高价回撤 61.8% 的价格位置，计算公式为近期最高价减去该价格的 61.8%（HH20-HEIGHT*0.618）。指标线颜色为青色，默认 1 号粗。

指标公式编写完成后，保存公式。在图 4-2 所示的个股主图上叠加指标，如图 4-5 所示。最下方的蓝色粗线代表该股的发行

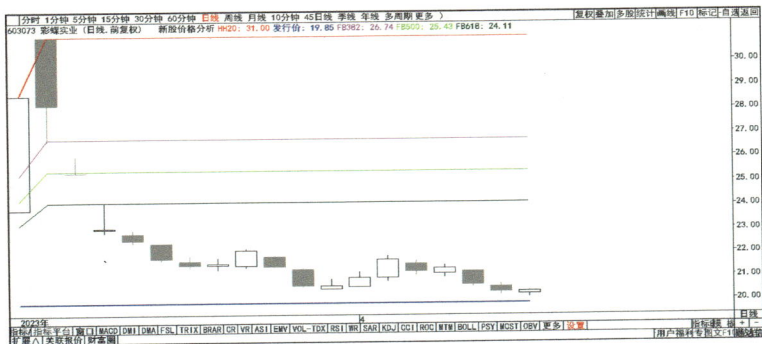

图 4-5　新股走势图叠加指标 1

价 19.85 元，最上方的红线代表上市次日形成的最高价 31.00 元。从上往下依次是，回撤 38.2% 的价位是 26.74 元，50% 的回撤价位是 25.43 元，回撤 61.8% 的价位是 24.11 元。

上市次日除了形成最高价，在 38.2% 的回撤价位还存在支撑，但该股上市第三天在 50% 的回撤价位附近横盘整理。而第四天在 61.8% 的回撤价位的强大阻力下，股价一路下跌。由于该股发行价为 19.85 元，投资者可以主观期待 20.00 元附近存在价格支撑。

在图 4-3 所示的个股主图上叠加指标，如图 4-6 所示。最下方的蓝色粗线代表该股的发行价 6.58 元，最上方的红线代表上市当天形成的最高价 14.21 元。从上往下依次是，回撤 38.2% 的价位是 11.30 元，回撤 50% 的价位是 10.40 元，回撤 61.8% 的价位是 9.49 元。

当前该股在日线级别仅有 3 根 K 线，后两根 K 线均在回撤 50% 的价位下方，以及回撤 61.8% 的价位上方。

再看图 4-7 所示的个股（001367），最下方的蓝色粗线代表

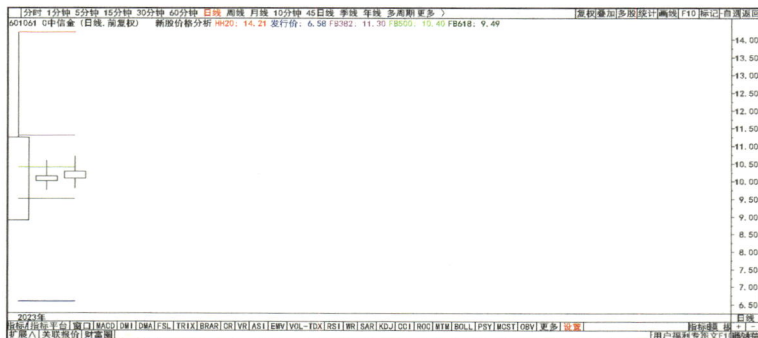

图 4-6　新股走势图叠加指标 2

该股的发行价 44.48 元，最上方的红线代表上市次日形成的最高价 88.83 元。从上往下，回撤 38.2% 的价位是 71.89 元，回撤 50% 的价位是 66.65 元，回撤 61.8% 的价位是 61.42 元。

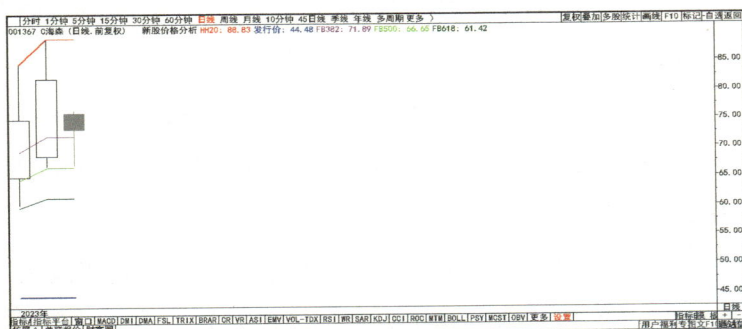

图 4-7　新股走势图叠加指标 3

当前该股在日线级别也仅有 3 根 K 线，后两根 K 线的最低价都在回撤 50% 的价位上方。投资者可以主观认为回撤 50% 的价位附近或许存在价格支撑。

再看图 4-8 所示的个股（603282），最下方的蓝色粗线代表

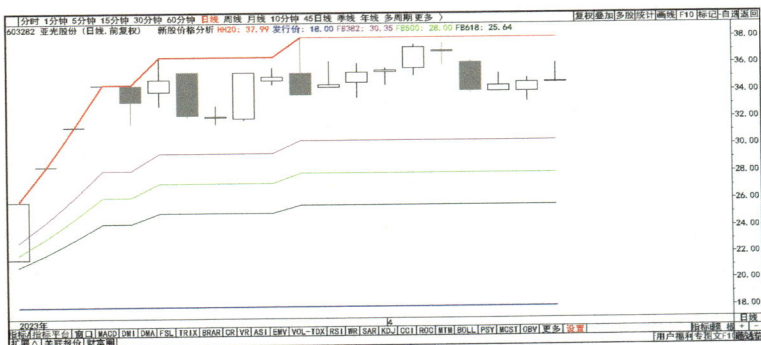

图 4-8　新股走势图叠加指标 4

该股的发行价 18.00 元，最上方的红线代表价格在上市之后一路抬高，从第 4 天的最高价 34.50 元抬高到第 6 天的最高价 36.52元，然后再次抬高到第 11 天的最高价 37.99 元。以最后一个最高价计算，当前回撤 38.2% 的价位是 30.35 元，回撤 50% 的价位是 28.00 元，回撤 61.8% 的价位是 25.64 元。

该股从第 5 天开始进行横盘整理，价格始终围绕第 4 天的涨停价（34.50 元）附近上下波动，并且回撤的最低价也高于回撤 38.2% 的价位，所以该股走势十分强劲。

再看图 4-9 所示的个股（301203），最上方的蓝色粗线代表该股的发行价 46.13 元，最下方的红线代表上市当天的最高价44.95 元。该股上市当日破发，近期最高价是首日最高价，随后价格一路下跌，不建议投资者参与。

中签的股民同样可以用发行价作参考，采用江恩上涨百分比的方法编写辅助交易的公式，这样会有很大可能卖在高价区。这里不再赘述。

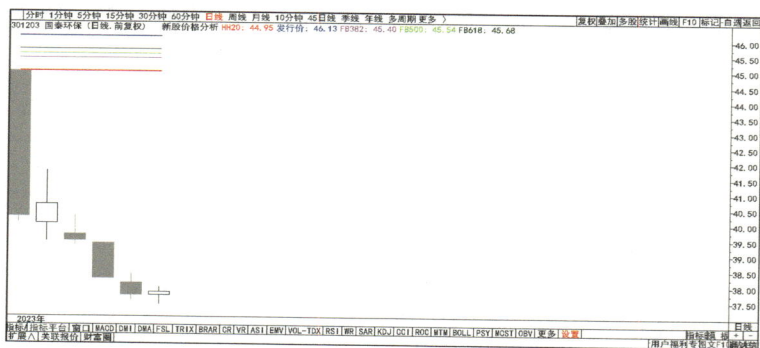

图 4-9　新股走势图叠加指标 5

4.3　巴菲特选股策略与公式优化

投资大师巴菲特的选股策略包含三大原则：高毛利率、高净利率和高净资产收益率。

企业的毛利率高说明企业存在事实上的垄断地位，在市场上具有定价优势。

高净利率说明企业在营运方面的控制能力很强，对应企业的管理能力比较强。

高净资产收益率说明企业能为股东带来高收益。巴菲特常把选股标准的高净资产收益率设定在 15%。在筛选更加优秀的企业时，也会把高净资产收益率设定在 20%。

4.3.1　如何使用通达信系统的巴菲特选股公式

巴菲特选股是典型的基于个股财务数据的选股公式。使用巴菲特选股不需要专门编写选股公式，使用通达信系统自带的选股公式即可。下面以选出的毛利率在 40% 以上、净利率在 5%以上、净资产收益率在 20% 以上的股票为例来说明。

按快捷键 "Ctrl+T"，打开"条件选股"窗口，在条件选股公式中选中 "A008 巴菲特选股"。销售毛利率使用默认参数 "40"，净利率使用默认参数 "5"。将净资产收益率的参数从默认的 "15" 改为 "20"。选股周期默认 "日线"，单击 "加入条件" 按钮，如图 4-10 所示。

	代码	名称(114)	涨幅%	现价	涨跌	买价	卖价	总量	现量	涨速%	换手%	今开
1	600132	重庆啤酒	1.54	115.15	1.75	115.14	115.15	26824	4	0.24	0.55	112.00
2	600188	兖矿能源	0.45	33.49	0.15	33.49	33.50	69610	80	0.45	0.23	33.20
3	600519	贵州茅台	1.16	713.82	19.72	1713.87	1713.90	12802	5	0.07	0.10	1690.00
4	600546	山煤国际	1.15	15.77								
5	600661	昂立教育	2.45	10.45								
6	600702	舍得酒业	1.42	185.15								
7	600779	水井坊	0.65	69.80								
8	600809	山西汾酒	3.23	248.87								
9	600867	通化东宝	0.33	12.13								
10	600925	苏能股份	-0.77	6.41								
11	600938	中国海油	5.13	19.07								
12	600971	恒源煤电	0.54	9.30								
13	600976	健民集团	3.09	76.42								
14	601001	晋控煤业	0.45	11.10								
15	601225	陕西煤业	1.65	19.74								
16	601699	潞安环能	0.10	19.24								
17	601919	中远海控	-0.73	10.88								
18	603061	金海通	3.76	127.46								
19	603267	鸿远电子	0.36	78.88								
20	603281	江瀚新材	-1.09	47.91								
21	603363	百傲化学	0.40	15.15	0.06	15.14	15.16	17831	3	0.13	0.70	15.15
22	603392	万泰生物	0.10	115.51	0.12	115.51	115.52	10063	5	-0.34	0.42	114.00
23	603444	吉比特	-1.35	548.50	-7.51	548.50	550.97	4795	1	-0.28	0.67	555.00

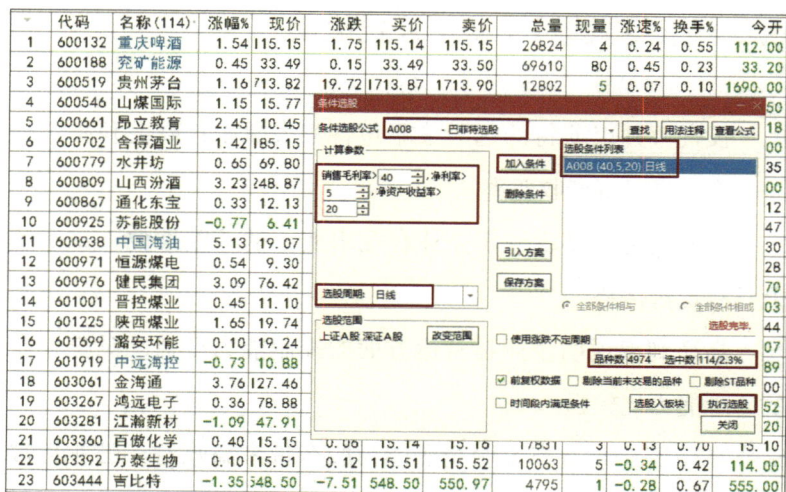

图 4-10　巴菲特选股

对基本面选股而言，把选股周期设定为"日线""周线""月线"或者"季线"对选股结果的影响不大，因为基本面选股通常是从财务报表中获取的最新数据。但在查看个股详情时，最好把 K 线图表的时间周期改为月线、季线或年线。

由于基本面数据通常来自财务报表，财务报表的更新周期通常以季度为单位。如果 K 线图表使用默认的日线，就不易分析财务报表的数据变化；如果使用季线图表，那么好处是可以直观地看到每一季度价格数据的变化；如果使用月线图表甚至周线图表，那么好处是能观察到更丰富的价格变动细节，走势形态也更清晰。

选股范围使用默认的上证 A 股和深证 A 股，单击"执行选股"按钮。

可以看到，通达信系统从 4 974 只股票中选出了 114 只股票，选中率约为 2.3%。也就是说，在上证 A 股和深证 A 股的近 5 000 只股票中，有 114 只股票满足我们设定的巴菲特选股条件。

4.3.2　编写选股结果的指标公式，查看历史规律

为了在查看个股 K 线图表时更加清楚地展示巴菲特选股三大原则的数据，我们先编写对应的指标公式。

（1）编写指标公式

分别编写毛利率、净利率和净资产收益率这三个指标公式，如图 4-11 所示。

图 4-11（a）为毛利率指标公式，包含两个语句，都使用了专业财务函数类型中的 FINVALUE 函数。根据输入的数据 ID，提取财务报表中对应的数据，具体可查看函数的帮助说明。建议投资者创建一份 Word 文档，把专业财务函数类型中所有函数的帮助说明复制下来，便于日常查阅。

第一个语句数据 ID 为 0，表示提取当前毛利率数据对应的财务报表报告期，信息仅显示在副图左上角，不做指标线。

第二个语句分别提取了数据 ID 为 74 和 75 的数据，然后再计算毛利率的数值，并显示在副图中。指标线为蓝色（2 号粗）。74 号数据为营业收入，75 号数据为营业成本。

毛利率的计算公式为：

$$毛利率 = \frac{营业收入 - 营业成本}{营业收入} \times 100\%$$

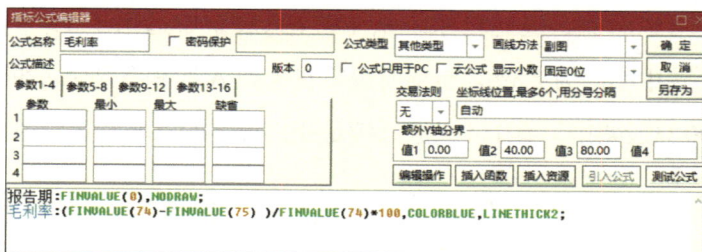

（a）毛利率指标公式

（b）净利率指标公式

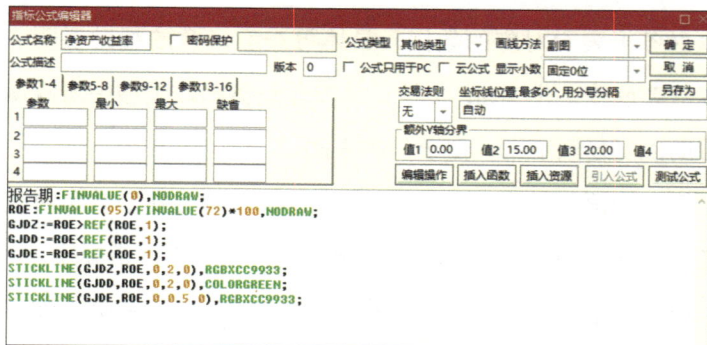

（c）净资产收益率指标公式

图 4-11　根据巴菲特选股结果所采用的指标公式

因此，第二个语句的计算公式对应写为：

$$毛利率 = \frac{74 号数据 - 75 号数据}{74 号数据} \times 100\%$$

图 4-11（b）为净利率指标公式，也包含两个语句。第一个语句与图 4-11（a）相同。第二个语句为计算净利率的数值，用红色指标线（2 号粗）在副图中画出来。

净利率的计算公式为：

$$净利率 = \frac{净利润}{营业收入} \times 100\%$$

74 号数据为营业收入，95 号数据为净利润。因此，第二个语句的计算公式对应写为：

$$净利率 = \frac{95 号数据}{74 号数据} \times 100\%$$

图 4-11（c）为净资产收益率指标公式，包含 8 个语句。第一个语句与图 4-11（a）相同。第二个语句为计算净资产收益率的数值。后面 6 个语句是设置用柱状图的形式把指标画出来。

净利率的计算公式为：

$$净资产收益率 = \frac{净利润}{股东权益（净资产）} \times 100\%$$

72 号数据为股东权益（净资产），95 号数据为净利润。因此，第二个语句的计算公式对应写为：

$$净利率 = \frac{95 号数据}{72 号数据} \times 100\%$$

（2）查看个股详情

三个指标公式分别编写完成后，保存公式。双击图 4-10 中的任意个股（600546），如图 4-12 所示，将周期设置为季线。按快捷键"Alt+4"，设置四个窗口，也就是一个主图和三个副图。第一个副图指标设置为毛利率，第二个副图指标设置为净资产收益率，第三个副图指标设置为净利率。

图 4-12　巴菲特选股个股 1

副图三个指标的"报告期"都显示为"221231"，表示 2022 年 12 月 31 日，说明该股的最新财务数据取自 2022 年年报。在报告期中，该股的毛利率为 45%，净利率为 24%，净资产收益率为 59%，符合此前我们设定的巴菲特选股条件。

蓝色粗线代表毛利率，最新数值为 45，下方有一根虚线，是在数值为 40 时的横线。蓝线略高于虚线"40"。

红色粗线代表净利率，最新数值为 24，图中有三根虚线，分别是在数值为 0、5 和 25 时的横线。红线略低于对应数值为

25 的横线。

这个虚线是在公式编辑器中的"额外 Y 轴分界"设置的。图 4-11（a）中的"额外 Y 轴分界"分别设置了 0、40 和 80 三个数。图 4-11（b）中的"额外 Y 轴分界"分别设置了 0、5、25 和 50 四个数。

考虑到巴菲特选股三大原则都是对数值进行对比，所以将"额外 Y 轴分界"的第一个数值都设置为 0。如果数值在 0 以下，说明分子是负数。

设置"额外 Y 轴分界"的数值通常还与选股的关键分界点相关。在图 4-10 的选股参数中，将毛利率的分界值设置为 40，将净利率的分界值设置为 5，即将"额外 Y 轴分界"的第二个数值设置为分界值。其他的数值基本根据分界值的倍数进行设定。

图 4-11（c）中的"额外 Y 轴分界"分别设置了 0、15 和 20 三个数。由于该股最新净资产收益率为 59%，远高于 20%，因此图 4-12 中最后几根柱线都远高于虚线"20"。

我们重点看最后三根柱线。由于当前系统时间（写作本章的时间）已经是 2023 年第二季度，因此在季度 K 线图表中，最后三根 K 线均使用了倒数第三根 K 线上的数据，也就是 2022 年年报中的数据。

回到图 4-11（c）中的最后 6 行公式。前 3 行分别定义了三个中间变量，用来记录当前时间周期的净资产收益率与前一个时间周期的数值相比的结果，是一个逻辑值。第一个表示当前数值更大，第二个表示当前数值更小，第三个表示与当前数值相等。后 3 行分别依据三个不同的逻辑判断条件画不同的柱形图。当数值更大时，画一根粗的金色实心柱线；当数值更小时，画一根粗的绿色实心柱线；当数值相等时，画一根金色实心的细柱线。

由于最后两个季度暂时没有新数据，当前的时间系统将 2022 年年报的数据也作为 2023 年第一季度和第二季度的数据。因此，最后三根柱线中的第一根表示 2022 年年报中的数据比第三季度的数值更大，后两根柱线没有新数据，图中用细的实心柱线表示。

不同企业的财务报告公布的时间不同，最近的柱线使用哪个时点报告的数据并不是统一的。如图 4-13 所示，个股（600779）的最新数据来自 2022 年第三季报，所以最后三根柱线是细线。在该报告期中，个股的毛利率为 85%，净利率为 28%，净资产收益率为 32%，符合此前我们设定的巴菲特选股条件。

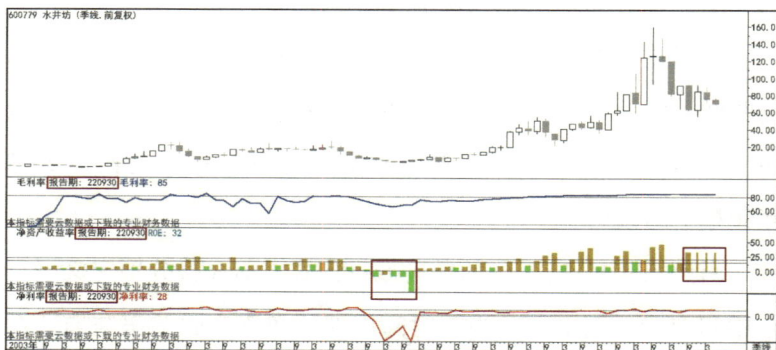

图 4-13　巴菲特选股个股 2

此外，通过柱线图还可以清晰地看到该股自 2013 年年报至 2014 年年报期间，净资产收益率一直为负值。第二根柱线不是绿色，表明 2014 年第一季报的净资产收益率比前一个报告的数值更大。但随后三根柱线呈现出越来越长的绿色柱线，表示这三个报告中净资产收益率越来越高。

4.3.3　优化后的巴菲特选股方案

使用巴菲特选股方案时，除了图 4-10 中的常用选股设置，我们还可以创建自己的巴菲特选股方案。运用巴菲特选股法通常选出来的是机构参与的抱团股，因此我们在应用时可添加对个股最小市值的设置。

编写选股公式"市值选股"，如图 4-14 所示。在条件选股公式编辑器中分别填写公式信息和参数信息。

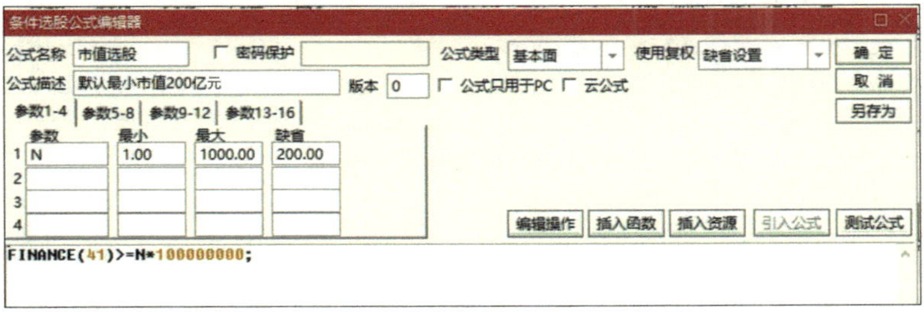

图 4-14　市值选股公式

该公式仅有一个语句，使用关联财务函数类型中的 FINANCE(41)，表示提取该股 AB 股总市值（不包括在香港等地上市的股份市值）。然后将该数值与 200 亿元进行比较。如果大于等于 200 亿元，那么输出 1；如果小于 200 亿元，那么输出 0。200 亿元是由参数 N 乘以 100 000 000 计算得来的。

保存图 4-14 中的选股公式后，回到"条件选股"窗口，如图 4-15 所示。分别将选股公式"A008（40，5，20）日线"和"市值选股（200）日线"加入选股条件，默认"全部条件相与"。单击"执行选股"按钮。

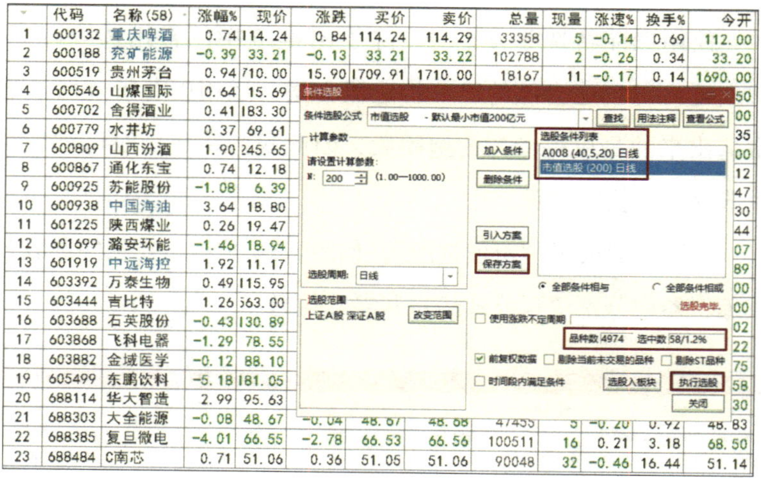

图 4-15　巴菲特选股方案

可以看到，通达信系统从 4 974 只股票中选出了 58 只股票，选中率约为 1.2%。也就是说，在上证 A 股和深证 A 股的近 5 000 只股票中，最近有 58 只股票同时满足我们设定的巴菲特选股条件和市值选股条件，比图 4-10 中的选股结果少了 56 只股票。

单击"保存方案"按钮，将当前我们使用的两个选股条件保存为新的选股方案。在弹出的"保存条件"对话框中输入"我的巴菲特选股"，如图 4-16 所示。单击"确定"按钮，保存方案。以后我们再想同时使用巴菲特选股和市值选股这两个选股条件时，无需逐个公式寻找并添加。直接在"条件选股"窗口单击"引入方案"按钮，选择"我的巴菲特选股"即可。

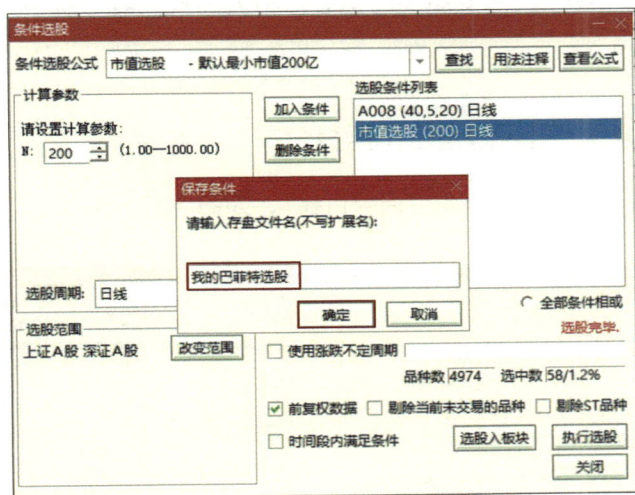

图 4-16　保存巴菲特选股方案

4.4　高商誉排雷选股公式

如果上市公司在资本运作中，溢价收购另外一家企业，收购总价超出其净资产的部分，那么在财务报表中就记作商誉。商誉是一种无形资产，是资本运作的副产物。高溢价收购行为导致的高商誉，通常会对上市公司的财务报表产生重要影响，从而影响收购行为之后股价的中长期走势。

通过编写商誉占比指标，可以直观地看出在上市公司资本运作过程中，股价运动与商誉占比的关联性，以及明显的阶段性特征。

对于因资本运作而大幅上涨过的个股，高商誉的个股大概率存在"业绩突然变脸"的隐患。稳健的投资者一般会远离这类个股。

4.4.1 编写商誉占比指标公式

编写副图指标公式"商誉占比"，如图 4-17 所示。

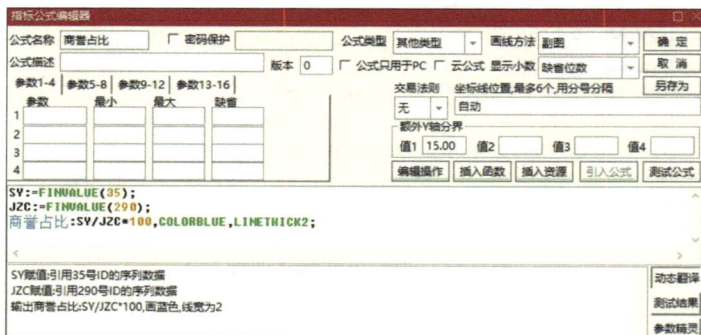

图 4-17 编写"商誉占比"指标公式

第一行是赋值语句，表示从函数 FINVALUE 中引用第 35 号数据"商誉"，单位是元。

第二行是赋值语句，表示从函数 FINVALUE 中引用第 290 号数据"净资产"，单位是元。

第三行是指标图形语句，表示求商誉占净资产的百分比，因此用第一行数值与第二行数值的比值乘以 100，并将结果用蓝色指标线（2 号粗）画出来。

　　保存图 4-17 中的公式，找一只个股（00**36）查看详情，主图设置为月线图，如图 4-18 所示。该股在 2019 年第四季度将商誉占比从 0 提高到近 30%，此后股价在底部盘整三年多。注意，数据"商誉"是从最近的财报中提取的，由于财报的公布时间通常滞后月 K 线三个月左右，因此指标线"商誉占比"对股价的影响通常也会跟着滞后。

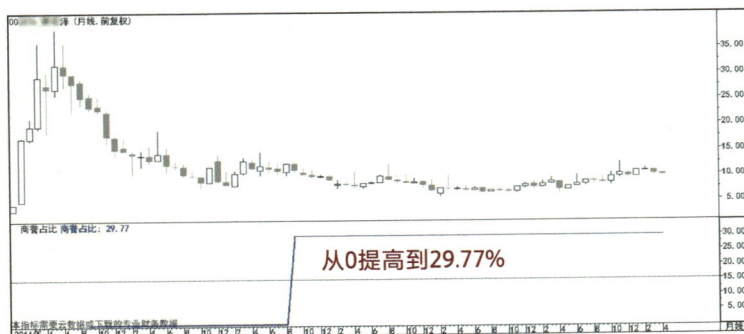

图 4-18　商誉占比副图指标 1

　　再看个股（00**66），如图 4-19 所示。该股先在 2017 年第四季度将商誉占比从 0 提高到 30.31%，随后在 2018 年第四季度将商誉占比提高了 4 个百分点，最后在 2019 年第四季度又将商誉占比从 34.97% 提高到近 65%，此后股价也在底部盘整了三年多。

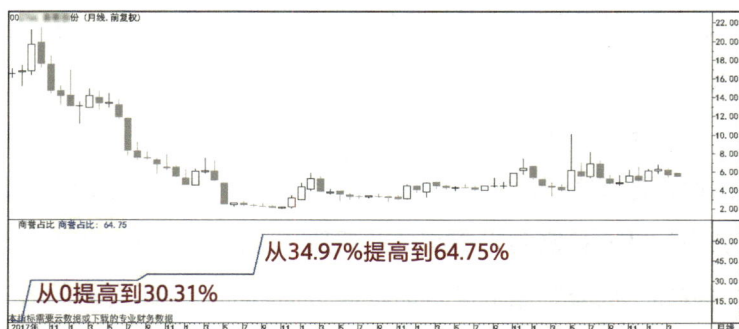

图 4-19　商誉占比副图指标 2

再看个股（30**67），如图 4-20 所示。该股先在 2018 年第四季度将商誉占比从 0 提高到 102.57%，随后在 2019 年第四季度将商誉占比提高了约 20 个百分点，此后股价也在底部盘整了三年多。

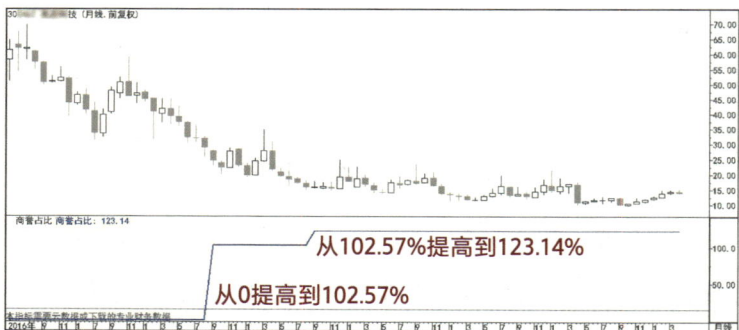

图 4-20　商誉占比副图指标 3

商誉占比升高，股价也跟着上升的例子是存在的，如图 4-21 所示。个股（30**38）在 2019 年第四季度将商誉占比从 0 提高到 19.87%，5 个月后，该股开启了一段从 5.31 元到 20.31

元的上升趋势，半年时间价格涨了近 3 倍。

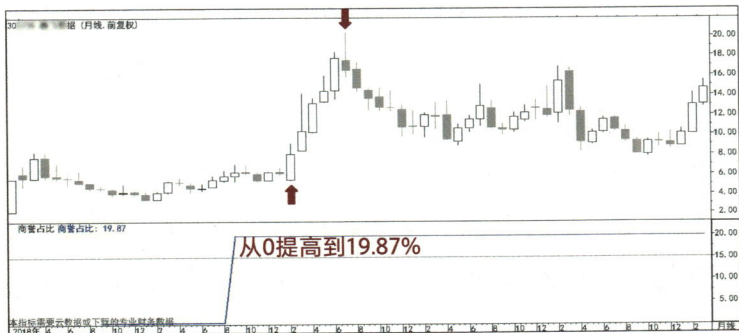

图 4-21　商誉占比副图指标 4

如图 4-22 所示，个股（00**98）在 2018 年第四季度将商誉占比从 0 提高到 16.05%，4 个月后，该股开启了一段从 11.66 元到 28.19 元的上升趋势，4 个月的时间价格涨幅超过 140%。之后该股的商誉占比在 2019 年第四季度从 16.05% 下降到 14.29%，价格从 17.02 元涨到了 44.73 元，11 个月的时间涨幅超过 160%。

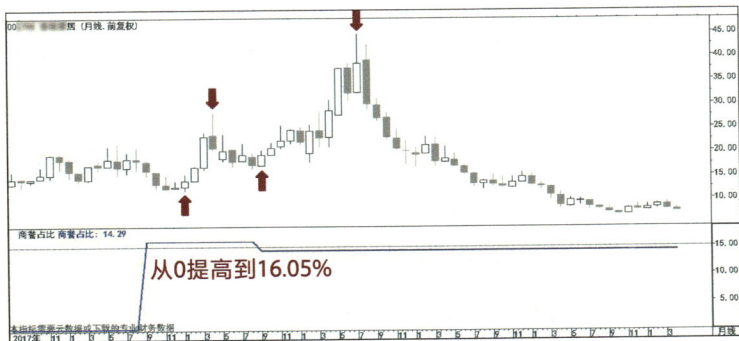

图 4-22　商誉占比副图指标 5

4.4.2 编写商誉排雷选股公式

综合前一节的多个案例可以看出，个股的商誉占比调整时间通常在每年的第四季度。调整后很多个股的价格趋势都会改变。当商誉占比过高时，股价难以走出上升趋势。

为了回避此类个股，我们可以编写一个商誉排雷公式，如图 4-23 所示。通过排除商誉占比超过 15% 的个股，以及商誉值超过 2 亿元的个股，可以降低所选个股业绩暴雷的可能性。

图 4-23　编写商誉选股公式

该公式的编写要点如下。

（1）复制图 4-17 中的指标公式，通过新建选股公式的流程，打开"条件选股公式编辑器"窗口，粘贴到公式编写区。在最前面添加用大括号括起来的注释语句"{ 商誉小于 15%，商誉绝对值小于 2 亿元 }"。

（2）把最后一行改为选股条件，在商誉占比公式"SY/JZC*100"后补上比较大小的条件"<N"。然后删除",COL OR BLUE,

LINETHICK2"，增加一个空格及 "AND SY<A*100000000"。

（3）添加参数 N 和 A，最大值、最小值和缺省值参照
图 4-23 填写。然后在信息提示区选中"公式精灵"，参照图 4-23 把
Param#0 后面的文字删除，前面添加"商誉占比最大值（%）"，把
Param#1 后面的文字删除，前面添加"商誉最大绝对值（亿元）"。

（4）补上公式名称"商誉排雷"，测试公式，确保没有语法
错误，最后保存公式。

按快捷键 "Ctrl+T"，打开"条件选股"窗口。在条件选股
公式中选中"商誉排雷"，选股周期选择"月线"，单击"加入
条件"按钮，如图 4-24 所示。

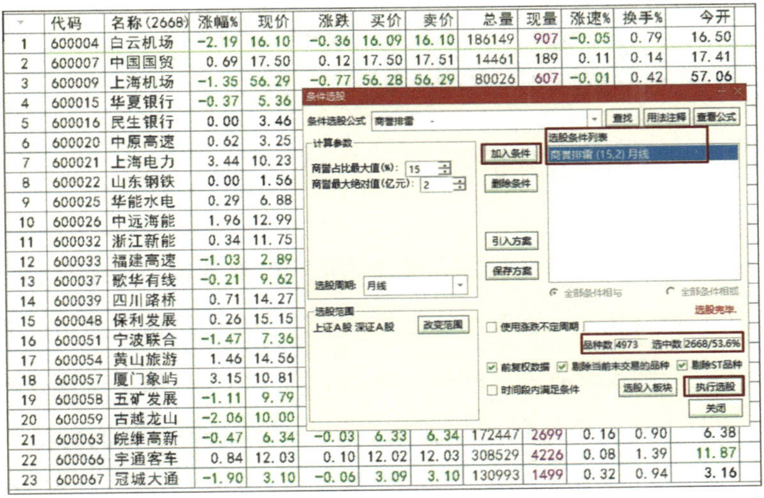

图 4-24　执行商誉排雷选股

勾选"剔除当前未交易的品种"和"剔除 ST 品种"，单击
"执行选股"按钮。

可以看到，通达信系统从 4 973 只股票中选出了 2 668 只股票，选中率约为 53.6%。也就是说，在上证 A 股和深证 A 股的近 5 000 只股票中，有约一半的股票可能存在商誉"地雷"。

商誉排雷选股公式有内在的逻辑。当上市公司收购其他企业时，市场通常会将其作为利好对待，对应的股价会有一波行情。收购完成后，利好兑现，股价通常在高位。这时，高商誉的负面影响就开始显现，其重要的体现就是会大幅度降低净资产收益率。上市公司为了塑造财务报表，迟早会对高商誉进行财务处理，常见的做法就是商誉减值。商誉减值的直接后果就是净利润相应减少，这很容易导致上市公司亏损。更重要的是，如果是大幅商誉减值，个股的业绩会大幅亏损，那么大概率会导致股价大幅下跌。

4.5 业绩预告分析

上市公司的信息披露方式除了正式的财务报表，还有业绩预告和业绩快报。在某个季度结束后，上市公司通过公布业绩预告，告知投资者当期的净利润预估值等信息，便于投资者预判该股未来几个月的基本面情况。尤其当遇到净利润为负值（预亏）、扭亏为盈、净利润同比涨跌超过 50% 等特殊情况时，上市公司需要预披露。

业绩快报的内容是在定期报告披露前，上市公司主动披露的简化的财务数据。沪市和深市的具体披露规则不完全相同，当正式报告出来时经常会有业绩修正。

通常业绩预告包含的信息有：报告期、归母净利润下限、归母净利润上限、归母净利润同比增幅下限和归母净利润同比增幅上限等。

业绩快报包含的信息有：报告期、归母净利润、扣非净利润、总资产、净资产、每股收益、摊薄净资产收益率、加权净资产收益率和每股净资产等。

本节主要围绕业绩预告进行选股，由于业绩预告中的"下限"通常是小于或者等于"上限"，选股时主要以"下限"的数值作为选股的分界条件。

4.5.1　业绩预增选股

使用业绩预增选股时，应使用最新业绩预告数值，最好能挑选本期归母净利润同比增幅超过 50% 的个股，编写选股公式，如图 4-25 所示。

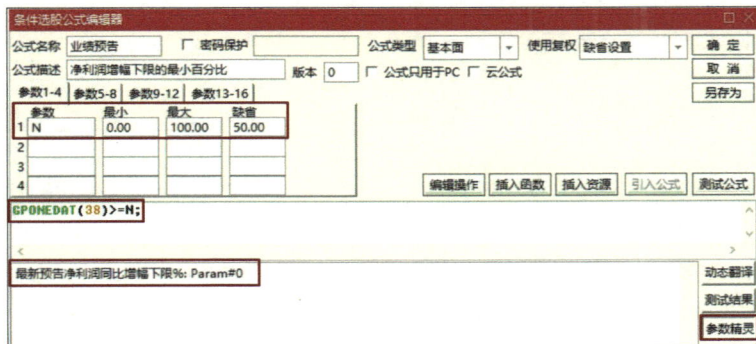

图 4-25　编写"业绩预告"选股公式

公式中使用函数 GPONEDAT，引用第 38 号数据，提取个股的本期归母净利润同比增幅下限。由于该数据本身是百分比数值，因此假如某股票的净利润同比增幅下限是 60%，那么 GPONEDAT(38) 提取的数据是 60，而不是 0.6。然后将该数值与参数进行比较。填写参数信息：参数 N，缺省值为 50.00。参照图 4-25 修改参数精灵。完善公式名称和公式描述后，保存公式。

按快捷键"Ctrl+T"，打开"条件选股"窗口。在条件选股公式中选中"业绩预告"，选股周期选择"季线"，单击"加入条件"按钮，如图 4-26 所示。

勾选"剔除当前未交易的品种"和"剔除 ST 品种"，单击"执行选股"按钮。

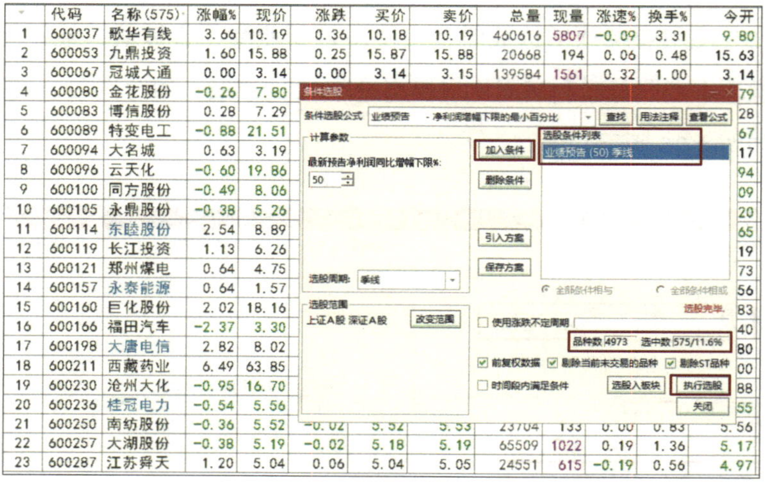

图 4-26　执行业绩预告选股

可以看到，通达信系统从 4 973 只股票中选出了 575 只股票，选中率约为 11.6%。也就是说，在上证 A 股和深证 A 股的近 5 000 只股票中，预计有 10% 的股票业绩增幅超过 50%。

投资者需要注意的是，一般情况下，业绩预增，尤其是大幅度预增的信息会推动股价上涨，但是正式公布业绩时，市场可能会认为这是利好兑现，股价可能会下跌。

4.5.2　业绩预亏排雷

使用业绩预亏排雷时，也使用最新业绩预告数值，排除业绩可能亏损的个股。选股条件设定为选出业绩预告中的归母净利润下限大于或者等于 0 的股票，编写选股公式，如图 4-27 所示。

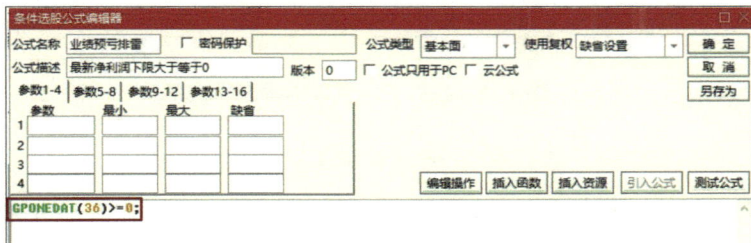

图 4-27　编写"业绩预亏排雷"选股公式

使用公式中的函数 GPONEDAT，引用第 36 号数据，提取个股的本期归母净利润下限。增加选股条件">=0"，完善公式名称和公式描述后，保存公式。

按快捷键"Ctrl+T"，打开"条件选股"窗口。在条件选股公式中选中"业绩预亏排雷"，选股周期选择"月线"，单击

"加入条件"按钮，如图 4-28 所示。

勾选"剔除当前未交易的品种"和"剔除 ST 品种"，单击"执行选股"按钮。

	代码	名称(4054)	涨幅%	现价	涨跌	买价	卖价	总量	现量	涨速%	换手%	今开
1	600000	浦发银行	0.42	7.21	0.03	7.21	7.22	194757	4493	0.00	0.07	7.20
2	600006	东风汽车	-0.52	5.73	-0.03	5.73	5.73	176902	2439	0.00	0.88	5.77
3	600007	中国国贸	-0.17	17.49	-0.03	17.49	17.50	16086	276	0.00	0.16	17.50
4	600008	首创环保	3.65	3.12								01
5	600011	华能国际	-1.69	8.73								88
6	600015	华夏银行	0.93	5.42								42
7	600016	民生银行	0.58	3.47								46
8	600017	日照港	1.79	2.84								79
9	600018	上港集团	1.83	5.57								47
10	600019	宝钢股份	4.36	6.94								66
11	600020	中原高速	1.36	3.27								24
12	600021	上海电力	-0.78	10.17								13
13	600022	山东钢铁	0.64	1.58								58
14	600025	华能水电	1.17	6.89								82
15	600026	中远海能	2.19	13.08								75
16	600027	华电国际	-1.51	6.02								97
17	600028	中国石化	2.67	6.16								04
18	600029	南方航空	0.12	8.05								09
19	600030	中信证券	0.00	21.34								34
20	600031	三一重工	-0.74	17.39								53
21	600032	浙江新能	-0.52	11.46	-0.06	11.46	11.47	26339	478	0.00	1.27	11.59
22	600033	福建高速	1.38	2.93	0.04	2.92	2.93	109883	1132	0.34	0.40	2.90
23	600035	楚天高速	2.33	3.52	0.08	3.51	3.52	180638	1708	0.00	1.12	3.44

图 4-28　执行业绩预告排雷选股

可以看到，通达信系统从 4 973 只股票中选出了 4 054 只股票，选中率约为 81.5%。也就是说，在上证 A 股和深证 A 股的近 5 000 只股票中，排除了约五分之一可能存在业绩亏损的股票。

4.6　应收账款占比分析

在上市公司的财务报表中，企业的应收账款属于流动资产。应收账款属于风险性资产，如果没有实际收回，那么可能被计为企业的亏损。同时，应收账款具有明显的行业性差异，在比较企业的应收账款时，最好结合营业收入及行业的不同特征进行综合分析。

应收账款占比的增加分为两种情况。

第一种是成长型企业，随着市场规模的扩大，应收账款会随之增加，这是成长型企业在高速成长阶段的正常现象，也是推动股价大幅上涨的重要财务数据。

第二种是主业经营一般的非成长型企业，应收账款的增加可能是经营困难的信号。

编写副图指标公式"应收账款占比"，如图 4-29 所示。通达信系统中自 2004 年第一季度开始有个股的应收账款数据。企业每个财务报告期（季报、半年报、年报）中均有应收账款和营业收入的基础数据。

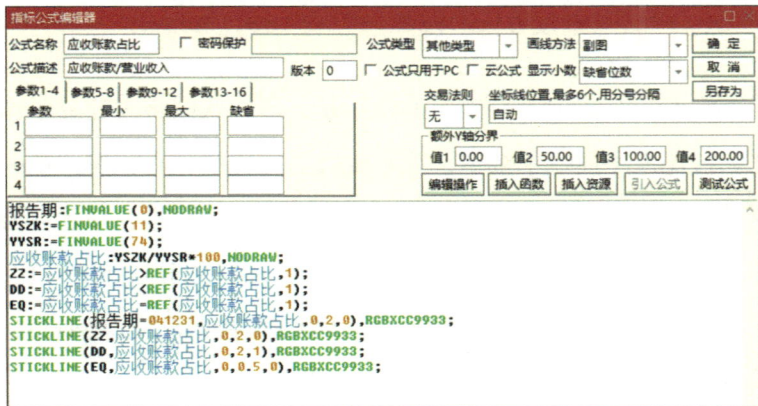

图 4-29 应收账款占比指标公式

第一行语句名称为"报告期"，显示在副图左上角。

第二行语句名称为"YSZK"，从函数 FINVALUE 中提取应收账款数据，数据 ID 为 11。

第三行语句名称为"YYSR"，从函数 FINVALUE 中提取营业收入数据，数据 ID 为 74。

第四行语句名称为"应收账款占比"，其计算公式为：

$$应收账款占比 = \frac{应收账款}{营业收入} \times 100\%$$

分别将前两行语句套入公式：

$$应收账款占比 = \frac{YSZK}{YYSR} \times 100\%$$

改写成如下通达信公式的语句，在副图左上角显示。

应收账款占比：YSZK/YYSR*100,NODRAW;

第五行至第十一行语句的作用是，用柱状图将占比显示出来。占比大于前一个数据，显示实心的宽柱线；占比等于前一个数据，显示实心的细柱线；占比小于前一个数据，显示空心的宽柱线。第一个数据需要单独提取。为了便于与同期对比，在显示指标的时候要选择年报，所以第一个数据设置为 041231，表示 2004 年 12 月 31 日，即 2004 年年报。

指标公式编写完成后，保存公式，然后将其显示在副图中，

K 线图周期设置为年线，如图 4-30 所示。个股（600026）当前已经公布了 2022 年年报，因此倒数第二根柱线是根据 2022 年年报的数据计算得出的。由于 2021 年的应收账款占比是 2.9%，2022 年的应收账款占比是 2.89%，小于 2021 年年报的数据，因此倒数第二根柱线是空心宽柱线。图中的系统日期为 2023 年 4 月，显然 2023 年年报的数据没有公布，图中倒数第一根柱线默认使用前一根柱线的数据，即 2022 年年报的数据，因此倒数第一根柱线是实心细柱线。

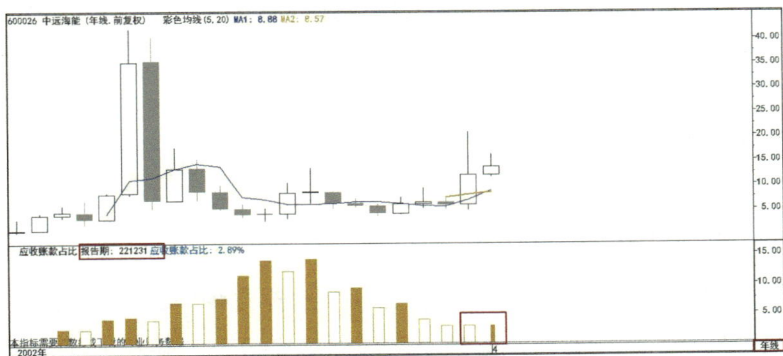

图 4-30　应收账款占比副图指标 1

如图 4-31 所示，个股（000032）当前尚未公布 2022 年年报，最新的报告期是"220930"，即最近的财务数据来自 2022 年第三季报，因此倒数第二根柱线是根据 2022 年第三季度的数据计算得出的。由于 2021 年的应收账款占比是 23.49%，2022 年第三季度的应收账款占比是 29.31%，大于 2021 年年报的数据，因此倒数第二根柱线是实心宽柱线。与图 4-30 相同，倒数第一根柱线也是实心细柱线。

图 4-31　应收账款占比副图指标 2

4.7　机构持股分析

机构是市场的主导力量。无论大盘还是个股，机构的交易行为通常决定了市场的方向。稳健型投资者跟随机构做交易，通常情况下，这是一个有利可图的交易策略。实施该交易策略可以借助通达信系统中基本面的有关数据，进行公式选股。

机构持股数据通常是季报数据，有一定的滞后性。投资者可以先编写指标公式，查看历史上典型的强势股，找出机构持股变化与股价运动的关联性，同时要注意区分基本面推动的长线牛股与机构持股的长期正相关特点，以及题材型强势股与机构持股的阶段关联性。

4.7.1 与持股量相关的函数和数据编号 ID

通达信系统提供了丰富的数据接口，可满足复杂的持股比例分析。与财务报表相关的函数 FINVALUE，提供了多个与持股量相关的数据 ID，如表 4-1 所示。

表 4-1 财务报表支持的持股量数据 ID

数据 ID	数据含义
238	总股本
239	已上市流通 A 股
240	已上市流通 B 股
241	已上市流通 H 股
266	自由流通股
267	受限流通 A 股
242	股东人数（户）
243	第一大股东的持股数量
265	第一大流通股东持股量
244	十大流通股东持股总量
264	十大流通股东持有的流通 A 股总量
245	十大股东持股总量
247	机构持股总量
249	合格的境外机构投资者（QFII）持股量
251	券商持股量
253	保险持股量
255	基金持股量
257	社保持股量
259	私募持股量

（续表）

数据 ID	数据含义
261	财务公司持股量
263	年金持股量
273	银行持股量
275	一般法人持股量
278	信托持股量
280	特殊法人持股量
284	国家队持股量
326	北上资金持股量

4.7.2 投资型机构占比指标

本小节介绍的"机构持股分析"指标公式仅使用了表 4-1 中机构分类中的 5 个数据，并不是严格意义上的机构持股量，而是选取了相对高流动的市场化机构。关于指标数据，我们有意识地排除了私募持股量（数据 ID 为 259），原因在于控股股东或关联股东有可能以私募的形式持股，这与投资型市场化机构的性质不一样。

新建副图指标公式"机构持股分析"，如图 4-32 所示。通达信系统可以显示自 2018 年第一季度开始的所有个股的机构持股数据。

该公式可以在指标公式编辑器中，通过复制图 4-29 中的公式代码并粘贴后稍作修改完成，主要是准备分别与机构持股占比的分母和分子相对应的数据。

图 4-32　"机构持股分析"指标公式

分母的语句名称为"LTA"，从函数 FINVALUE 中提取流通 A 股的数量，数据 ID 为 239。

分子的语句名称为"MYJG"，它包含了 QFII（数据 ID 为 249，QFII 持股量）、QS（数据 ID 为 251，券商持股量）、BX（数据 ID 为 253，保险持股量）、JJ（数据 ID 为 255，基金持股量）和 SB（数据 ID 为 257，社保持股量）这 5 个数据，将这 5 个数之和作为分子。

由于当前的公式超过了 10 行，所以单击"编辑操作"按钮，在弹出的菜单中选中"显示行号"。在公式编写区的左侧添加行号，便于查找语句和定位，如图 4-33 所示。

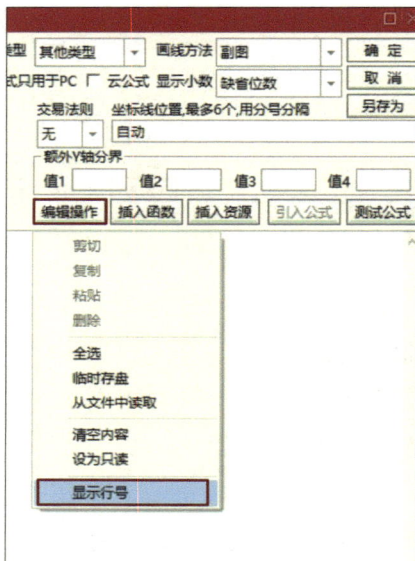

图 4-33 "显示行号"菜单

指标公式编写完成后，保存公式，然后将其显示在副图中，将 K 线图周期设置为"季线"，如图 4-34 所示。当前已经公布了个股（000977）2022 年年报，倒数第三根柱线是根据 2022 年

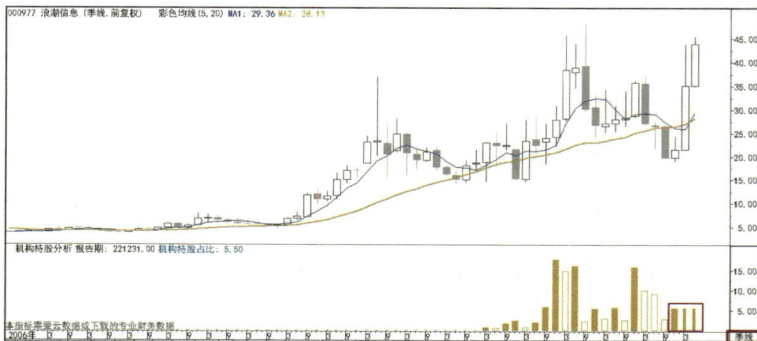

图 4-34 投资型机构占比副图指标 1

年报的数据计算得出的。最近两个季度没有数据，因此倒数两根柱线是实心细柱线。

如图 4-35 所示，当前已公布了个股（000338）2022 年年报，倒数第三根柱线也是根据 2022 年年报的数据计算得出的。尽管该股最近几年的投资型机构占比有增有减，但大都在 10% 以下。

图 4-35　投资型机构占比副图指标 2

4.7.3　北上资金持股量

市场通常认为北上资金有一定的前瞻性。北上资金除了对大盘行情有一定影响之外，对个股行情也有较大影响。

新建副图指标公式"北上资金持股量"，如图 4-36 所示，用来展示个股财报中北上资金持股量的变化。自 2018 年第一季度开始，通达信系统中就有个股的北上资金持股数据。

公式源代码分为两部分：前两行表示分别提取数据财务报告的报告期和当期的北上资金持股量，后六行设定用柱状图显示当期的数据。

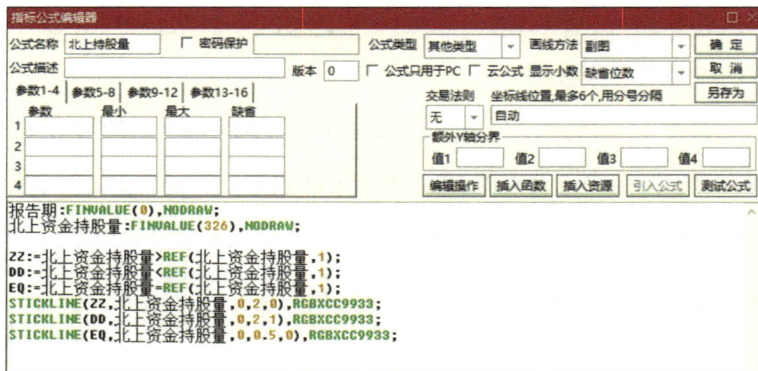

图 4-36　"北上资金持股量"指标公式

指标公式编写完成后，保存公式，然后将其显示在副图中，将 K 线图周期设置为"季线"，如图 4-37 所示。当前已经公布了个股（300750）2022 年年报，因此倒数第三根柱线是根据 2022 年年报的数据计算得出的。最近两个季度没有数据，因此倒数两根柱线是实心细柱线。

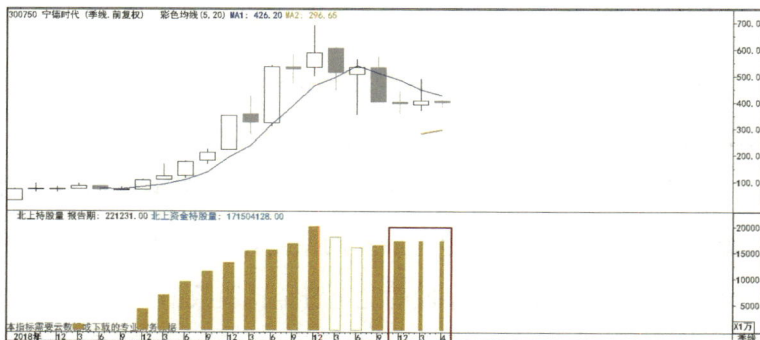

图 4-37　北上资金持股量副图指标 1

如图 4-38 所示，当前尚未公布个股（000858）2022 年年报，因此倒数三根柱线显示的都是 2022 年第三季度的数据。但前面的柱线都是对应年报的数据。

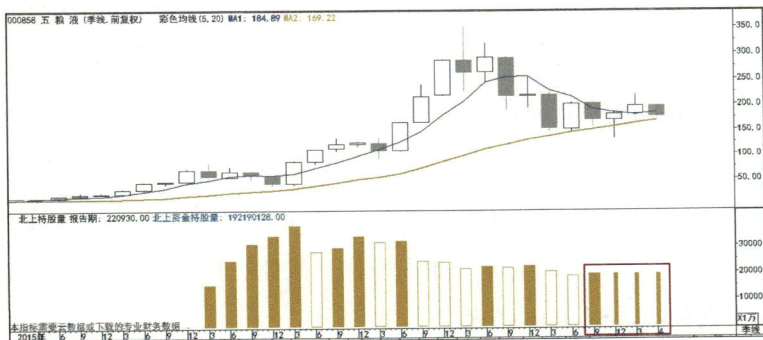

图 4-38　北上资金持股量副图指标 2

4.7.4　机构持股比例选股公式

本节我们介绍如何编写机构持股比例选股公式，如图 4-39 所示。基于个股的最新数据，筛选机构持股比例大于 10% 的股票。

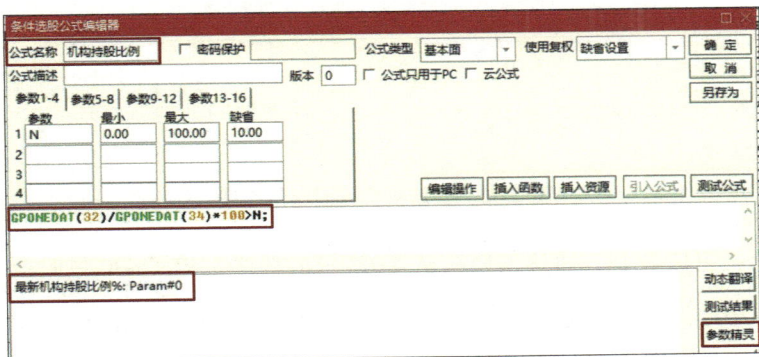

图 4-39　机构持股比例选股公式

与业绩预告的选股类似（见图 4-25 和图 4-27），本节这个公式中的数据也是使用函数 GPONEDAT 提取的。引用第 32 号数据，提取个股的最新基金持股量，单位是万股；引用第 34 号数据，提取个股的最新实际流通 A 股数量，单位是万股。

参照图 4-39，修改参数精灵。完善公式名称后，保存公式。

按快捷键"Ctrl+T"，打开"条件选股"窗口。在"条件选股公式"中选择"机构持股比例"，参数默认为"10"，选股周期默认为"日线"，单击"加入条件"按钮，然后单击"执行选股"按钮，如图 4-40 所示。

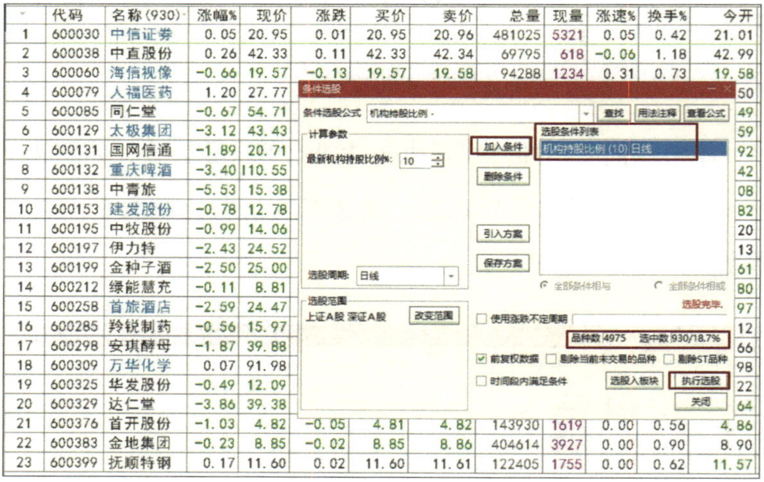

图 4-40　最新机构持股比例选股

可以看到，通达信系统从 4 973 只股票中选出了 930 只股票，选中率约为 18.7%。也就是说，在上证 A 股和深证 A 股的近 5 000 只股票中，有近五分之一的股票最新机构持股比例大于 10%。

4.8　股东人数分析

个股股东人数的变化表明了个股的筹码分散程度。股东人数变多，说明筹码变得分散；股东人数变少，说明筹码变得集中。通常情况下，股东人数由多变少，体现了主力的吸筹过程；股东人数由少变多，体现了主力的派发过程。

上述观点是很多股民的常识性认知。这样的认知是否反映了真实的市场逻辑？我们编写了针对单只股票的股东人数分析选股公式，如图 4-41 所示，可以查看更真实的情况。

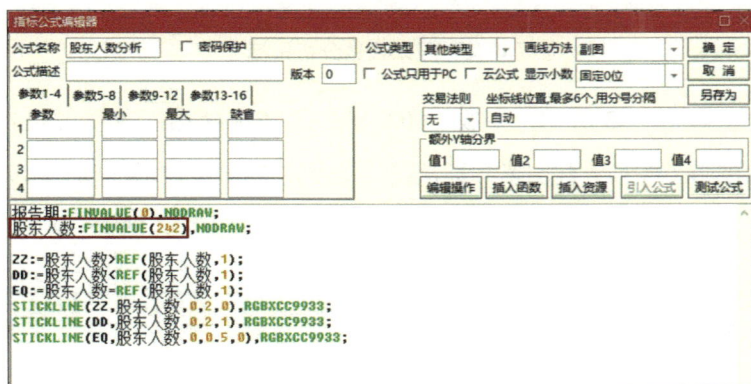

图 4-41　股东人数分析选股公式

复制图 4-36 "北上资金持股量"公式代码，在指标公式编辑器中粘贴，然后修改第二行语句。数据名称从"北上资金持股量"改为"股东人数"，数据 ID 从"326"改为"242"。对于后面六行的画线语句，也要修改数据名称。

指标公式编写完成后，保存公式，然后将其显示在副图中，将 K 线图周期设置为"季线"。如图 4-42 所示，个股（600028）最近的数据是 2022 年年报的数据，最新股东人数为 460 116 户。该股从 2004 年第一季度才开始有数据，之前的数据均为 0。

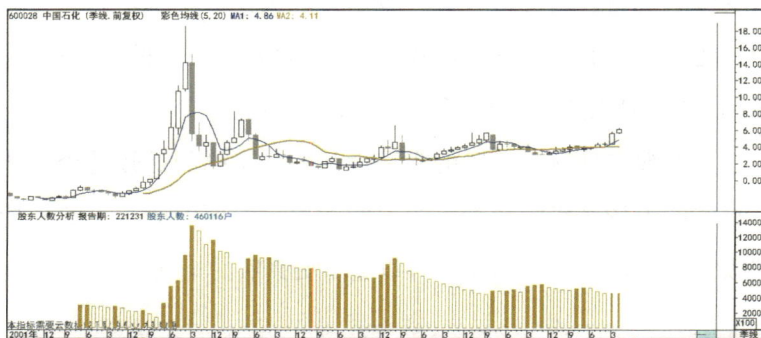

图 4-42　股东人数分析指标 1

如图 4-43 所示，个股（002518）在 2021 年第三季度的报告中披露了股东人数突增，即从前一季度的 23 669 户增加到 63 497 户，增加了 168%。2022 年年报中的股东人数为 32 915 户。

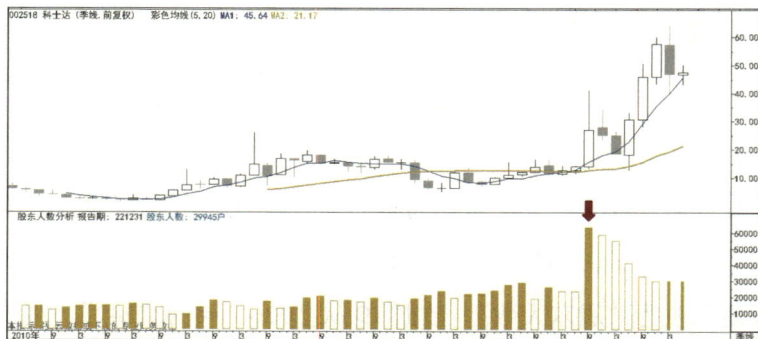

图 4-43　股东人数分析指标 2

如图 4-44 所示，以 2015 年第二季度的纺锤线区分，个股（002678）之前随着价格逐步上升，股东人数基本保持缓步上升的态势。股东人数从最低的 13 093 户波动增至 2015 年第三季度的 28 771 户，增加了近 120%。之后随着股价逐步下降，股东人数缓慢下降。最近几个季度，股东人数从最低的 12 673 户波动增至 18 259 户，增加了 44%。

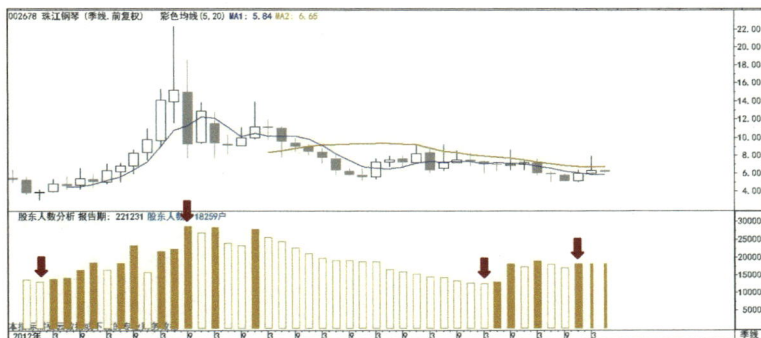

图 4-44　股东人数分析指标 3

通过查看三个具体的案例可以发现，当股东人数突然增加时，有很大的概率伴随着一段上涨行情。原因在于当个股阶段性行情启动的时候，一般会放量上涨，成为阶段性的强势股。这个过程必然会吸引很多跟风的股民参与，结果就是股东人数突然增加。行情过后，股东人数逐渐减少，很多股民割肉离场，远离让自己赔钱的伤心股。

第 5 章

通达信技术指标公式选股

5.1 指标类公式的编写原理

指标是最容易上手的交易辅助工具，我们编写各种指标类公式的出发点和目的都是提高交易获利的概率。

指标类公式的编写包括两个层面：第一个层面是特定指标的算法，以及对应的公式编写；第二个层面是交易者使用指标作为交易工具，把自己的交易策略指标化。在投资实践中，好的指标类公式要有合理的市场逻辑，更重要的是要成体系。

本章的侧重点是第二个层面，详解使用指标的四个要点：（1）识别趋势；（2）应对正常的行情；（3）识别和参与大趋势行情；（4）设置止损。

炒股赚钱的基础是趋势，只有趋势性的价格运动才有足够的空间让交易者有利可图。因此，交易者首先要选定一个判断趋势的指标。

价格运动在多数情况下是无趋势的盘整，可以视为价格在特定价格区间内的波动。但是，只要价格区间足够大，均可以将向上的波动和向下的波动视为独立的趋势运动，这也是交易者在绝大多数时间里所能把握的市场机会。在盘整阶段的市场行情下，有很多指标可以用，多数交易者采用的是MACD指标。

大型趋势运动是赚大钱的前提条件。要想识别和参与大型趋势行情，通常需要交易者对市场有深刻的认知，并要建立对应的大趋势指标，或者多指标的大趋势组合指标。

止损是很多A股交易者的短板，原因在于很多人不知道或者不熟悉 ATR 指标。ATR 指标是几乎所有成功交易者的常用指标之一，它可以衍生出多种使用策略。如果说 MACD 是技术分析的指标之王，那么 ATR 可以被认为是交易的指标之王。

5.2　用指标看趋势

在图 3-2 展现出的上升趋势中，价格的上涨空间比下跌空间要高。因此，在上升趋势中做多，交易者具有价格方向优势。

在描述上升趋势时，我们通常采用画图工具来作图，但均线指标同样是观察趋势的好工具。

事实上，对均线进行指标优化后，能够更好地拟合特定个股在特定趋势阶段的价格运动，加上更直观的呈现形式，这让均线指标成了更好的趋势实战工具。

5.2.1　利用趋势线观察趋势

趋势线的画法并没有统一的标准，尤其是对于正在运行中的趋势阶段。因此，投资者在实战中可以灵活运用，以便更好地跟踪趋势，并进行交易单管理。

如图 5-1 所示，图中的趋势线是连接两个最近的低点而做出的上升趋势线。图中的下箭头处连续两天的收盘价低于趋势线，表明上升趋势已经结束。

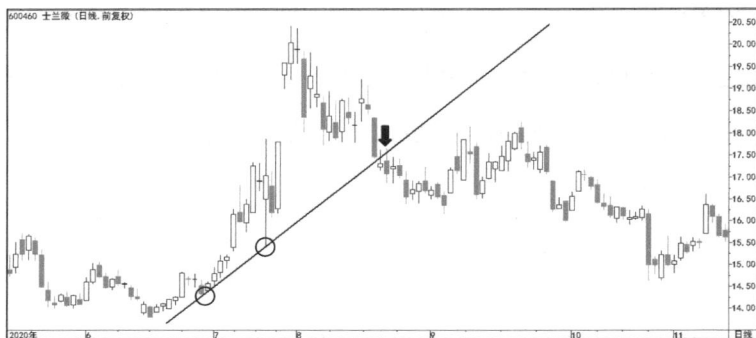

图 5-1　手绘上升趋势线 1

如图 5-2 所示，通过连接上升趋势中前两次回调阴线的收盘价画一条直线，可以看到第三次回调的阴线也收在趋势线上。随后的阳线本应开启一段新的上涨，但后面出现两根孕线，说明在趋势线附近多空双方势均力敌。随后的纺锤线表明多方尝试上攻，但下箭头处的长上影线第二次跌破趋势线，说明多方上攻的力量不足，次日出现跳空大阴线，宣告本次上升趋势已结束。

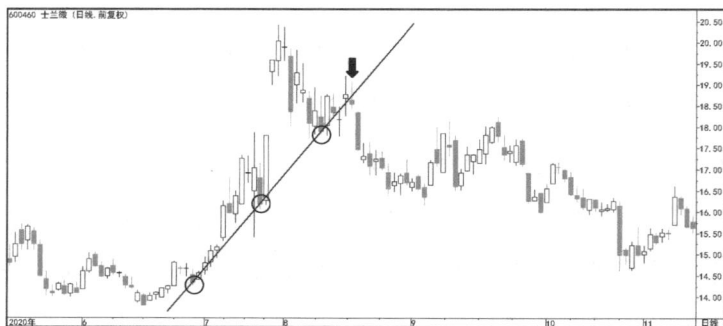

图 5-2　手绘上升趋势线 2

图 5-2 比图 5-1 给出的上升趋势结束信号更早，图 5-2 的趋

势线穿过的 K 线更多，向上的倾斜度更高，也就是斜率更高。除了手绘趋势线，我们还可以使用均线来描述个股的趋势。被优化后的均线指标公式如图 5-3 所示。图中的均线为红色，表示价格正处于上升趋势；均线为绿色，表示价格正处于下降趋势。而当均线这两种颜色频繁切换时，表明价格正处于横盘整理阶段。

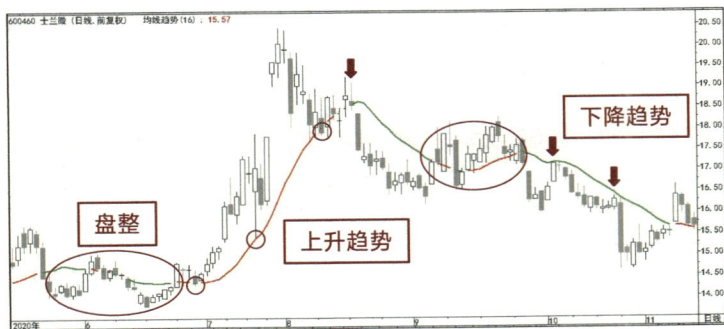

图 5-3　均线趋势线

上升趋势尾声的第三次回调阴线也跌破了均线，次日阳线又收于均线上方。两根孕线及后一根纺锤线频繁地变换颜色，表明此时多空双方正在角力。第一个下箭头处的长上影线收于均线下方，开启了一段下降趋势。

下降趋势中的红色均线能交易吗？答案是不能。因为当前市场没有再创更高的高点，红色均线几乎是平的，没有往上走，斜率几乎为 0。就像左侧盘整区间的绿色均线不能做空一样，这是上升趋势中的回调，绿色均线没有往下走，斜率也几乎为 0。

此外，后两个下箭头处绿色均线的阻力作用十分明显。

5.2.2　均线趋势指标

使用均线观察趋势，主要分为两步：第一步，编写主图指标公式；第二步，调试个股趋势周期。

（1）编写主图指标公式

如图 5-4 所示，在指标公式编辑器中，在公式信息编辑区的"公式名称"输入框中填写"均线趋势"，选择"公式类型"为"均线型"，选择"画线方法"为"主图叠加"。填写参数信息：参数 N，最小值为 0.00，最大值为 1 000.00，缺省值为 20.00。

图 5-4　均线趋势指标公式

在信息提示区，选中"参数精灵"，然后参照图 5-4，填写"请调整中短期趋势周期：Param#0 天"。

在公式编写区输入五行语句。

第一行语句名称为"MA0"，设置同名变量，使用函数 MA 做出收盘价的均线。函数 MA 的第一个输入是收盘价 CLOSE，第二个输入是参数 N。

　　第二行语句名称为"ZZ"，设置同名变量，使用操作符">="。当收盘价大于等于均线MA0时，变量值为1；反之，变量值为0。

　　第三行语句名称为"DD"，设置同名变量，使用操作符"<="。当收盘价小于等于均线MA0时，变量值为1；反之，变量值为0。

　　第四行语句设定为，在变量ZZ为1的条件下，做出红色（2号粗）指标线，否则不画线。

　　第五行语句设定为，在变量DD为1的条件下，做出绿色（2号粗）指标线，否则不画线。

　　保存公式后，在主图调用"均线趋势"指标线，如图5-5所示。左上角指标名称"均线趋势"后面的20表示图中的均线是收盘价的20均线，20均线距离上升趋势中的下影线稍微有点距离，说明20均线对价格的支撑作用不明显。

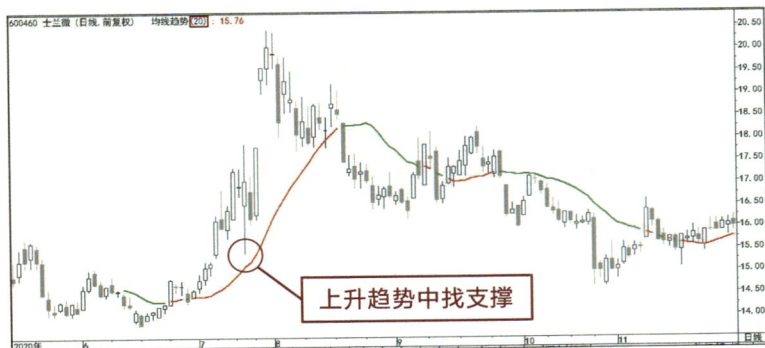

图5-5　主图均线趋势指标

（2）调试个股趋势周期

　　按快捷键"Alt+T"，打开"指标参数调整"对话框，如

图 5-6 所示。拖动对话框，使其在屏幕中不会遮挡我们要调整的关键 K 线与对应均线。

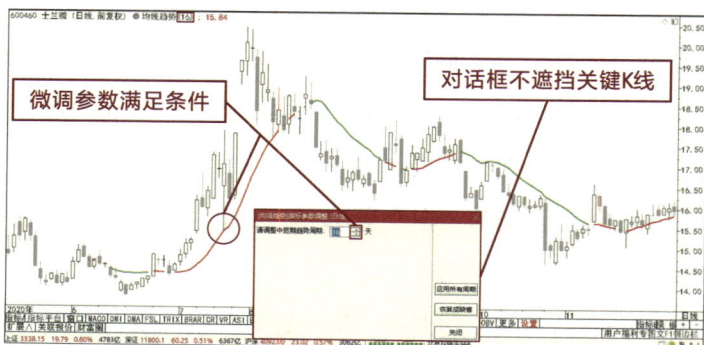

图 5-6　调整主图均线指标的参数

利用参数输入框后面的上三角或者下三角反复调整参数，观察关键 K 线与均线的相对位置。当参数设置得比 20 越来越大时，关键 K 线与均线的距离越来越远；当参数设置得越来越小时，关键 K 线与均线的距离越来越近。

当参数为 17 时，K 线的下影线与均线略有距离；当参数为 15 时，K 线的下影线与均线已交叉；当参数为 16 时，目测 K 线的下影线似乎刚好与均线重合。关闭"指标参数调整"对话框，确认 K 线的最低价是 15.40 元，均线是 15.39 元，二者几乎相等。

5.2.3　均线趋势指标的实战案例

通过前面的调试得到，个股 600460 在 2020 年 7 月至 8 月的均线周期为 16。下降趋势之后的走势如图 5-7 所示。图中前两个下箭头对应了图 5-3 中的下箭头。

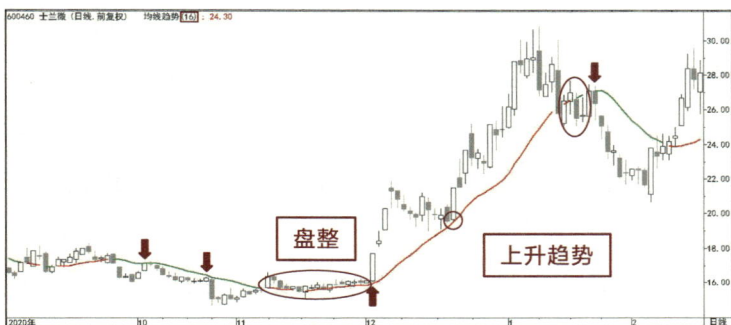

图 5-7 均线趋势指标的应用 1

　　该股在下降趋势之后有一段窄幅的横盘整理，尽管盘整期间是红色均线，但斜率几乎为 0，适合投资者贴着均线建仓，并在下影线的最低价 15.06 元附近止损。

　　上箭头处是一根涨幅 10.07% 的大阳线，再次开启一段上升趋势，均线的上扬角度约为 45 度。在这段趋势中，股价最低回调到均线附近。K 线的最低价为 19.63 元，与均线的价格相同，这表明均线也有支撑作用。

　　第二段上升趋势中的顶部第二根大阴线，跌幅为 10.06%。随后 5 天股价在大阴线的收盘价附近横盘整理，多方已经无力继续上攻，最多只能让价格横着走，此处是主动离场的好时机。下箭头处是盘整中的大阴线后的第三天，收盘价低于均线，这是最后的逃命点。

　　由于大阳线是涨停 K 线，假如以次日的开盘价 18.28 元买入，然后以下箭头处的收盘价 26.33 元离场，那么总共 35 个交易日，收益率约为 44%。

　　两个多月后，该股盘整结束，如图 5-8 所示。以图中第一个上箭头处的两根涨停大阳线再次启动一段上升趋势，均线的上扬角度约为 30 度。涨停之后股价自然回落至均线附近，只有两天的收盘价跌破均线，第三天的大阳线收盘价高于均线，是合适的进场点。

　　在这段上升趋势中，股价每次回落到均线附近，均线都表现出了支撑作用，没有出现连续三天收盘价低于均线的情况。在顶部区间第一次跌破均线时，出现了一根跌幅 8.06% 的大阴线，但在两天内股价被拉回到均线上方，并创出新高。但之后上涨乏力，尤其是绿色均线开始后，股价连续三天都在均线下方运动，第四天上攻却被市场强大的卖压拉回，收出长长的上影线，该日是主动离场点。

　　由于图中第二个上箭头处的大阳线是涨停 K 线，假如以次日的开盘价 29.57 元买入，以下箭头处的收盘价 63.00 元离场，那么总共 74 个交易日，收益率约为 113%。

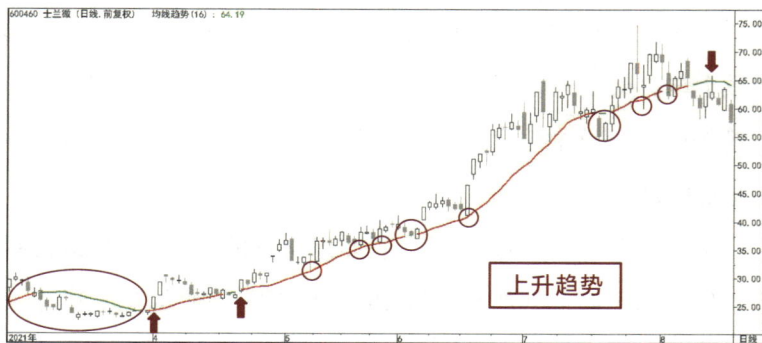

图 5-8　均线趋势指标的应用 2

总的来说，均线趋势指标公式仅使用单根均线，就能让我们直观地看出趋势的启动和结束。交易时并不是突破均线就买，跌破就卖，应留出足够的时间来观察是不是有效突破。本例中，当遇到涨停阳线突破时，只能于次日进场。注意，不同股票的趋势周期不一样，最好是在历史走势中寻找价格特征点后再进行微调。

5.3　优化后的 MACD 指标柱状图

传统的 MACD 有两个弊端，即滞后性和信号杂音。滞后性是指特定信号的确定通常滞后于价格运动，信号杂音是指该指标有时会给出错误的信号。MACD 的两大弊端与该指标的呈现方式有很大的关系，优化后的 MACD 指标柱状图能够在很大程度上解决这两大弊端。

本节介绍如何修改系统提供的 MACD 公式，并做出图 1-23 副图中的 MACD 柱状图，然后结合选股公式和底背离技术讲解案例。

5.3.1　画出实心和空心的 MACD 柱状图

通达信系统自带的 MACD 指标如图 5-9 所示，它对 MACD 柱线在 0 轴上方或 0 轴下方进行颜色区分。尽管 MACD 柱线采用了彩色柱状线的画图方式，与快线 DIF 和慢线 DEA 进行了区隔；但在底部或顶部遇到相邻 MACD 柱的数值接近时，不易分辨当前的动能是否会改变。

图 5-9 MACD 指标的默认效果

通过简单修改系统 MACD 指标公式，实现如图 5-10 所示的效果，可以清晰地看到震荡底部和顶部的细节运动。

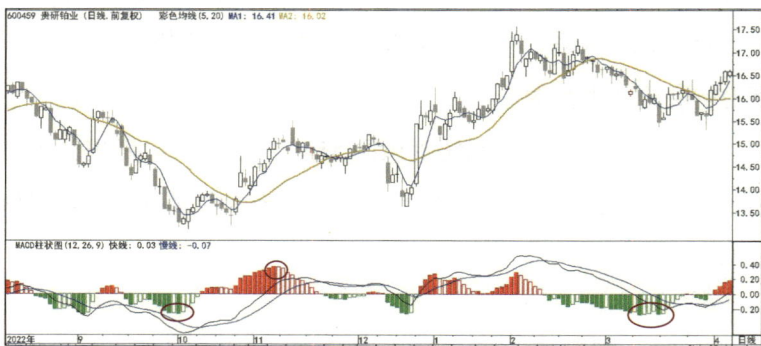

图 5-10 MACD 指标的实心和空心效果

操作步骤如下。

（1）在副图显示系统自带的 MACD 指标，然后查看副图指标的公式源代码，如图 5-11 所示。

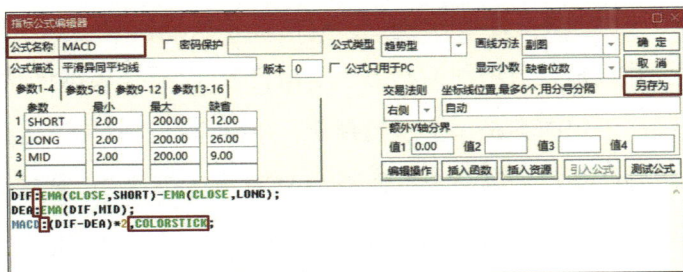

图 5-11　MACD 指标的系统公式

（2）将公式名称修改为"MACD 柱状图"，然后分别把公式编写区中的三个语句的输出符从"："改为"：="，删除第三行语句的画线设置"，COL OR STICK"，如图 5-12 所示。当前是公式编写的中间状态，无法保存公式。

图 5-12　修改 MACD 指标的系统公式 1

（3）先编写公式画红色实心柱。如图 5-13 所示，添加下面两行语句。

```
MACDUP1:=MACD>=0 AND MACD>=REF(MACD,1);
STICKLINE(MACDUP1,MACD,0,3,0),COL OR RED;
```

单击"另存为"按钮，保存中间过程的公式。

第一行语句名称为"MACDUP1"，表示当 MACD 数据在 0 轴之上，并且是数值增加的状态。输出符为"：="，表示仅赋值，不画线。语句内容是一个逻辑判断，用操作符"AND"连接两个逻辑判断条件：第一个条件是 MACD 大于等于 0，第二个条件是当前周期的 MACD 数值大于等于前一个 MACD 数值。

第二行语句使用柱状线函数 STICKLINE，将满足条件"MACDUP1"的数据写下来。函数 STICKLINE 有 5 个输入，输入之间用逗号隔开。

第一个输入是画线的条件"MACDUP1"。

第二个输入和第三个输入为画线的上下沿，分别设置为"MACD"和"0"，也就是在 MACD 数值和数值 0 之间画柱子。

第四个输入表示柱子的宽度。标准间距是 4，此处设置为"3"。

第五个输入是设定柱子是不是实心的。此处设置为"0"，表示画实心柱。

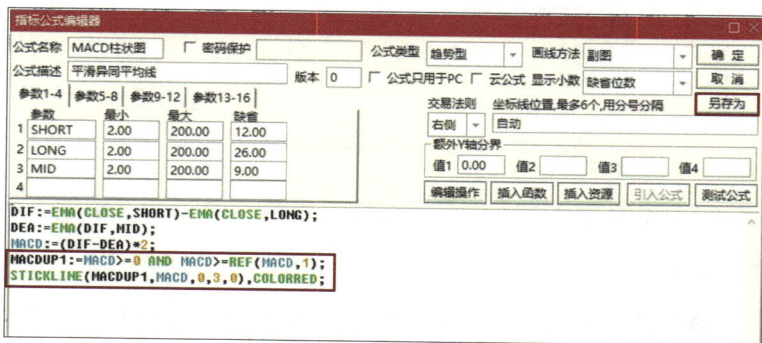

图 5-13　修改 MACD 指标的系统公式 2

（4）查看中间过程的公式显示效果。在副图中显示"MACD柱状图"指标，如图5-14所示。此时在副图中没有画MACD的快线DIF和慢线DEA，也没有画MACD在0轴下方的柱图。当MACD在0轴上方数值降低时，也没有画柱子，只画了MACD在0轴上方增加时的柱子。

图5-14　副图显示中间过程的MACD指标

（5）比对图5-14中的实心柱与图5-9中的默认画线，确定大致无误后，打开副图指标公式编辑器，继续完善剩下的公式编写语句。如图5-15所示，添加下面六行语句，然后单击"确定"按钮，保存公式。

```
MACDUP2:=MACD>=0 AND MACD<REF(MACD,1);
STICKLINE(MACDUP2,MACD,0,3,1),COL OR RED;
MACDDN1:=MACD<=0 AND MACD<=REF(MACD,1);
STICKLINE(MACDDN1,MACD,0,3,0),RGBX329632;
MACDDN2:=MACD<=0 AND MACD>REF(MACD,1);
STICKLINE(MACDDN2,MACD,0,3,1),RGBX329632;
```

这六行语句是通过复制三次前面的两行语句，再修改数据名称、逻辑判断和画线设置得到的。

红色空心柱对应的数据名称是"MACDUP2"。画线条件是，MACD 数据在 0 轴之上，并且是数值减少的状态，也就是当前周期的 MACD 数值小于前一个 MACD 数值。

函数 STICKLINE 的五个输入中，第一个输入从 MACDUP1 改为 MACDUP2。第五个输入从 0 改为 1，表示画实线空心柱。

绿色实心柱对应的数据名称是"MACDDN1"。画线条件是，MACD 数据在 0 轴之下，并且是数值减少的状态，也就是当前周期的 MACD 数值小于等于前一个 MACD 数值。

函数 STICKLINE 的五个输入中，第一个从输入 MACDUP1 改为 MACDDN1。语句内容最后的画线设置从 COL OR RED 改为 RGBX329632。注意，这里的颜色函数使用了不同的类型，COL OR RED 是线性和资源函数类型中的系统函数；而 RGBX329632 代表函数 RGBX 加 16 进制颜色值，读者也可以自行选择喜欢的颜色值。

绿色空心柱对应的数据名称是"MACDDN2"。画线条件是，MACD 数据在 0 轴之下，并且是数值增加的状态，也就是当前周期的 MACD 数值大于前一个 MACD 数值。

函数 STICKLINE 的五个输入中，第一个输入从 MACDUP1 改为 MACDDN2。第五个输入从 0 改为 1，表示画实线空心柱。语句内容最后的画线设置从 COL OR RED 改为 RGBX329632。

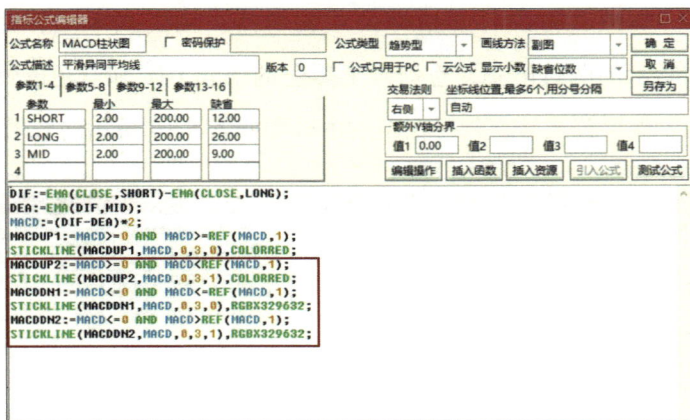

图 5-15　完善 MACD 柱状图指标公式 1

（6）再次查看公式显示效果。在副图中显示"MACD 柱状图"指标，如图 5-16 所示。MACD 柱线在 0 轴上方，当数值增加时，用红色实心柱表示；当数值减少时，用红色空心柱表示。MACD 柱线在 0 轴下方，当数值减少时，用绿色实心柱表示；当数值增加时，用绿色空心柱表示。0 轴上方的顶部震荡和 0 轴下方的底部震荡显示得也很清楚。

图 5-16　副图显示的 MACD 柱状图指标

（7）最后再次打开指标公式编辑器，在公式末尾补上图 5-17 所示的两行语句，重新画上黑色的快线 DIF 和蓝色的慢线 DEA。保存公式后，就可在副图中得到如图 5-10 所示的效果。

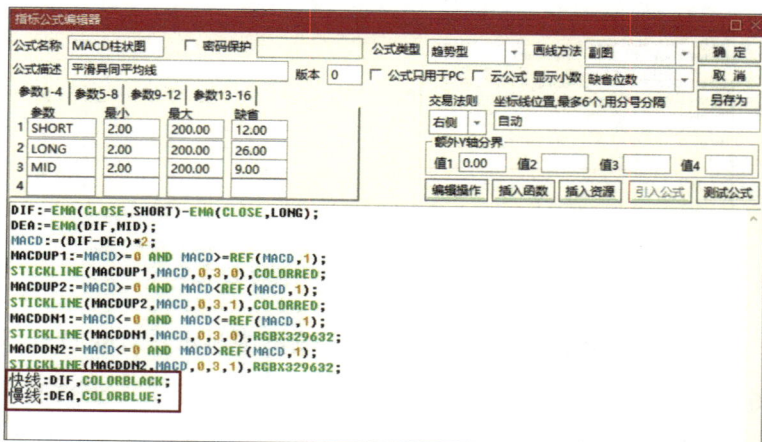

图 5-17　完善 MACD 柱状图指标公式 2

5.3.2　依据底部动能的改变编写选股公式

通过 MACD 柱状图仔细观察底部震荡的细节后，我们编写选股公式，筛选底部可能回调的个股。选股条件有快线 DIF 和慢线 DEA，都在 0 轴下方，且当前 MACD 柱线是绿色空心的，同时前一根柱线是绿色实心的。新的选股公式只需在图 5-17 所示的指标公式的基础上稍作修改便可完成。操作步骤如下。

（1）在条件选股公式编辑器中单击"引入公式"按钮，系统自动弹出"是否覆盖现有公式名称"提示框，选择"是"，如图 5-18 所示。

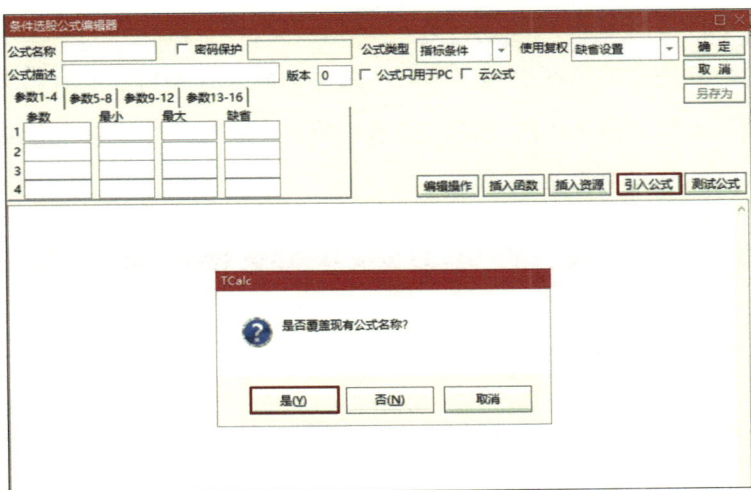

图 5-18　引入公式提示框

（2）如图 5-19 所示，在新弹出的"选择指标"对话框中找到"MACD柱状图　平滑异同平均线"指标公式，双击或者选中后，单击"确定"按钮。

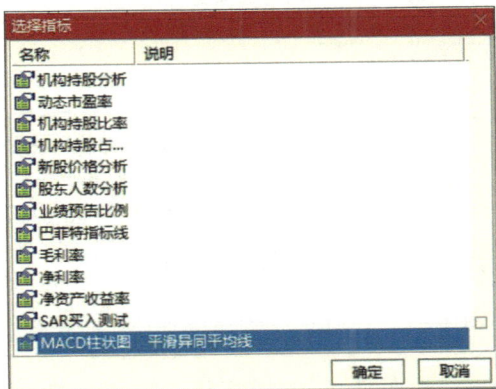

图 5-19　"选择指标"对话框

（3）如图 5-20 所示，系统自动将图 5-17 中的指标公式名称和公式源代码填入空的条件选股公式编辑器。

对比图 5-17 和图 5-20，图 5-17 是指标公式编辑器，图 5-20

是条件选股公式编辑器。除了窗口名称不同，公式编辑器上方的公式信息编辑区也稍有不同。条件选股公式编辑器没有与画线相关的设置（画线方法、显示小数、交易法则、坐标线位置和额外 Y 轴分界）。

图 5-20　自动填充的选股公式编辑器

（4）分析完善选股条件。将图 5-17 中最后十行用于画指标线的公式，改为输出逻辑值的公式。选股条件可以拆解成以下四个。

- **条件** 1：快线 DIF 在 0 轴下方，公式为：DIF<0。

- **条件** 2：慢线 DEA 在 0 轴下方，公式为：DEA<0。

- **条件** 3：当前 MACD 柱线是绿色空心的，即 MACDDN2:=MACD<=0 AND MACD>REF(MACD,1)。

- **条件** 4：前一根 MACD 柱线是绿色实心的。

条件 4 的语句有两种写法，第一种写法如下：

REF(MACD,1)<=0 AND REF(MACD,1)<=REF(MACD,2)

这里用到了引用函数 REF，表示引用指定周期前的数据。第一个输入是 MACD 数值。当第二个输入为 1 时，表示引用一天前的 MACD 数值；当第二个输入为 2 时，表示引用两天前的 MACD 数值。如果前一根 MACD 柱线是绿色空心的，那么要用当前周期的 MACD 数值与前一周期做比较；如果前一根 MACD 柱线是绿色实心的，那么要比较 REF(MACD,1) 和 REF(MACD,2) 之间的大小。

条件 4 的第二种写法是使用函数 REF 提取 MACDDN1 前一天的值，即 REF(MACDDN1,1)。

如图 5-21 所示，将图 5-20 中的公式后十行仅保留 MACDDN1 和 MACDDN2 两个语句，然后再将前面四个条件的语句用操作符 "AND" 连接起来。单击 "确定" 按钮，保存新建的条件选股公式。

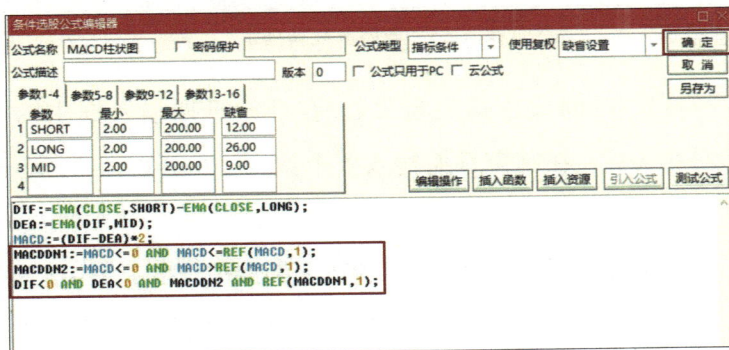

图 5-21　完善选股公式

5.3.3 MACD 指标公式的实战案例

利用图 5-21 编写的选股公式，选择 2023 年 1 月 1 日至 2023 年 2 月 1 日之间出现过该形态的个股。按快捷键 "Ctrl+T"，打开 "条件选股" 窗口。在 "条件选股公式" 中选中 "MACD 柱状图"，选股周期默认选择 "日线"，单击 "加入条件" 按钮，如图 5-22 所示。

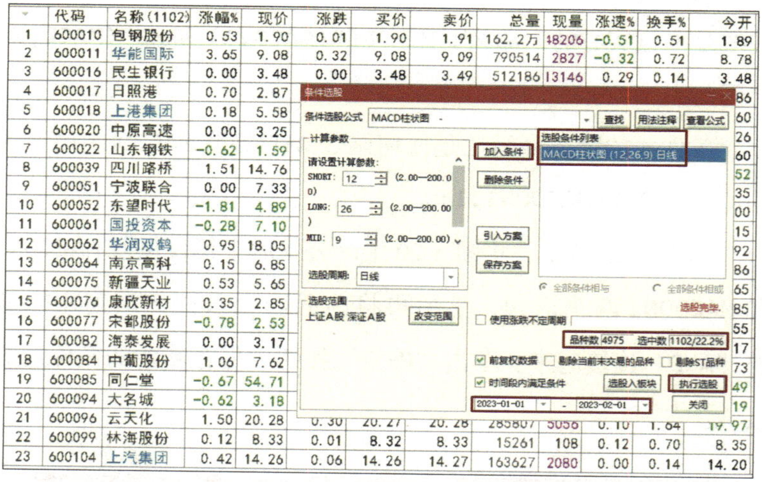

图 5-22 选股条件与结果

勾选 "时间段内满足条件"，在开始日期输入框中输入 "2023-01-01"，在结束日期输入框中输入 "2023-02-01"，单击 "执行选股" 按钮。

可以看到，通达信系统从 4 975 只股票中选出了 1 102 只股票，选中率约为 22.2%。也就是说，在上证 A 股和深证 A 股的近 5 000 只股票中，在 2023 年 1 月 1 日至 2023 年 2 月 1 日期间，有超过五分之一的个股出现过 MACD 底部反弹的形态。

从图 5-22 中双击任意个股（600011），查看详情，如图 5-23 所示。该股于第一个上箭头处（2023 年 1 月 19 日，周四）满足条件被选中，假设以当日收盘价 7.08 元进场，向上摆动到第一个下箭头处（2023 年 2 月 13 日，周一），以收盘价 7.81 元离场，那么总共 12 个交易日，收益率约为 10%。

后续价格小幅回调至第二个上箭头处（2023 年 2 月 28 日，周二），假设以当日收盘价 8.17 元进场，在价格出现顶背离的第二个下箭头处（2023 年 3 月 17 日，周五），以收盘价 8.90 元离场，那么总共 13 个交易日，收益率约为 9%。

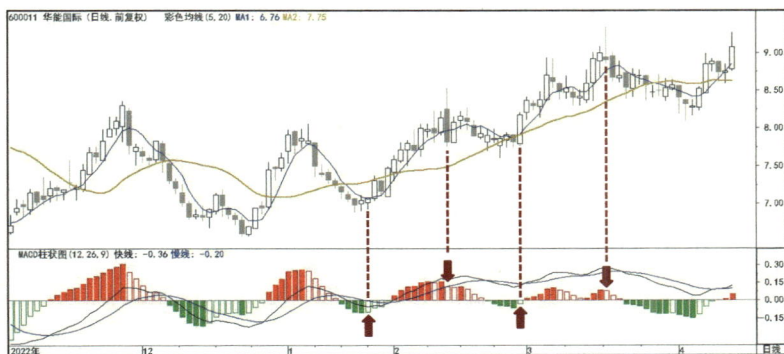

图 5-23　个股波段走势

总的来说，MACD 柱线在 0 轴下方从实心变空心的时间，通常比快线 DIF 和慢线 DEA 金叉出现得早，也就是买点比金叉更早。MACD 柱线在 0 轴上方从实心变空心的时间，通常比快线 DIF 和慢线 DEA 死叉出现得早，也就是卖点也比死叉出现得早。可以说，这是当下最流行的波段交易技术。

再看一只个股（301180），如图 5-24 所示。该股于上箭头处（2023 年 1 月 3 日，周二）满足条件被选中，假设以当日收盘价17.01 元进场，价格向上摆动到下箭头处（2023 年 2 月 21 日，周二），以收盘价 21.21 元离场，那么总共 30 个交易日，收益率约为 25%。

MACD 柱线在 0 轴下方从实心变空心的信号，比 5 日均线上穿 20 日均线的金叉要早 7 个交易日。MACD 柱线在 0 轴上方从实心变空心的信号，比 5 日均线下穿 20 日均线的死叉要早 9个交易日。

图 5-24　个股波段走势 2

再看一只个股（301171），如图 5-25 所示。该股于第一个上箭头处（2023 年 1 月 18 日，周三）满足条件被选中，假设以当日收盘价 18.44 元进场，价格向上运动到第一个下箭头处（2023年 2 月 22 日，周三），以收盘价 23.56 元离场，那么总共 20 个交易日，收益率约为 28%。

该股后续价格回调做小幅盘整至第二个上箭头处（2023 年 3 月 10 日，周五），假设以当日收盘价 21.99 元进场，在价格出现顶背离的第二个下箭头处（2023 年 4 月 4 日，周二），以收盘价 31.57 元离场，那么总共 17 个交易日，收益率约为 44%。

可以看到，MACD 柱线在 0 轴下方从绿色实心变绿色空心的信号，也可以很好地捕捉上升趋势过后盘整阶段之后的起涨点。

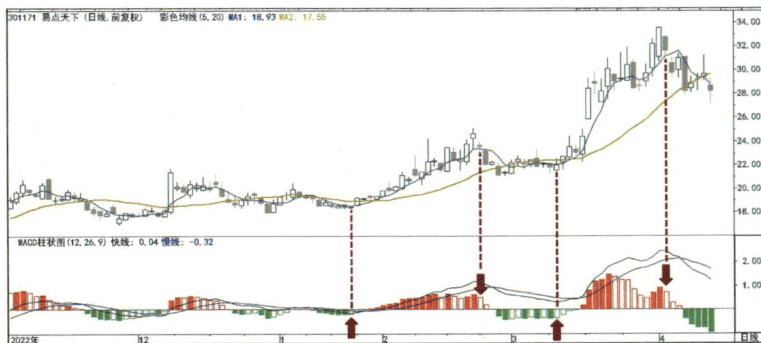

图 5-25　个股趋势走势

5.4　买在大趋势的起涨点：布林带 +MACD

除了上一节提到的利用 MACD 指标选股，寻找快线 DIF 和慢线 DEA 在 0 轴下方的动能转换点，我们还可以利用快线 DIF 在 0 轴上方结合收盘价冲破布林带上轨，寻找上升趋势中的横盘整理变轨上涨的趋势突变点。

5.4.1　用布林带指标跟随上升趋势的实战案例

布林带指标由三根指标线组成，分别为布林带上轨、布林带中轨和布林带下轨。布林带中轨为常用的均线，布林带上轨和布林带下轨分别表示在市场大部分情况下的价格波动范围。它利用统计学原理，画出了价格运行的"平均价格带"。

当市场处于震荡行情时，通常采用的布林带交易策略是在价格跌破布林带下轨时买入，在价格突破布林带上轨时卖出。但是当市场处于上升趋势时，需要将布林带交易策略改为价格突破布林带上轨后，再回调至布林带中轨附近时买入。如果这段上升趋势的 MACD 柱线相比前一段上升趋势高很多，那么可能在日线级别找不到回调至布林带中轨附近的买入机会，只能在更小的时间周期（如 60 分钟线、30 分钟线、15 分钟线等）寻找回调买入机会。

如图 5-26 所示，个股（688359）上市一个多月持续横盘整理，观察布林带中轨（即 20 日均线）在最开始有数据的 10 天几乎是水平的。随着第一根大阳线（2021 年 7 月 5 日，周一，涨幅为 14.24%）突破布林带上轨，该股开启了一段上升趋势。

图中的红色 K 线表示收盘价突破布林带上轨的阳线，并且 MACD 的快线 DIF 位于 0 轴之上。注意，并不是只要满足了收盘价突破布林带上轨，以及快线 DIF 位于 0 轴之上这两个条件的阳线都是我们要寻找的趋势突变 K 线。通常要配合观察布林带中轨均线的方向，从横盘整理的水平均线变轨为向上抬头的均线，比向下低头的均线突变为向上抬头的均线的成功率要高得多。以 20 日均线为例，均线是对过去 20 天的收盘价求平均，不是仅靠某一天的价格突变就能改变它的方向、完成拐头向上的，市场需要一段时间的合力才能把价格推向新的方向。

图 5-26　主图布林带指标 1

如图 5-26 所示，第一根大阳线出现后的第 2 天，又出现一根大阳线，涨幅为 14.22%。第一根大阳线的最低价为 37.06 元，第二根大阳线的最低价为 40.39 元，两根阳线的最低价逐步抬高，并且第二根阳线站上了 40.00 元的整数位。后面的横盘整理也可以看出 40.00 元是关键价位，价格连续 3 天下攻该位置，并于 2021 年 7 月 16 日（周五）早盘短暂跌破后，迅速拉回。随后几天是建仓的时机，以 40.00 元附近作为止损位，尽量贴着低价买入。

倘若投资者在 2021 年 7 月 26 日（周一）被早盘和尾盘的价格惊吓出场，也不要着急。毕竟该日的 MACD 柱线从红色变成绿色，即使没有跌到止损位，为了防止后面的价格突然下跌，提早离场也是可行的操作。

但是两日后（2021 年 7 月 28 日，周三），MACD 柱线从绿色实心变成绿色空心，并且前一日收盘价已经收回到 20 日均线上方，当日的收盘价也回到 20 日均线上方，我们可在收盘之前回到市场。

后续我们可以采用基于突破阳线的最低价，逐步抬高止损的方式跟踪这段上升趋势，可以抬高三次止损。大阳线第三次出现（2021 年 8 月 23 日，周一，涨幅为 20.06%）后，抬高止损至其最低价 51.35 元。大阳线之后的 K 线影线都特别长，显示了多空双方激烈争夺，而且高点逐渐降低，低点也逐渐降低，投资者可以择机离场。

图中第三次跌破 20 日均线的长上影十字线，由于下影线极短，近似于墓碑线，是投资者必须离场的地方。假如以上箭头处的收盘价 45.35 元买入，以墓碑线的收盘价 59.13 元离场，那么总共 31 个交易日，收益率约为 30%。

图 5-27 显示出了个股（688359）在半年后的两段不同走势的上升趋势。第一段与图 5-26 类似，上升趋势的价格基本在布林带中轨和布林带上轨之间波动。第二段是横盘整理后的急速上涨，价格冲出布林带上轨运动了 6 天。

第一段趋势从第一根突破布林带上轨的大阳线（2022 年 6 月 2 日，周四，涨幅为 10.92%）起算，之后价格在大阳线的收盘价与实体上半部分进行横盘整理。在第一个上箭头处（2022 年 6 月 22 日，周三），20 日均线的支撑作用明显（K 线最低价

37.54 元大于 20 日均线最低价 37.50 元）。可以考虑以该日收盘价 38.92 元进场，止损位设置在大阳线的最低价 35.37 元。

之后跟随这段上升趋势，直至第一个下箭头处（2022 年 8 月 19 日，周五），一根饱满的阴线收盘价跌破了 20 日均线（K 线收盘价 55.62 元小于 20 日均线 56.82 元）。若以该日收盘价 55.62 元离场，那么总共 42 个交易日，收益率约为 43%。

第二段趋势从第二个上箭头左侧突破布林带上轨的大阳线（2022 年 11 月 3 日，周四，涨幅为 18.13%）起算，至第二个下箭头处收盘价跌破布林带上轨的阴线（2022 年 11 月 11 日，周五）结束。副图中可以看到趋势启动的大阳线当天，MACD 柱线高于此前所有的 MACD 柱线，价格不存在背离。之后 MACD 柱线一天比一天高，直至趋势结束，MACD 柱线从红色实心变成了红色空心。

假如以启动日的收盘价 73.25 元进场，以结束日的收盘价 96.66 元离场，那么总共 6 个交易日，收益率约为 32%。

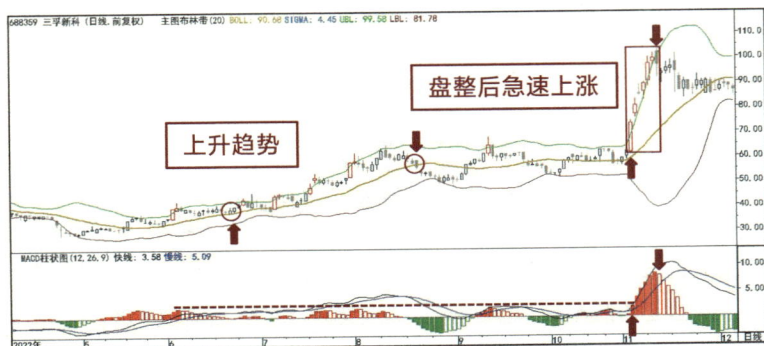

图 5-27 主图布林带指标 2

大多数股票都可能走出图 5-27 左侧的价格在布林带上轨和布林带中轨之间波动的上升趋势，但只有少部分股票可能走出图 5-27 右侧的急速上涨。在研判个股是否会走出急速上涨，以及跟随这段上升趋势时，MACD 红色实心柱线是重要的参考指标。一旦股价的上涨幅度够大，且 MACD 柱线由红色实心变成了红色空心，那么投资者要及时落袋为安。

5.4.2 带突破阳线指示的布林带主图指标

图 5-26 中的主图指标是在系统副图指标公式"BOLL 布林线"基础上修改完成的，过程如下。

（1）在副图中打开"BOLL 布林线"指标，如图 5-28 所示，该指标叠加了美国线。

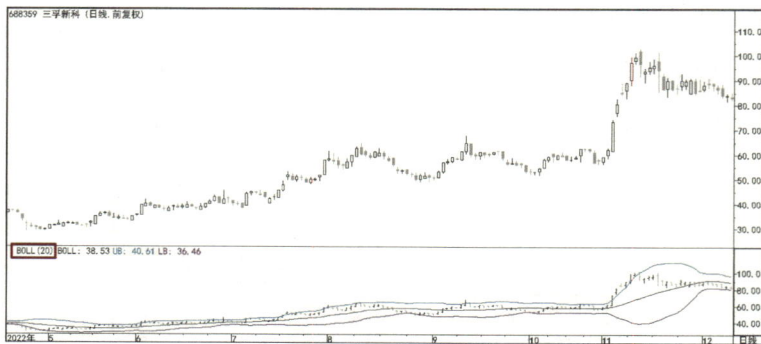

图 5-28　副图布林带指标

（2）按快捷键"Alt+S"，查看副图布林带指标公式的源代码，如图 5-29 所示。

图 5-29　布林带指标系统公式

（3）将公式名称修改为"主图布林带"，画线方法从"副图
（叠加美国线）"改为"主图叠加"。然后分别把公式编写区中的
后两个语句的输出符从"："改为"：="，如图 5-30 所示。当前
是公式编写的中间状态，由于保留了第一行输出均线，因此可
以保存公式。

图 5-30　修改布林带指标的系统公式 1

（4）完善公式源代码，参照图 4-33 的操作，打开"显示行
号"菜单，如图 5-31 所示。

在第一行语句后面添加画线设置"，RGBXCC9933,LINETHICK2"，

159

用金色（2 号粗）的线画出布林带中轨，即 20 均线。

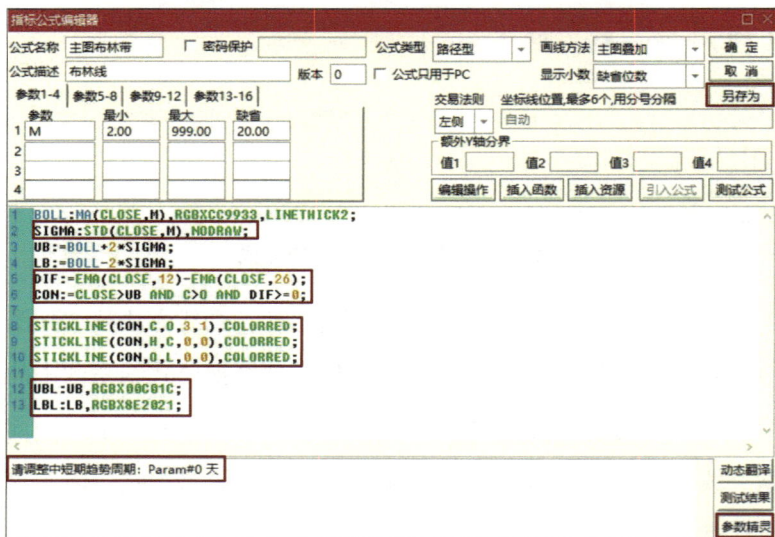

图 5-31　修改布林带指标的系统公式 2

在公式第二行新增变量 SIGMA，令其仅显示数值，不作指标线。然后把第三行和第四行中的 STD(CLOSE,M)，都替换成 SIGMA。它表示布林带上轨与布林带中轨，或者布林带下轨与布林带中轨之间的距离，数值越大，代表距离越大。当视觉上看着距离差不多时，可以用数值辅助判断。

第五行是 MACD 指标的快线 DIF 的公式（见图 5-12），将参数 SHORT、LONG 分别用数值 12、26 代替。

第六行是突破布林带上轨的指示阳线的判断条件，数据名称为 CON。要求同时满足三个条件，才能将该 K 线用红色突出显示。

- **条件 1**：收盘价高于布林带上轨 UB。

- **条件 2**：K 线收阳。

- **条件 3**：MACD 指标的快线 DIF 已经突破 0 轴。

第八行到第十行表示当 K 线满足条件 CON 时，分别画出 K 线的实体、上影线和下影线。

第十二行到第十三行分别用绿色线画出布林带上轨 UBL，用棕色线画出布林带下轨 LBL。

（5）在信息提示区选中"参数精灵"，然后参照图 5-31，填写"请调整中短期趋势周期：Param#0 天"。

（6）单击"另存为"按钮，保存公式。

5.4.3 依据突破布林带上轨的指示阳线选股

通过编写选股公式，筛选出突破布林带上轨阳线的个股，只需在图 5-31 所示的指标公式的基础上稍作修改即可。操作步骤如下。

（1）在条件选股公式编辑器中，单击"引入公式"按钮，系统自动弹出"是否覆盖现有公式名称"提示框，选择"是"，如图 5-18 所示。

（2）如图 5-32 所示，在新弹出的"选择指标"对话框中找到"主图布林带"指标公式，双击或者选中后，单击"确定"按钮。

图 5-32 "选择指标"对话框

（3）如图 5-33 所示，系统自动将图 5-31 中的指标公式名称和公式源代码填入空的条件选股公式编辑器。

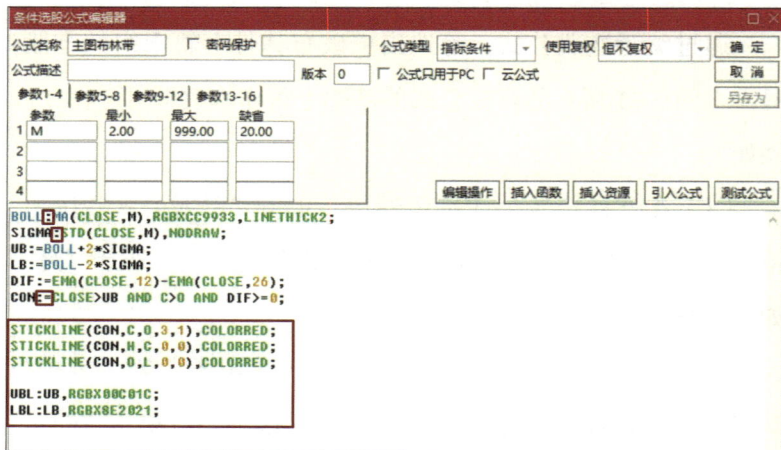

图 5-33 自动填充的选股公式编辑器

（4）完善选股公式，分别将第一行和第二行语句的输出符

从 ":" 改为 ":=",并将语句中的画线设置删除。再将第六行
语句的输出符从 ":=" 改为 ":"。删除第六行之后的画线语句,
最后单击 "确定" 按钮,保存新建的选股公式,如图 5-34 所示。

图 5-34　完善选股公式

5.4.4　布林带＋MACD 的选股实例

利用图 5-34 编写的选股公式,选择 2023 年 4 月 3 日满足
条件的个股。按快捷键 "Ctrl+T",打开 "条件选股" 窗口。在
"条件选股公式" 中选中 "主图布林带",选股周期默认选择
"日线",单击 "加入条件" 按钮,如图 5-35 所示。

勾选 "剔除当前未交易的品种" 和 "剔除 ST 品种"。

勾选 "时间段内满足条件",在开始日期输入框中输入
"2023-04-03",在结束日期输入框中输入 "2023-04-03",单击
"执行选股" 按钮。

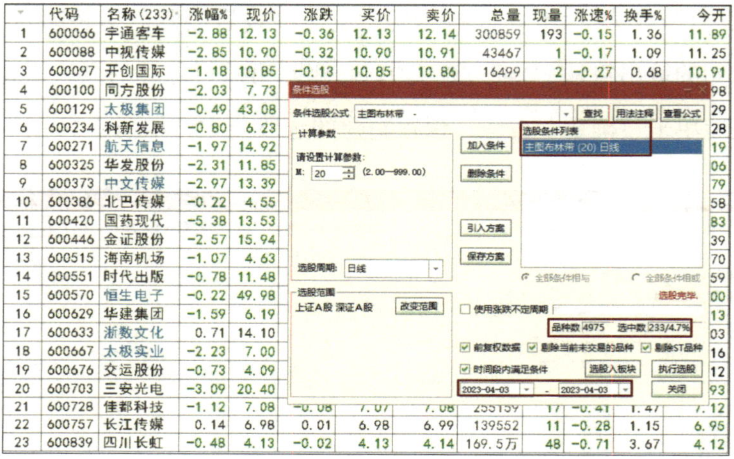

图 5-35　选股条件与结果

　　可以看到，通达信系统从 4 975 只股票中选出了 233 只股票，选中率约为 4.7%。也就是说，在上证 A 股和深证 A 股的近 5 000 只股票中，在 2023 年 4 月 3 日有近二十分之一的股票当日收阳，突破布林带上轨，并且当日 MACD 的快线 DIF 在 0 轴上方。下面我们分别来查看。

　　双击个股（300002），查看详情，如图 5-36 所示，副图指标设置为"MACD 柱状图"。该股于上箭头处（2023 年 4 月 3 日，周一）满足条件被选中，此时该股正处于第二段盘整后的急速上涨阶段。在图中最后一根 K 线的时间周期中，MACD 快线和慢线出现死叉，如果之前有买入该股，那么在该日应考虑先离场观望。

　　对比图中的两段盘整，第一段盘整的价格在布林带上轨与布林带下轨之间运动，布林带中轨基本无倾斜，几乎是水平的；第二段盘整的价格在布林带上轨与布林带中轨之间运动，布林带中轨维持的水平状态较前一段时间更短。

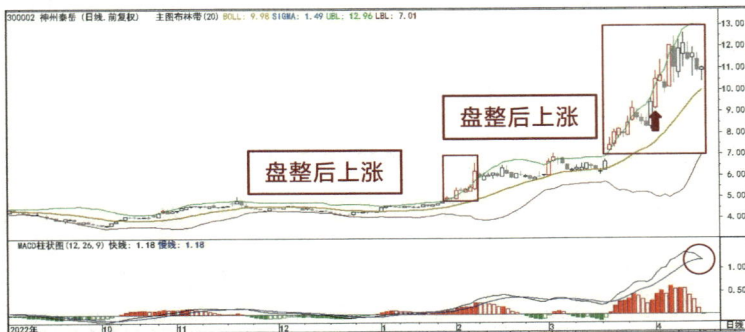

图 5-36　选股结果中的个股 1

如图 5-37 所示，个股（002757）于下箭头处（2023 年 4 月 3 日，周一）满足条件被选中。观察布林带中轨 20 日均线缓慢向上抬头，该股当前正在布林带上轨与布林带中轨之间上下波动。合理的交易计划是在下箭头处被选中后，放入股票池观察，待股票在布林带中轨的支撑得到确认后再考虑进场，如图中的上箭头处所示。

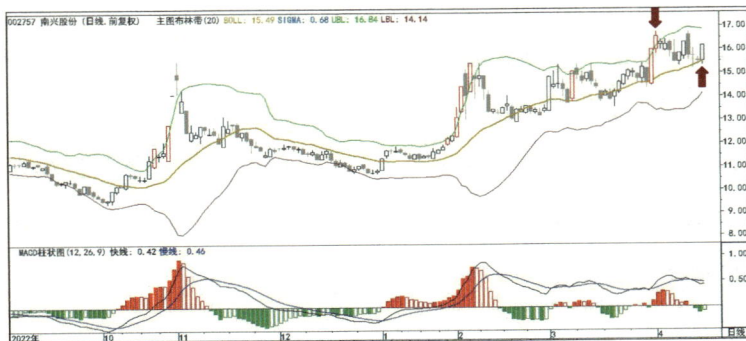

图 5-37　选股结果中的个股 2

如图 5-38 所示，个股（600420）于上箭头处（2023 年 4 月 3 日，周一）满足条件被选中，此时该股正处于盘整后急速上涨的第 2 天。

如果将选股条件设置在 2023 年 3 月 31 日（周五），那么系统同样能选中该股。假设以 2023 年 3 月 31 日（周五）的收盘价 10.94 元作为进场点，至 2023 年 4 月 17 日（周一）以收盘价 14.13 元卖出，那么总共 11 个交易日，收益率约为 29%。

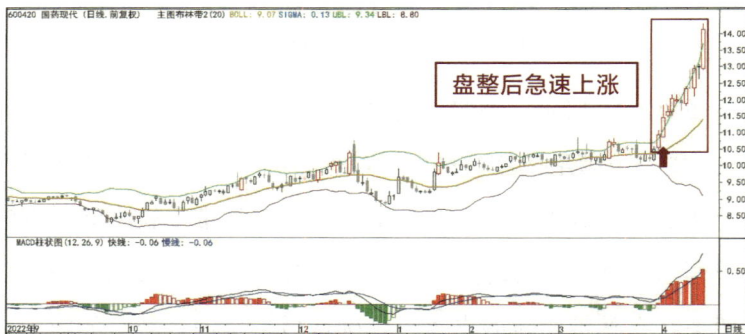

图 5-38　选股结果中的个股 3

如图 5-39 所示，个股（600629）于第一个上箭头处（2023 年 4 月 3 日，周一）满足条件被选中。但次日该股尝试上攻失败，又横盘整理了 5 天，并且在布林带中轨 20 日均线得到支撑。假设以 2023 年 4 月 11 日（周二）的收盘价 5.37 元作为进场点，至 2023 年 4 月 17 日（周一）以收盘价 6.21 元卖出，那么总共 4 个交易日，收益率约为 16%。

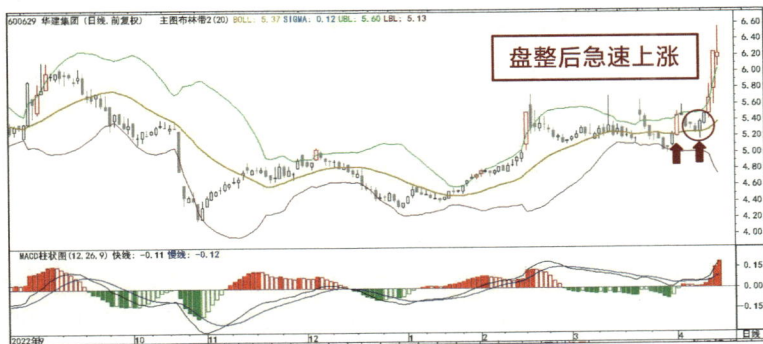

图 5-39　选股结果中的个股 4

5.5　ATR 指标与吊灯止损

真实波动幅度均值（Average True Range，ATR）是威尔斯·威尔德（Welles Wilder）在《技术交易系统新概念》（*New Concepts in Technical Trading Systems*）一书中提到的基础指标，可用于个人交易系统中止盈止损参考价位的判定。实际选用哪个周期进行平均取决于个人的投资品种和投资风格，本节以 14 日平均为例。

5.5.1　真实波幅 TR 的原理

在计算平均值之前，先要确定真实波动幅度（True Range，TR）。以日线为例，它表示以前一根 K 线的收盘价为基础，当前 K 线相对前一日收盘价运动的最大幅度，也就是取以下三个数值的最大值。

- 当日最高价与当日最低价之差。

- 当日最高价与前一日收盘价之差的绝对值，即两价之间
  的距离。

- 当日最低价与前一日收盘价之差的绝对值，即两价之间
  的距离。

真实波幅主要包含如图 5-40 所示的几种典型的相邻 K 线的
关系。

图 5-40（a）表示假设前一根 K 线为阳线，当前 K 线为阴
线（阳线也可以），当前 K 线与前一根 K 线形成了孕线形态，
子线的实体比较大，TR 等于子线的最高价与最低价之差。

图 5-40（b）表示假设前一根 K 线为阳线，当前 K 线为阴
线（阳线也可以），当前 K 线与前一根 K 线形成了孕线形态，
子线的实体相对很小，TR 等于子线的最低价与前一日收盘价之
间的距离。

图 5-40（c）表示假设前一根 K 线为阴线，当前 K 线为阴
线（阳线也可以），当前 K 线与前一根 K 线形成了孕线形态，
子线的实体比较大，TR 等于子线的最高价与最低价之差。

图 5-40（d）表示假设前一根 K 线为阴线，当前 K 线为阴
线（阳线也可以），当前 K 线与前一根 K 线形成了孕线形态，
子线的实体相对很小，TR 等于子线的最高价与前一日收盘价之
间的距离。

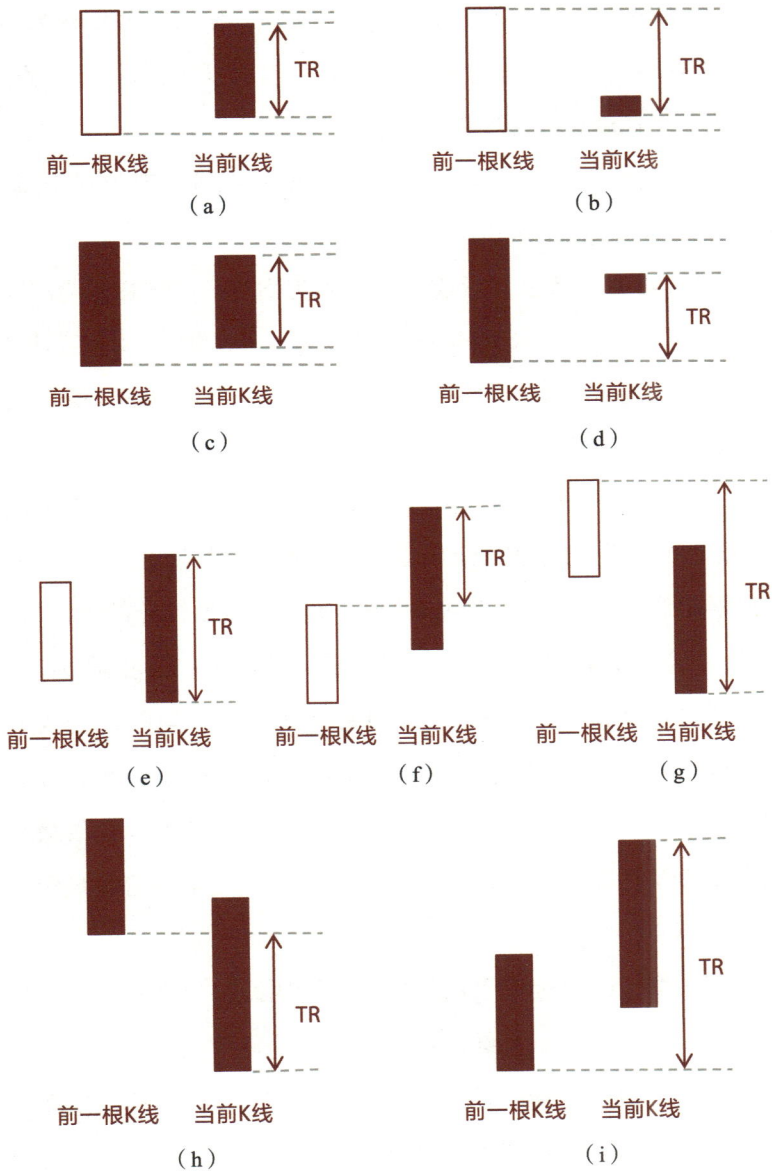

图 5-40　真实波幅的计算原理

图 5-40（e）表示假设前一根 K 线为阳线，当前 K 线为阴线（阳线也可以），当前 K 线与前一根 K 线形成了吞噬形态，TR 等于当日最高价与最低价之差。

后面几张图是在当前 K 线与前一根 K 线既没有形成孕线，也没有形成吞噬线时的情况。

图 5-40（f）表示假设前一根 K 线为阳线，当前 K 线为阴线（阳线也可以），当前 K 线的最高价大于前一日收盘价，并且当前 K 线的最高价与前一日收盘价的距离，超过当前 K 线最高价与最低价之差的一半，TR 等于当日最高价与前一日收盘价之间的距离。

图 5-40（g）表示假设前一根 K 线为阳线，当前 K 线为阴线（阳线也可以），当前 K 线的最低价小于前一日收盘价，并且当前 K 线的最低价与前一日收盘价的距离，超过当前 K 线最高价与最低价之差的一半，TR 等于当日最低价与前一日收盘价之间的距离。

图 5-40（h）表示假设前一根 K 线为阴线，当前 K 线为阴线（阳线也可以），当前 K 线的最低价小于前一日收盘价，并且当前 K 线的最低价与前一日收盘价的距离，超过当前 K 线最高价与最低价之差的一半，TR 等于当日最低价与前一日收盘价之间的距离。

图 5-40（i）表示假设前一根 K 线为阴线，当前 K 线为阴线（阳线也可以），当前 K 线的最高价大于前一日收盘价，并且当前 K 线的最高价与前一日收盘价的距离，超过当前 K 线最高价与最低价之差的一半，TR 等于当日最高价与前一日收盘价之间的距离。

　　简单总结，在观察相邻两根 K 线的真实波动幅度时，最好先观察当前 K 线最高价与最低价之间的距离，即 K 线的长度。如果 K 线很短，那么只需结合前一天的收盘价来判断 TR；如果 K 线很长，则要将前一天的收盘价作为参考线，以当前 K 线最高价与最低价之间距离的一半为基准，来判断当前 K 线的相对位置。

5.5.2　真实波幅的通达信公式

　　在通达信系统中有两个现成的公式可以描述真实波幅。

　　第一个 TR 公式是系统公式"ATR"中的一部分语句。

　　按快捷键"Ctrl+F"，打开公式管理器。单击右侧的"查找"按钮，系统自动弹出"查找"对话框，在文本框中输入"ATR"，如图 5-41 所示。

　　单击"确定"按钮，系统自动找到指标公式"ATR 真实波幅（系统）"，并将它选中。单击右侧的"修改"按钮，打开指标公式编辑器，如图 5-42 所示。

　　公式的第一行语句使用了数学函数类型下的 MAX 函数，表示对输入的数据进行比较，并将最大值作为输出。该语句有两个输入，用逗号区隔。

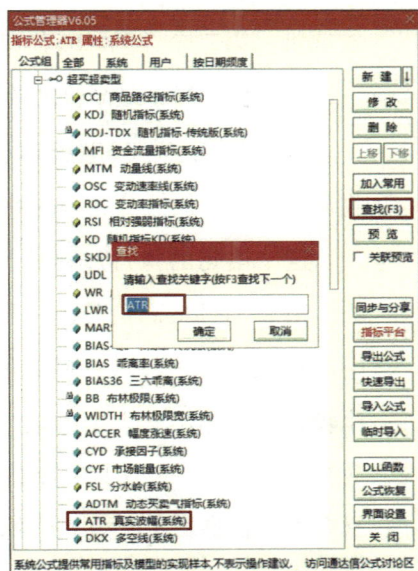

图 5-41　找到 ATR 公式

171

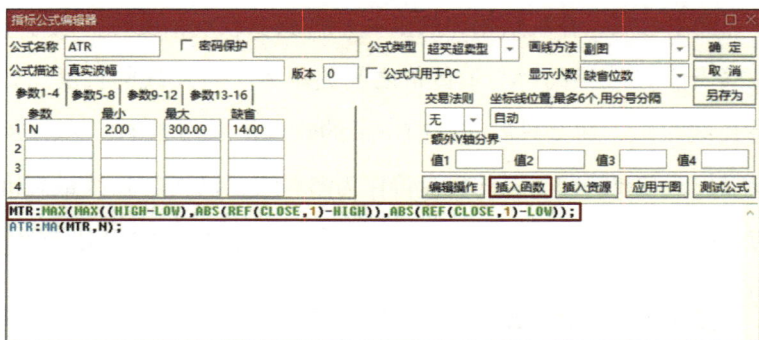

图 5-42　真实波幅公式 1

第一个输入为 MAX((HIGH-LOW),ABS(REF(CLOSE,1)-HIGH))，这里用 MAX 函数分别对两个数进行比较，并把二者中数值较大的作为函数输出。第一个数为 (HIGH-LOW)，表示当日最高价减去最低价。第二个数为 ABS(REF(CLOSE,1)-HIGH)，表示求出前一日收盘价与当日最高价之差的绝对值。

第二个输入为 ABS(REF(CLOSE,1)-LOW)，表示求出前一日收盘价与当日最低价之差的绝对值。

这个语句的执行过程是，先比较当日最高价与最低价之间的距离和当日最高价与前一日收盘价之间的距离，然后把二者中的最大值继续与当日最低价与前一日收盘价之间的距离进行比较，最后输出三者中的最大值。由于 MAX 函数一次只能比较两个数的大小，要比较三个数的大小，就要执行两次 MAX 函数。这个语句就是真实波幅 TR 的公式。

第二个 TR 公式是系统提供的函数 TR。

在图 5-42 中单击"插入函数"按钮，系统自动弹出"插入函数"对话框。在左下角的输入框中填写"TR",系统自动检索到引用函数类型下的"TR 真实波幅"函数,并将它选中,如图5-43 所示。

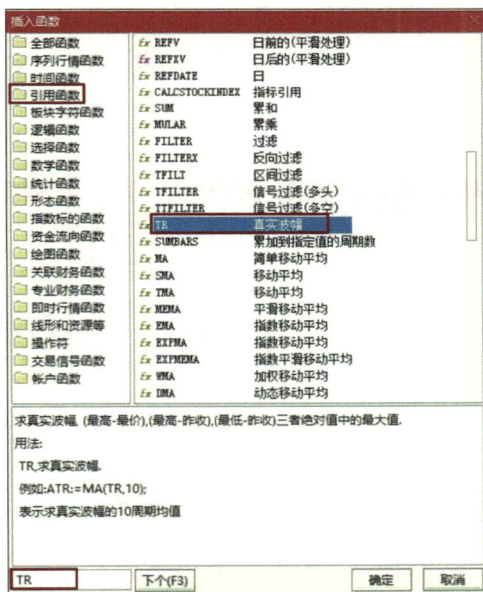

图 5-43　真实波幅公式 2

该函数的帮助说明介绍了它的用法,它的输出为(最高价－最低价)、(最高价－昨日收盘价)和(最低价－昨日收盘价)三者绝对值中最大的数。

这两个公式是等价的,输出的结果是相同的。我们在公式编辑器中输入"TR",就等于输入了语句:

```
MAX(MAX((HIGH-LOW),ABS(REF(CLOSE,1)-HIGH)),
ABS(REF(CLOSE,1)-LOW))
```

5.5.3 ATR 吊灯止损指标线

ATR 吊灯止损是一种移动止损技术，既可用于做多，也可用于做空。此处仅编写用于做多的吊灯止损线公式。

打开指标公式编辑器，在公式名称中输入"ATR 吊灯止损"，公式类型选择"停损型"，画线方法选择"主图叠加"。抄入四行语句后保存公式，如图 5-44 所示。

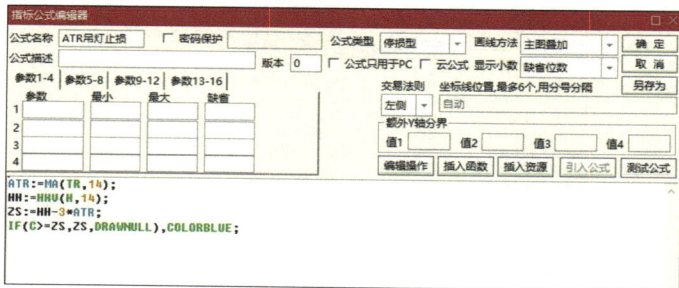

图 5-44 ATR 吊灯止损线公式

第一行语句名称为"ATR"，表示求出真实波幅 TR14 天的均值。

第二行语句名称为"HH"，表示求出 14 天内的最高价。

第三行语句名称为"ZS"，表示求出做多止损线的数值序列，计算公式为用 14 天内的最高价减去 3 倍的 ATR。

第四行语句是设置画线方式，当收盘价大于等于 ZS 线时，用蓝色细线做出止损线。

在主图中设置"ATR 吊灯止损"指标公式，如图 5-45 所示。个股（000977）在上升趋势中的蓝色止损线跟着股价波动上升。

当股价向下波动幅度太大，收盘价低于止损线时，便停止画线。

　　当我们使用 ATR 吊灯止损跟随上升趋势时，如果收盘价跌破了止损线，就需要在收盘前及时止损离场。

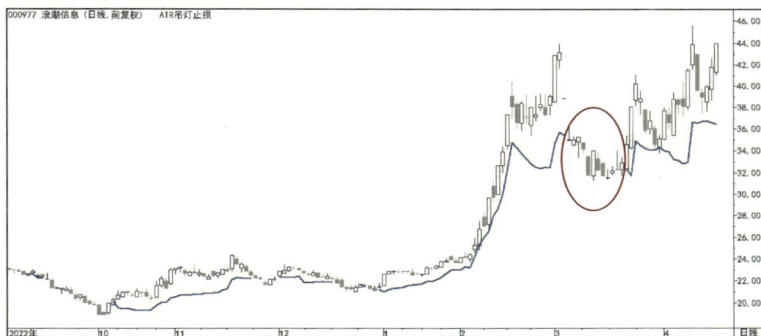

图 5-45　ATR 吊灯止损线

5.5.4　ATR 吊灯选股公式

　　ATR 吊灯止损线是不连续的曲线，当收盘价低于止损线时，指标停止画线。基于这个事实可以得出推论，个股在适合交易的时间段，必然存在 ATR 吊灯止损线。

　　编写一个 ATR 吊灯选股公式，筛选出连续 3 天有 ATR 吊灯止损线的股票。操作步骤如下。

　　（1）在条件选股公式编辑器中单击"引入公式"按钮，弹出"是否覆盖现有公式名称"提示框，选择"是"。

　　（2）在新弹出的"选择指标"对话框中找到"ATR 吊灯止损"指标公式，双击或者选中后，单击"确定"按钮。

　　（3）系统自动将图 5-44 中的指标公式名称和公式源代码填

入空的条件选股公式编辑器，然后参照图 5-46 修改公式名称、公式类型和公式源代码。

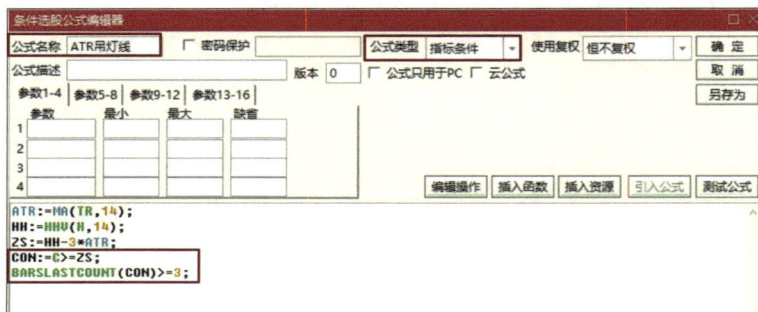

图 5-46　ATR 吊灯选股公式

公式源代码的修改要点是把图 5-44 中的最后一行画线语句改为图 5-46 中的最后两行语句。第一行语句定义数据名称 CON，语句内容为 "C>=ZS"，即收盘价大于等于 ATR 吊灯止损线。

第二行语句使用引用函数类型下的 BARSLASTCOUNT 函数，表示统计连续满足条件的周期数。函数的输入为前一个语句的数据名称 CON。

最后增加选股条件 ">=3"，也就是选出的股票连续满足周期数大于等于 3 的条件。

公式编写完成后，保存公式。

按快捷键 "Ctrl+T"，打开 "条件选股" 窗口。在条件选股公式中选中 "ATR 吊灯线"，选股周期默认选择 "日线"，单击 "加入条件" 按钮，如图 5-47 所示。

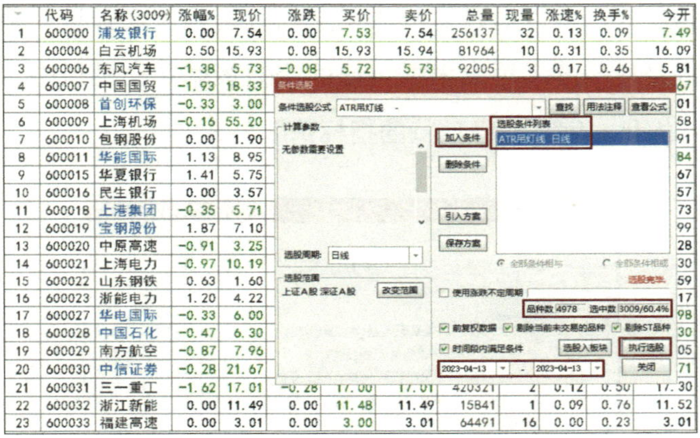

图 5-47　执行 ATR 吊灯选股

勾选"剔除当前未交易的品种"和"剔除 ST 品种"。

勾选"时间段内满足条件"，在开始日期输入框中输入
"2023-04-13"，在结束日期输入框中输入"2023-04-13"，单击
"执行选股"按钮。

可以看到，通达信系统从 4 978 只股票中选出了 3 009 只股
票，选中率约为 60.4%。也就是说，在上证 A 股和深证 A 股的
近 5 000 只股票中，在 2023 年 4 月 13 日有近五分之三的股票连
续 3 天出现 ATR 吊灯止损线，大盘环境相对友善。

5.6　通达信系统的 25 个指标选股公式

笔者一直认为，通达信系统是一个大宝库。在通达信选股
公式中，系统提供了如图 5-48 所示的 25 个指标选股公式。除了
COSTXG 获利盘选股，其他公式均成对出现。原理大都基于某

个指标公式，可以通过比较买卖点的关键数值来筛选股票。这里不再赘述。读者可以根据自己的交易策略和交易风格，掌握后进行优化，编写自己独特的指标选股公式。

图 5-48　指标选股公式

其中，SAR 指标买卖点、MTM 指标买卖点和 RSI 指标买卖点均出自威尔斯·威尔德所著的《技术交易系统新概念》一书。他在书中详细介绍了在计算机时代有了机器自动画图功能之后，如何通过交易分析建立趋势交易系统、趋势反转交易系统和摆动交易系统，感兴趣的读者可以深入学习。

第 6 章

通达信 K 线形态公式选股

6.1　K 线形态公式的编写原理

K 线图是当今最常见的分析工具，也被称为蜡烛图。由于它能够以简洁的形态表达丰富的市场信息，因此被全球交易者广泛使用。

最基础的 K 线是图 6-1 所示的阳线和阴线，收盘价大于开盘价的是阳线，收盘价小于开盘价的是阴线。一根 K 线有四个基础价格：开盘价（OPEN）、收盘价（CLOSE）、最高价（HIGH）和最低价（LOW）。在通达信系统中编写公式时，这四个价格可以分别用英文首字母 O、C、H、L 表示。

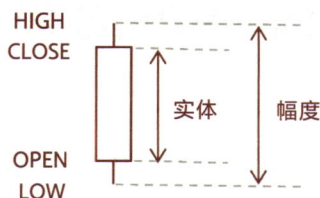

（a）

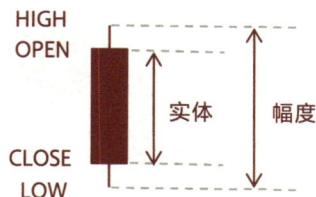

（b）

图 6-1　基础 K 线

　　实体是指开盘价与收盘价之间的距离，即开盘价与收盘价之差的绝对值。实体的计算公式如下：

ABS(CLOSE-OPEN)，或者 ABS(C-O)

　　幅度是指最高价与最低价之间的距离，即最高价与最低价之差。幅度的计算公式如下：

HIGH-LOW，或者 H-L

　　上影线是指最高价与实体上沿之间的距离。阳线的收盘价比开盘价高，上影线的计算方法为最高价减去收盘价；阴线的开盘价比收盘价高，上影线的计算方法为最高价减去开盘价。上影线的计算公式如下：

HIGH-MAX(CLOSE,OPEN)，或者 H-MAX(C,O)

　　下影线是指最低价与实体下沿之间的距离。阳线下影线的计算方法为开盘价减去最低价，阴线下影线的计算方法为收盘价减去最低价。下影线的计算公式如下：

MIN(CLOSE,OPEN)-LOW，或者 MIN(C,O)-L

　　除了上述几个描述单根 K 线特征的常用公式，在描述相邻 K 线的价格时，还要用到引用函数类型下的 REF 函数和 REFX 函数，以收盘价为例，如图 6-2 所示。

　　假设当前时间点上的 K 线的收盘价记为 CLOSE，那么它左侧的 K 线对这个时间点而言，都表示历史发生的，它右侧的 K 线都表示未来发生的。

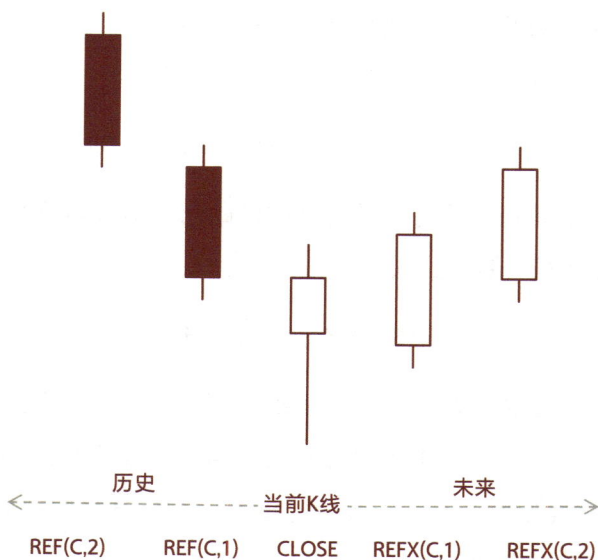

图 6-2　相邻 K 线

　　前一个时间周期的 K 线的收盘价计算公式为：REF(CLOSE,
1)，或者 REF(C,1)。

　　再往前一个时间周期的 K 线的收盘价计算公式为：
REF(CLOSE,2)，或者 REF(C,2)，以此类推。

　　其后一个时间周期的 K 线的收盘价计算公式为：
REFX(CLOSE,1)，或者 REFX(C,1)。

　　再往后一个时间周期的 K 线的收盘价计算公式为：
REFX(CLOSE,2)，或者 REFX(C,2)，以此类推。

　　图 6-1 描述了单个时间点上的具体价格特征。图 6-2 描述了
单个时间点与前后时间点的关系。掌握这两个基本原理，就可

以用通达信公式描述各种具有交易价值的 K 线的形态特征。

6.2　大阳线

大阳线表示在单个时间周期内，多方力量远远大于空方力量所形成的 K 线形态。若在底部吸筹区或者上升趋势中出现大阳线，对做多的投资者而言，都是市场给出的有利信号。

6.2.1　大阳线指示

图 6-3 所示为在主图开启的五彩 K 线指示功能，选择的是系统公式"大阳烛"。

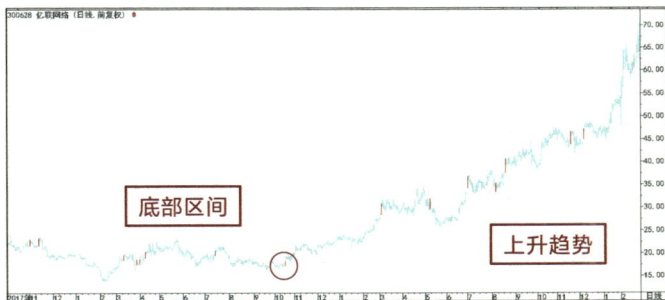

图 6-3　大阳烛的五彩 K 线指示

查看该公式的源代码，如图 6-4 所示。尽管该公式占了两行，但实际上是一个语句，中间用操作符"AND"连接两个 K 线特征条件。

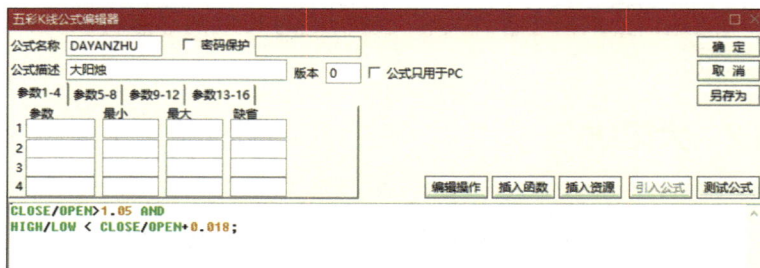

图 6-4　大阳烛的公式

条件 1：当日收盘价至少是开盘价的 1.05 倍，以开盘价计算，收盘价至少上涨了 5%。此条件设置了 K 线的实体长度，对应的计算公式如下：

$$CLOSE/OPEN>1.05$$

条件 2：当日最高价与最低价的比值，要比收盘价与开盘价的比值更小，至少小 1.8 个百分点。此条件设置了 K 线的影线相比实体高度不能太长。对应的计算公式如下：

$$HIGH/LOW<CLOSE/OPEN+0.018$$

什么样的大阳线更适合用来做交易呢?

在底部区间持续一段横盘整理后，出现了看涨吞没形态。这种形态表明"聪明钱"在底部已吸收了一定数量的筹码，开始准备拉升。一根实体超过 5 个点的大阳线，将前一根 K 线完全吞没，此时多方表现出强有力的攻击态势。

放大图 6-3 所示的大阳线，如图 6-5 所示。图中大阳线的收盘价相比前一日收盘价，涨幅仅 3.6%。但最高价与最低价之间的幅度（即价格空间）相比前一日收盘价，振幅有 6.68%。并且大阳线的上影线和下影线相比实体都非常小，说明该日空方曾试图打压价格，但多方完胜。这根大阳线当日还创出了一个多月以来的最高价，若主观认为后续可能突破底部颈线，便可以制订交易计划，收盘之前进场埋伏。

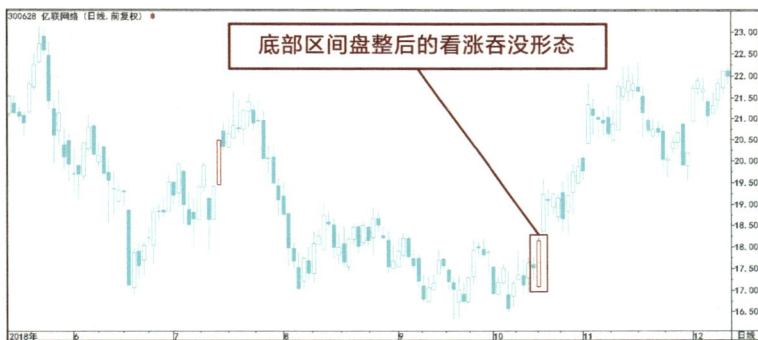

图 6-5　看涨吞没形态的大阳线

6.2.2　看涨吞没阳线选股

编写选股公式"看涨吞没阳线"，筛选出两根 K 线，形成看涨吞没形态的股票。操作步骤如下。

（1）如图 6-6 所示，在条件选股公式编辑器中，复制图 6-4 中的"大阳烛"五彩 K 线公式，并改为赋值语句，数据名称设置为"K0"。

（2）添加以下两个选股条件。

条件 1：当前 K 线的实体包裹前一根 K 线的实体，即当日收盘价高于前一日开盘价和收盘价中的较高值，当日开盘价低于前一日开盘价和收盘价中的较低值。对应公式如下：

K1:=C>MAX(REF(C,1),REF(O,1)) AND O<MIN(REF(C,1),
REF(O,1));

条件 2：当前 K 线的最高价创 20 天内的最高价。对应公式
如下。

- 赋值语句：HH:=HHV(H,20)。
- 逻辑判断公式：H=HH。

（3）完善选股条件语句：

K0 AND K1 AND H=HH;

（4）补充公式名称"看涨吞没阳线"，公式类型设置为"形
态特征"，保存选股公式。

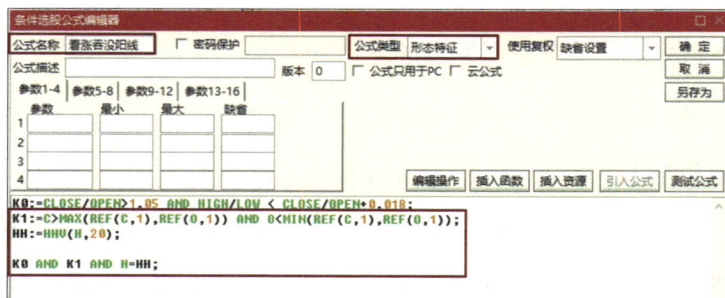

图 6-6 看涨吞没阳线选股公式

按快捷键"Ctrl+T"，打开"条件选股"窗口。在条件选股
公式中选中"看涨吞没阳线"，选股周期默认选择"日线"，单
击"加入条件"按钮，如图 6-7 所示。

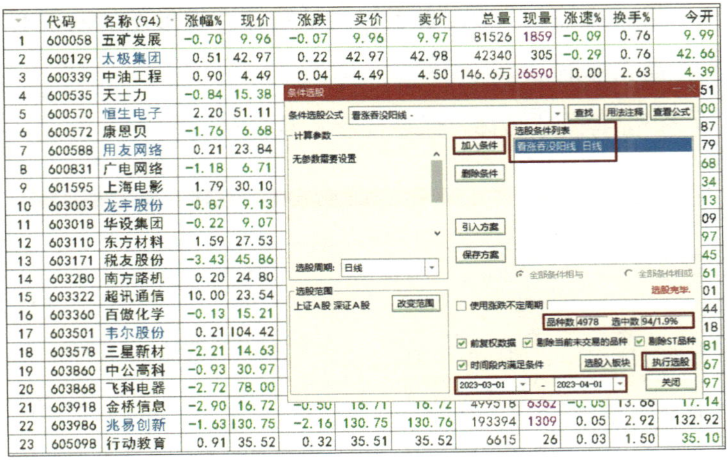

图 6-7　执行看涨吞没阳线选股

勾选"剔除当前未交易的品种"和"剔除 ST 品种"。

勾选"时间段内满足条件",在开始日期输入框中输入"2023-03-01",在结束日期输入框中输入"2023-04-01",单击"执行选股"按钮。

可以看到,通达信系统从 4 978 只股票中选出了 94 只股票,选中率约为 1.9%。也就是说,在上证 A 股和深证 A 股的近 5 000 只股票中,在 2023 年 3 月 1 日至 2023 年 4 月 1 日期间,仅 94 只股票曾出现过看涨吞没形态的大阳线。

为了便于查看选股结果,创建对应的五彩 K 线公式。操作步骤如下。

(1)如图 6-8 所示,在新建的五彩 K 线公式编辑器中,复制图 6-6 中的四行语句。

(2)将最后一行选股条件语句作为函数 BACKSET 的第一个

输入，第二个输入为 2，表示将满足看涨吞没形态的两根 K 线都进行高亮标记。

（3）完善公式名称，保存五彩 K 线公式。

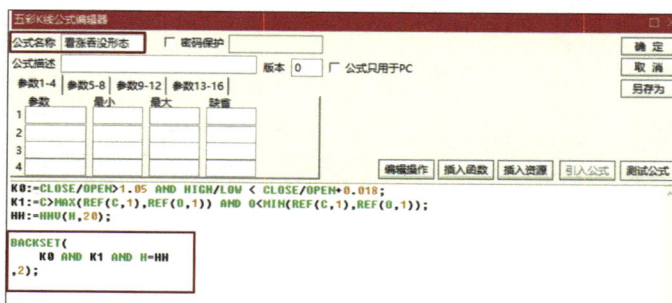

图 6-8　看涨吞没形态五彩 K 线公式

双击图 6-7 中的个股（603918），如图 6-9 所示，2023 年 3 月 1 日（周三）出现看涨吞没大阳线，满足条件被选中。由于此大阳线是一根涨停大阳线，无法以收盘价进场。假设以次日开盘价 11.00 元作为进场点，至 2023 年 4 月 12 日（周三）以收盘价 19.34 元卖出，那么总共 28 个交易日，收益率约为 76%。

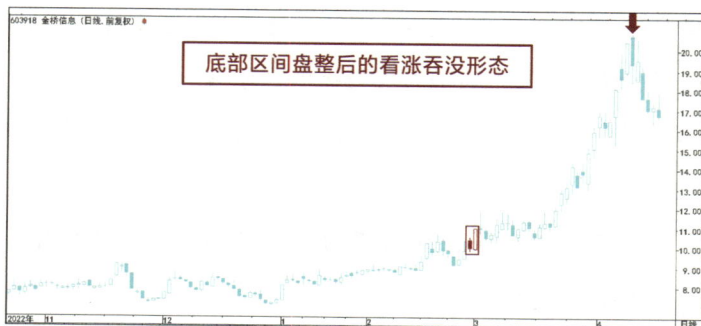

图 6-9　看涨吞没形态的个股 1

　　如图 6-10 所示，个股（688416）于 2023 年 3 月 22 日（周三）出现看涨吞没大阳线，满足条件被选中。假设以大阳线收盘价 52.18 元作为进场点，至 2023 年 4 月 12 日（周三）以收盘价 76.00 元卖出，那么总共 14 个交易日，收益率约为 46%。

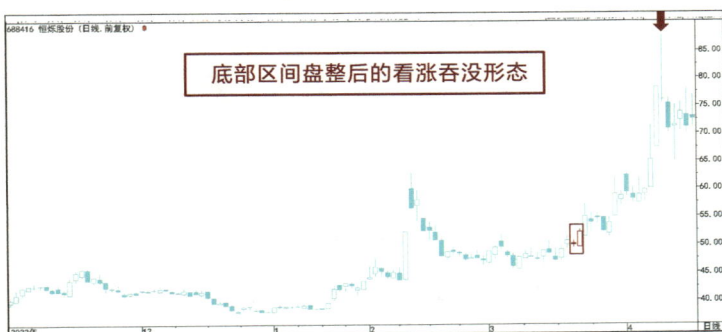

图 6-10　看涨吞没形态的个股 2

6.3　缺口

　　缺口分为向上缺口和向下缺口两种，在"涨 / 跌停板"交易规则下，还有一类特殊的缺口是一字线。

6.3.1　缺口的原理与公式

　　如图 6-11 所示，向上缺口是对多方有利的信号，表示相比前一个时间周期，当前时间周期的多方力量远大于空方，空方无力把价格压回至前一个时间周期的价格范围内。向下缺口是对空方有利的信号，表示相比前一个时间周期，当前时间周期的空方力量远大于多方，多方无力把价格推回至前一个时间周期的价格范围内。

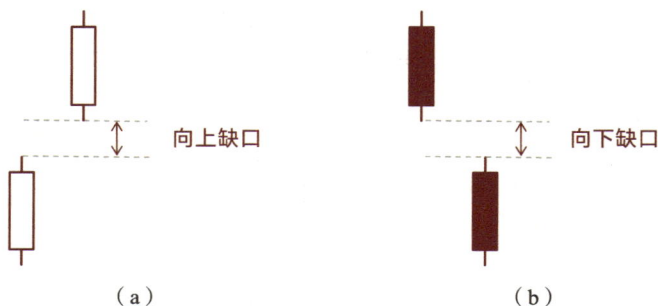

图 6-11　缺口的示意图

缺口公式的关键是比较相邻两根 K 线是否存在价格重叠。向上缺口是比较当前 K 线的最低价与前一根 K 线的最高价，公式如下：

LOW>REF(HIGH,1)，或者 L>REF(H,1)

向下缺口是比较当前 K 线的最高价与前一根 K 线的最低价，公式如下：

HIGH<REF(LOW,1)，或者 H<REF(L,1)

6.3.2　缺口的选股与指示

通达信系统与缺口有关的公式包括选股公式和五彩 K 线公式，基本可以满足日常分析需求。

按快捷键"Ctrl+T"，打开"条件选股"窗口。在条件选股公式中选中"W-105 跳空缺口选股"，选股周期默认选择"日线"，单击"加入条件"按钮，如图 6-12 所示。

190

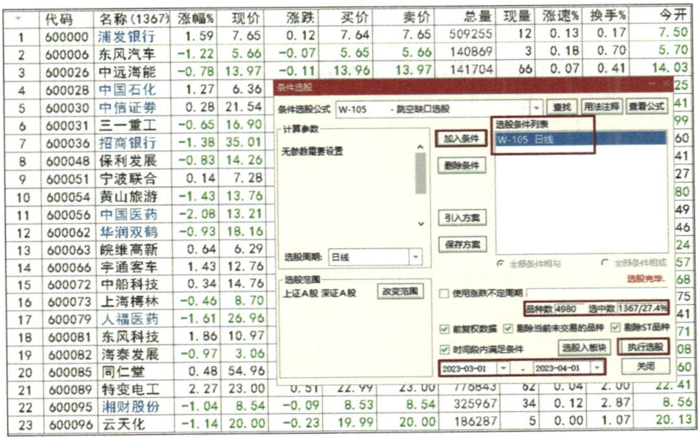

图 6-12　缺口的选股

勾选"剔除当前未交易的品种"和"剔除 ST 品种"。

勾选"时间段内满足条件",在开始日期输入框中输入"2023-03-01",在结束日期输入框中输入"2023-04-01",单击"执行选股"按钮。

可以看到,通达信系统从 4 980 只股票中选出了 1 367 只股票,选中率约为 27.4%。也就是说,在上证 A 股和深证 A 股的近 5 000 只股票中,在 2023 年 3 月 1 日至 2023 年 4 月 1 日期间,有超过四分之一的股票曾出现过向上缺口或者向下缺口。

当查看个股详情时,打开五彩 K 线指示,选中"TKQK 跳空缺口"(TKQK 是跳空缺口的拼音首字母),图中对满足向上缺口或向下缺口的两根 K 线均自动高亮显示。

如图 6-13 所示,个股(600185)于 2023 年 3 月 24 日(周五)出现最右侧的向下缺口,满足条件被选中。可以看到,该股在左侧底部区间先是出现向下缺口，随后出现向上缺口；而飙涨阶段连续出现涨停板一字线向上缺口；在下降趋势中出现两次向下缺口。

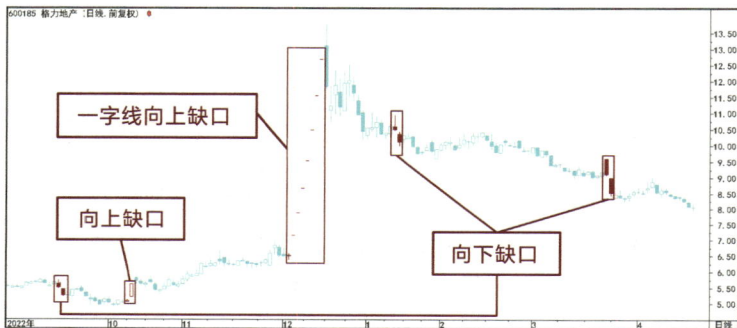

图 6-13　缺口的五彩 K 线指示 1

股票在底部通过多个缺口的方式完成趋势逆转，还是比较常见的。如图 6-14 所示，个股（600188）于 2023 年 3 月 16 日（周四）出现最右侧的向下缺口，满足条件被选中。随后又在 2023 年 3 月 27 日（周一）出现向上缺口。

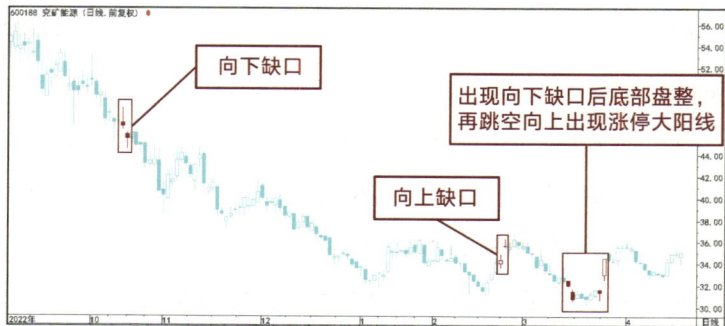

图 6-14　缺口的五彩 K 线指示 2

该股此前一直处于下降趋势，下跌过程中也曾出现向下缺口，说明空方力量很强。即使 2 月下旬多方尝试反击，出现了向上缺口，也难以止跌。随后通过向下缺口创新低，横盘整理之后再跳空向上，并且向上缺口的第二根阳线实体饱满，是一根涨停的大阳线。该股终于成功止跌，在大阳线的实体附近做横盘整理。

6.3.3　向上缺口与回补

对做多的投资者而言，在底部区间出现向上缺口是有利的信号，但是缺口是否被回补也是很重要的参考因素。没有被回补的向上缺口是重要的支撑位。如果后续缺口被快速回补，说明多方的优势不再。若多方还想继续上攻，则需重新积蓄力量。

如图 6-15 所示，个股（600105）在左侧的向下缺口出现后继续下跌，之后在底部横盘整理了一段时间。随后在第一个向上缺口，多方力量不足，在下箭头处被回补，于是该股在底部继续横盘了一段时间。

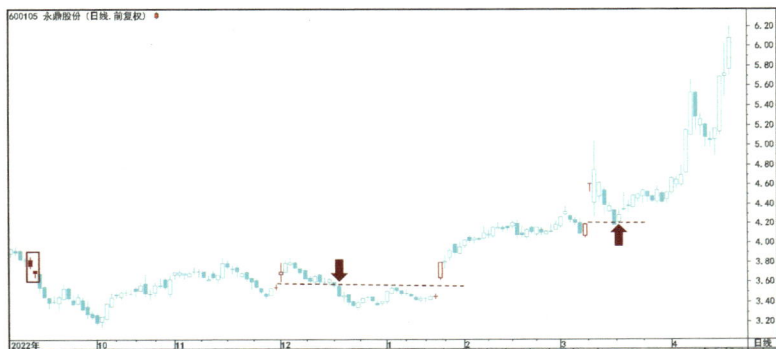

图 6-15　缺口的回补 1

这段横盘是通过第二个向上缺口结束的。这里的第二根阳线实体饱满，是一根涨停的大阳线，终于成功结束了底部盘整。之后股价沿着大阳线的收盘价缓慢爬坡向上。

第三个向上缺口准备开启一段新的上升趋势，随后被空方打回。但多方在上箭头处的阳线站稳，表明空方此时无力再将价格压下去。

对比上箭头处和下箭头处的 K 线，可以找到向上缺口回补的规律。当一根阴线砸下来收盘价低于缺口下沿时，不能急于下结论。回补是否有效，还要看第二天的走势。下箭头处显示出在前一日收于缺口下沿后，多方无力反击，趋势自然是顺着空方的力量继续向下。上箭头处显示出前一日收于缺口下沿后，多方强力反击，趋势自然是顺着多方的力量继续向上。

如图 6-16 所示，个股（600100）在底部区间横盘整理后出现向上缺口，一直未回补。上涨一段时间后，第二次出现向上缺口，这一次空方没有把价格压回到缺口下沿，多方在第一个

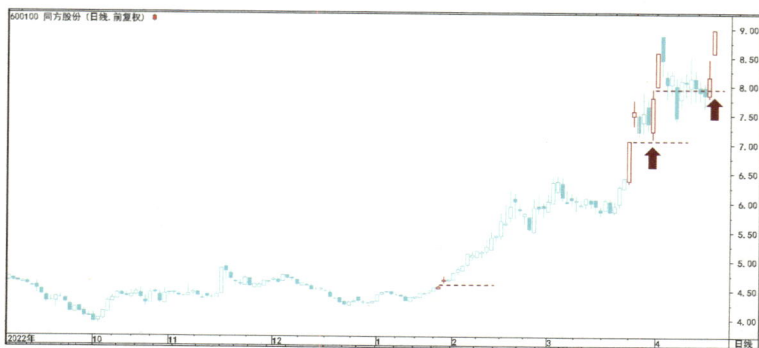

图 6-16　缺口的回补 2

上箭头处形成第三次向上缺口，宣告强势。

后续空方把价格压回到缺口下沿，随后几日市场在缺口附近横盘整理。多方在第二个上箭头处，再次以向上缺口的方式脱离横盘。

6.4　逆转 K 线形态

从趋势逆转的角度来看，逆转 K 线分为多转空和空转多。从 K 线数量的角度来看，逆转 K 线分为单根逆转 K 线、双根逆转 K 线和多根逆转 K 线（通常是 3 根）。

6.4.1　单根逆转 K 线的原理与公式

单根逆转 K 线是指在同一个时间周期内，价格趋势从下跌转为上涨，形成了长长的下影线；或者从上涨转为下跌，形成了长长的上影线，同时，实体的长度相比影线非常短，如图 6-17 所示。

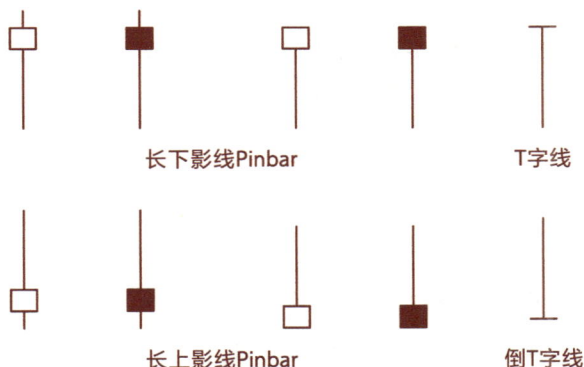

长下影线Pinbar　　　　　　　　　　T字线

长上影线Pinbar　　　　　　　　　　倒T字线

图 6-17　单根逆转 K 线示意图

长下影线 Pinbar 也称为锤子线，既可以包含短上影线，也可以没有上影线。当没有上影线的 Pinbar 实体缩小到 0 时，它便成了 T 字线。

锤子线的常用价格标准是，下影线是实体部分的 2 倍及以上，上影线短于实体部分，阳线、阴线均可，公式如下：

```
(MIN(OPEN,CLOSE)-LOW>=2*ABS(CLOSE-OPEN)) AND
    (HIGH-MAX(OPEN,CLOSE)<ABS(CLOSE-OPEN));
```

或者

```
(MIN(O,C)-L>=2*ABS(C-O)) AND
    (H-MAX(O,C)<ABS(C-O));
```

T 字线的实体不一定非得要求开盘价等于收盘价，也可以稍微灵活一点，比如，实体部分小于等于前一日收盘价 1 个点，上影线比实体部分更短，下影线是实体部分的 3 倍及以上，公式如下：

```
(ABS(CLOSE-OPEN)/REF(CLOSE,1)<=0.01) AND
    (HIGH-MAX(OPEN,CLOSE)<ABS(CLOSE-OPEN)) AND
    (MIN(OPEN,CLOSE)-LOW>=ABS(CLOSE-OPEN)*3);
```

或者

```
(ABS(C-O)/REF(C,1)<=0.01) AND
    (H-MAX(O,C)<ABS(C-O)) AND
    (MIN(O,C)-L>=ABS(C-O)*3);
```

　　长上影线 Pinbar 也称倒锤子线，既可以包含短下影线，也可以没有下影线。当没有下影线的 Pinbar 实体缩小到 0 时，它便成了倒 T 字线。

　　倒锤子线的常用价格标准是，上影线是实体部分的 2 倍及以上，下影线短于实体部分，阳线、阴线均可，公式如下：

```
(HIGH-MAX(OPEN,CLOSE)>=2*ABS(CLOSE-OPEN)) AND
    (MIN(OPEN,CLOSE)-LOW<ABS(CLOSE-OPEN));
```

　　或者

```
(H-MAX(O,C)>=2*ABS(C-O)) AND
    (MIN(O,C)-L<ABS(C-O));
```

　　倒 T 字线的实体不一定非得要求开盘价等于收盘价，也可以稍微灵活一点，比如，实体部分小于等于前一日收盘价 1 个点，下影线比实体部分更短，上影线是实体部分的 3 倍及以上，公式如下：

```
(ABS(CLOSE-OPEN)/REF(CLOSE,1)<=0.01) AND
    (MIN(OPEN,CLOSE)-LOW<ABS(CLOSE-OPEN)) AND
    (HIGH-MAX(OPEN,CLOSE)>=ABS(CLOSE-OPEN)*3);
```

　　或者

```
(ABS(C-O)/REF(C,1)<=0.01) AND
    (MIN(O,C)-L<ABS(C-O)) AND
    (H-MAX(O,C)>=ABS(C-O)*3);
```

6.4.2　双根逆转 K 线的原理与公式

双根逆转 K 线是指在两个时间周期内，价格趋势从下跌转为上涨，或者从上涨转为下跌。以空转多为例，图 6-18 所示的逆转形态相比看涨吞没形态和向上缺口，力度稍弱。

好友反攻线由一根阴线和一根阳线组成，后一根阳线的收盘价接近前一根阴线的收盘价，两根 K 线的实体部分均较大。好友反攻线暗示当前的下降趋势基本结束，卖方力量消耗殆尽。

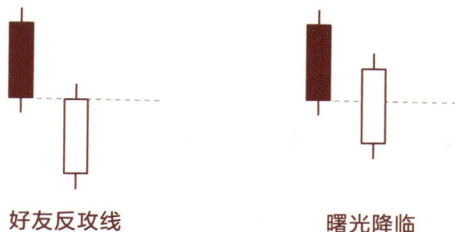

好友反攻线　　　　　　曙光降临

图 6-18　双根逆转 K 线示意图

好友反攻线的常用价格标准是，两根 K 线，第一根为中阴线（前 1），实体部分有 3% 以上；第二根为中阳线，实体部分有 3% 以上，收盘价与前 1 收盘价的价差不超过前 1 收盘价的0.1%，五彩 K 线的公式如下：

```
BACKSET(
    REF(CLOSE,1)<REF(OPEN,1) AND
    (REF(OPEN,1)-REF(CLOSE,1))/REF(CLOSE,1)>0.03
AND
    CLOSE>OPEN AND
```

```
(CLOSE-OPEN)/OPEN>0.03 AND

    ABS(CLOSE-REF(CLOSE,1))/REF(CLOSE,1)<=0.001,

2);
```

或者

```
BACKSET(

    REF(C,1)<REF(O,1) AND

    (REF(O,1)-REF(C,1))/REF(C,1)>0.03 AND

    C>O AND

    (C-O)/O>0.03 AND

    ABS(C-REF(C,1))/REF(C,1)<=0.001,

2);
```

曙光降临，又称看涨刺透形态、斩回线形态，由一根阴线和一根阳线组成，后一根阳线的收盘价已进入前一根阴线的实体中，两根 K 线的实体部分均较大。曙光降临表明当前的下降趋势结束后，买方力量开始变强。

曙光降临的常用价格标准是两根 K 线：第一根为中阴线（前1），实体部分有3%以上；第二根为中阳线，实体部分有3%以上，开盘价低于前1的最低价，收盘价高于前1实体的一半以上。五彩 K 线的公式如下：

```
BACKSET(

    REF(CLOSE,1)/REF(OPEN,1)<0.97 AND

    CLOSE/OPEN>1.03 AND
```

```
    OPEN<REF(CLOSE,1) AND

    CLOSE>(REF(CLOSE,1)+(REF(OPEN,1)-REF(CLOSE, 1))/2),

2);
```

或者

```
BACKSET(

    REF(C,1)/REF(O,1)<0.97 AND

    C/O>1.03 AND

    O<REF(C,1) AND

    C>(REF(C,1)+(REF(O,1)-REF(C,1))/2),

2);
```

6.4.3　三根逆转 K 线的原理与公式

三根逆转 K 线是指在三个时间周期内，价格趋势从下跌转为上涨，或者从上涨转为下跌。以空转多为例，图 6-19 所示的启明星形态包含三根 K 线，第一根是中阴线（前 2），第二根是十字星线（前 1），第三根是中阳线。

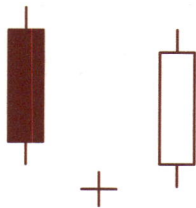

图 6-19　启明星示意图

启明星的常用价格标准是：前 2 是中阴线，实体部分有 3%
以上；前 1 是向下跳空的十字星线，当前 K 线是中阳线，实体
部分有 3% 以上，当前 K 线的收盘价大于前 2 的收盘价。五彩
K 线的公式如下：

```
BACKSET(
  REF(CLOSE,2)/REF(OPEN,2)<0.97 AND
    REF(OPEN,1)<REF(CLOSE,2) AND
    REF(OPEN,1)=REF(CLOSE,1) AND
    CLOSE/OPEN>1.03 AND
    CLOSE>REF(CLOSE,2),
3);
```

或者

```
BACKSET(
  REF(C,2)/REF(O,2)<0.97 AND
    REF(O,1)<REF(C,2) AND
    REF(O,1)=REF(C,1) AND
    C/O>1.03 AND
    C>REF(C,2),
3);
```

6.5　通达信"老鸭头"选股公式

　　"老鸭头"是很多股民听说过的一个技术形态，但多数人对它似懂非懂。本节通过解析通达信系统中的"老鸭头"选股公式，帮助读者学习和参考现成、好用的公式，真正掌握编写优秀选股公式的思路和技巧。

　　在通达信选股公式中，"OLDDUCK 老鸭头"是一个结合了双均线、成交量、最低价和最近 5 天 K 线走势的经典选股公式。本节将详细讲解系统公式"OLDDUCK 老鸭头"，并编写适合日常使用的选股公式和配套的指标公式。

6.5.1　破解通达信系统公式"老鸭头"的七大条件

　　本小节内容是笔者对通达信系统自带的"OLDDUCK 老鸭头"选股公式的学习和理解，该公式的权威解释以通达信系统为准。

　　按快捷键"Ctrl+T"，打开"条件选股"窗口。在条件选股公式中选中"OLDDUCK 老鸭头"，单击"查看公式"按钮，打开老鸭头公式源代码的条件选股公式编辑器，如图 6-20 所示。单击"编辑操作"按钮，选中"显示行号"菜单。

　　老鸭头公式总共包含 14 行语句，最后一行语句是选股公式的输出，即最终的选股条件，要求选出同时满足语句 LYT、FXG 和 NTP 三个条件的股票。

　　LYT 是"老鸭头"拼音的首字母，即当前的 K 线满足老鸭头的形态。

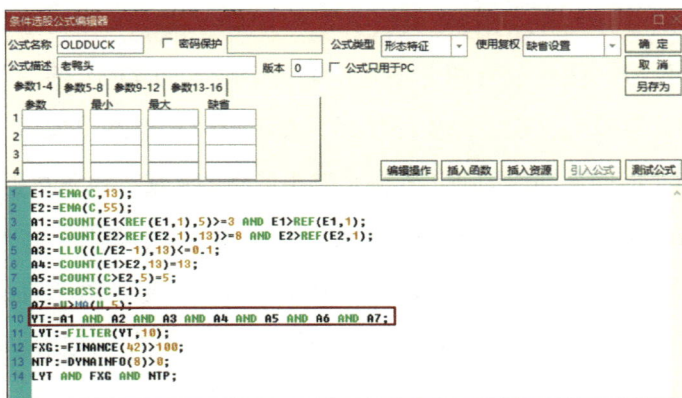

图 6-20　老鸭头公式编辑器

FXG 是"非新股"拼音的首字母，要求不选新股。

NTP 是由英文 Not 的首字母加上"停牌"拼音的首字母组成的，表示"非停牌"，要求不选停牌的股票。

我们先来解释后两个条件 FXG 和 NTP。

第 12 行语句名称为"FXG"，表示选择的股票不是新股。该语句使用关联财务函数类型中的 FINANCE(42)，提取第 42 号数据，即上市的天数，令其大于 100，该条件要求选出的股票的上市天数大于 100 天。

第 13 行语句名称为"NTP"，表示选择的股票没有停牌。该语句使用即时行情函数类型中的 DYNAINFO(8)，提取第 8 号数据，即总量，令其大于 0。也就是说，最近的行情数据中交易总量不为 0。通常只有停牌的股票才会出现交易总量为 0 的情况。

最后，详细讲解第一个条件 LYT。第 11 行语句名称为"LYT"，即要求选出的个股符合老鸭头的形态。

该语句使用引用函数类型中的 FILTER 函数，即过滤连续出现的信号。该函数有两个输入：第一个输入为 YT（"鸭头"拼音的首字母）；第二个输入为 10，表示当鸭头形态出现后，未来 10 个时间周期内即使再有满足鸭头形态的 K 线，也不再提示。FILTER 函数常用于相同方向的交易信号的过滤，例如，按照均线发散的条件（短期 5 均线大于 10 均线），若连续 10 天都出现了这个信号，就可以使用 FILTER 函数只在信号第一次出现时发出提示。不过投资者在选股时，由于只希望判断指定时间点上是否满足某个条件，因此可以不使用 FILTER 函数。

综上所述，解析老鸭头公式的核心就是拆解语句 YT 包含的 7 个条件：A1、A2、A3、A4、A5、A6 和 A7。

在图 6-20 所示的公式中，第 1 行语句和第 2 行语句提取了两根均线作为后续描述老鸭头形态的基础数据，使用 EMA 函数指数移动平均线分别得到快线（中期均线）E1 和慢线（长期均线）E2。快线取值 13，慢线取值 55，两个数值均来自斐波那契数列。

第 3 行语句是老鸭头形态的第一个条件 A1，描述了快线在最近 5 天内的形态，如图 6-21 所示。

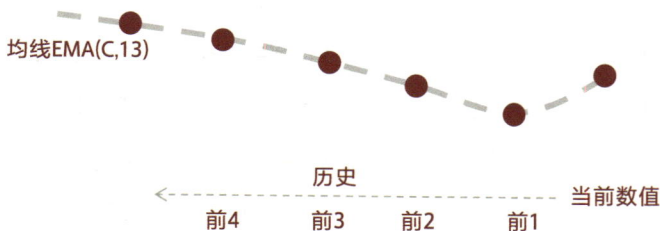

图 6-21　简易快线形态说明

该语句包含两个条件，用连接符"AND"，要求同时满足两个条件。

- 条件 1：使用引用函数类型中的 COUNT 函数，要求最近 5 个时间周期内至少有 3 个时间点比前一个数值更低。
- 条件 2：要求快线的当前数值比前一个数值高。也就是说，当前数值肯定不符合条件 1。

那么最近 5 个时间周期内排除当前的时间周期，剩下的 4 个时间点有 3 个比前面的数值更低。若同时满足条件 1 和条件 2，大概率快线是先向下低头再向上抬头的形态。

第 4 行语句是老鸭头形态的第二个条件 A2，描述了慢线在最近 13 天内的形态，如图 6-22 所示。该语句包含两个条件，用连接符"AND"，要求同时满足两个条件。

- 条件 1：使用引用函数类型中的 COUNT 函数，要求最近 13 个时间周期内至少有 8 个时间点比前一个数值更高。
- 条件 2：要求慢线的当前数值比前一个数值高。也就是

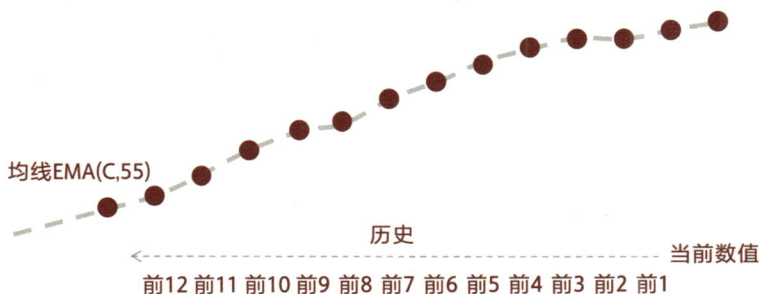

图 6-22　简易慢线形态说明

说，当前数值肯定符合条件 1。

那么最近 13 个时间周期内排除当前的时间周期，剩下的 12 个时间点有 7 个比前面的数值更高。若同时满足条件 1 和条件 2，大概率慢线是向上抬头的形态。

第 5 行语句是老鸭头形态的第三个条件 A3，描述了近期最低价与慢线的相对位置不能距离太远。使用引用函数类型中的 LLV 函数，要求最近 13 个时间周期内的相对数值的最小值小于等于 0.1，也就是不能超过 10%。

这个相对数值是每个时间周期的最低价减去对应的慢线数值之后，与这个慢线数值的比值，计算公式如下：

$$\frac{L}{E2} - 1 = \frac{L - E2}{E2}$$

该语句说明最近 13 个时间周期内的最低价不能距离慢线很远。假如该股的慢线经历了从向下低头到缓慢抬头的过程，由于慢线的时间周期是 55，那么大概率该股在经过一段底部拉升后，价格会回落。也就是说，股价延续下降趋势，不断创新低至极限低点（最低价距离慢线非常远），运动到慢线上方 10% 的价格空间之内。

第 6 行语句是老鸭头形态的第四个条件 A4，描述了快线与慢线在最近 13 个时间周期内的多头发散，如图 6-23 所示。使用引用函数类型中的 COUNT 函数，要求最近 13 个时间周期内快线始终在慢线之上。

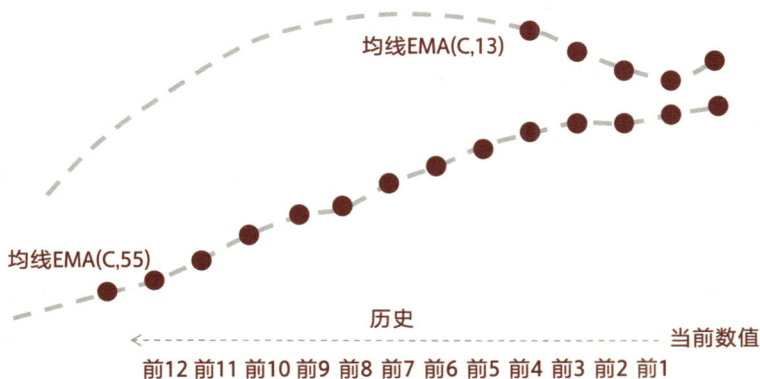

图 6-23　快线与慢线的多头发散

第 7 行语句是老鸭头形态的第五个条件 A5，描述了收盘价与慢线在最近 5 个时间周期内的相对位置。使用引用函数类型中的 COUNT 函数，要求最近 5 个时间周期内收盘价始终在慢线之上。

第 8 行语句是老鸭头形态的第六个条件 A6，描述了收盘价与快线在当前时间周期形成了金叉。使用逻辑函数类型中的 CROSS 函数，收盘价 C 上穿快线 E1。

第 9 行语句是老鸭头形态的第七个条件 A7，描述了当前时间周期的成交量大于 5 日的平均成交量。成交量使用序列行情函数类型下的 V（也可以写为 VOL）计算。成交量的平均值使用 MA 函数进行简单移动平均计算。

6.5.2　通达信老鸭头的技术原理

借助波浪理论的分析框架，老鸭头对应的是 2 浪或 4 浪，这是上涨趋势中的两次调整。通达信老鸭头试图把握的是 3 浪和 5 浪的启动点。

常见的老鸭头技术使用 5、10 和 60 三根均线，通达信系统使用 13 和 55 斐波那契数列作为两根均线的参数值。笔者认为通达信系统的参数选择更为合理，原因在于波浪理论中的参数值通常都使用斐波那契数列。

通达信系统用 13 均快线描述和定义了 2 浪或 4 浪的回调，对应的是子浪运动；55 均慢线是上涨趋势的描述和定义。2 浪或 4 浪的回调幅度和回调时间则通过上涨趋势中回调段的最低收盘价与 55 均慢线的空间进行选股约束，既能保证真实的上涨趋势，又能筛选出相对强势的 2 浪或 4 浪，这是趋势健康的重要标志。

当 2 浪或 4 浪调整结束时，通达信系统采用了合理的量价关系，收盘价放量站上快线。

很明显，笔者认为通达信老鸭头背后的技术原理是波浪理论，可以用均线精确描述 2 浪和 3 浪、4 浪和 5 浪之间的转折点。

6.5.3　强势老鸭头指标公式与选股公式

在价格行为交易法中，波浪理论中的 1 浪和 3 浪、3 浪和 5 浪可以被简化处理为 AB=CD 的 N 字形结构。通达信老鸭头公式保证了 2 浪或 4 浪是强势调整浪，我们可以在此基础上进行优化，重点是强调 1 浪或 3 浪的强势，从而选出有更大概率走出强势 3 浪或 5 浪的个股。具体方法就是用涨停板或缺口定义强势的 AB 段。

编辑指标公式"强势老鸭头"，如图 6-24 所示。操作步骤如下。

（1）复制老鸭头条件选股公式的前 10 行语句，在指标公式编辑器中粘贴。

（2）公式名称填写"强势老鸭头"，公式类型选择"均线型"，画图方法选择"主图叠加"。

（3）补充两个参数信息：常用的 10 均线和 60 均线，用的时候可以再调整。

- 参数值 1：N1，最小值 2.00，最大值 100.00，缺省值 10.00。
- 参数值 2：N2，最小值 2.00，最大值 100.00，缺省值 60.00。

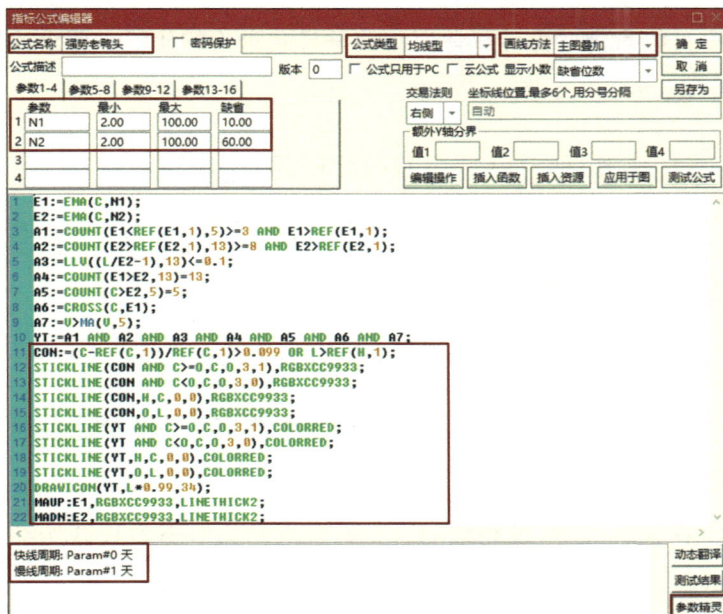

图 6-24　"强势老鸭头"指标公式的编辑

（4）在"参数精灵"中补充如下参数提示信息。

- 快线周期：Param#0 天。
- 慢线周期：Param#1 天。

（5）补充如下公式源代码。

- 将第 1 行语句中的 EMA(C,13) 改为 EMA(C,N1)。
- 将第 2 行语句中的 EMA(C,55) 改为 EMA(C,N2)。

第 11 行语句为接近涨停或者向上缺口的条件 CON。两个条件之间用连接符"OR"，表示只要满足其中一个，就可以输出 1。

条件 1：当日接近涨停。计算方法是，用当日收盘价减去前一日收盘价，再计算差值与前一日收盘价的比值，要求比值大于 0.099（即 9.9%）。对应公式如下：

$$(C-REF(C,1))/REF(C,1)>0.099$$

条件 2：向上缺口，即当日最低价大于前一日最高价。对应公式如下：

$$L>REF(H,1)$$

第 12 行至第 15 行语句，把符合条件 CON 的 K 线用金色高亮显示。

第 16 行至第 19 行语句，把符合老鸭头形态的 K 线用红色高亮显示。

第 20 行语句，在老鸭头形态的 K 线下方用 34 号图标标记。

第 21 行至第 22 行语句，用金色（2 号粗）的线分别画出快线和慢线。

（6）公式编辑完成，检查无误后保存。

编辑选股公式"强势老鸭头"，如图 6-25 所示。操作步骤如下。

（1）在条件选股公式编辑器中单击"引入公式"按钮，弹出"是否覆盖现有公式名称"提示框，选择"是"。

（2）在新弹出的"选择指标"对话框中找到"强势老鸭头"指标公式，双击或者选中后，单击"确定"按钮。

（3）系统自动将图 6-24 中的指标公式名称和公式源代码填入空的条件选股公式编辑器，然后参照图 6-25 修改公式名称、公式类型、参数精灵和公式源代码。

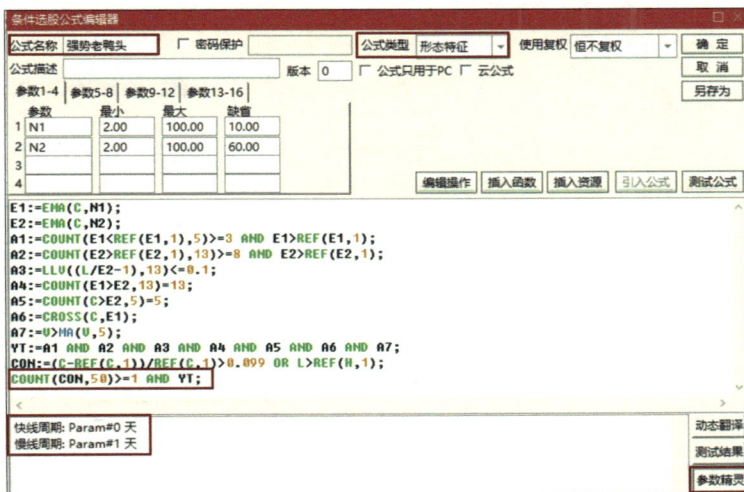

图 6-25 强势老鸭头选股公式的编辑

公式源代码的修改要点是把图 6-24 中的第 11 行至第 22 行的画线语句，改为图 6-25 中的最后一行语句，输出选股条件。选股要求同时满足两个条件：一个是满足老鸭头形态，另一个是要求 50 天内至少出现过一次接近涨停或者向上缺口。

公式编辑完成后，保存公式。

按快捷键 "Ctrl+T"，打开"条件选股"窗口。在条件选股公式中选中"强势老鸭头"，选股周期默认选择"日线"，单击"加入条件"按钮，如图 6-26 所示。

勾选"剔除当前未交易的品种"和"剔除 ST 品种"。

勾选"时间段内满足条件"，在开始日期输入框中输入"2023-01-01"，在结束日期输入框中输入"2023-04-01"，单击"执行选股"按钮。

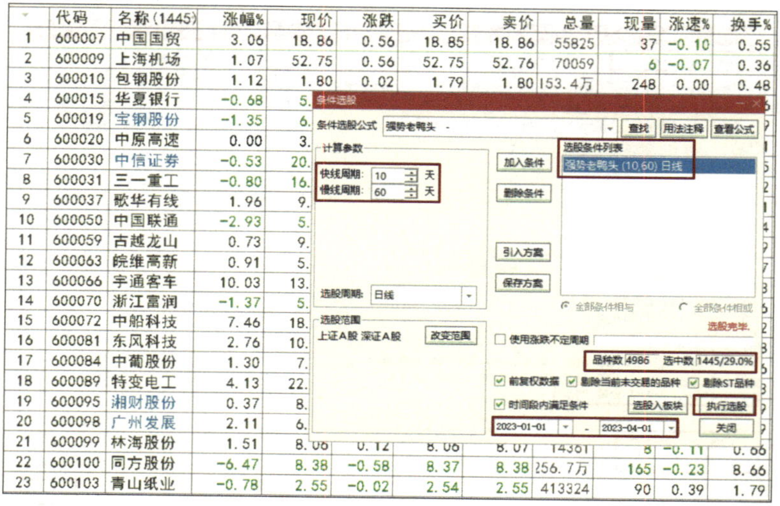

图 6-26　强势老鸭头选股

可以看到，通达信系统从 4 986 只股票中选出了 1 445 只股票，选中率约为 29%。也就是说，在上证 A 股和深证 A 股的近 5 000 只股票中，在 2023 年第一季度约有不到三分之一的股票出现过强势老鸭头形态，该时间段是交易者有利可图的结构性行情。

6.5.4　强势老鸭头案例分析

本节分析几个通过强势老鸭头选股公式选出的个股案例，便于我们在具体实操中仔细分辨。

如图 6-27 所示，个股（688047）于 2023 年 3 月 13 日（周一）出现老鸭头形态，满足条件被选中。图中用方框圈出来的部分是从快线和慢线金叉至老鸭头的位置，共计 36 个交易日。金叉出现后，快线迅速抬头往上，出现两根金色 K 线，第一根（2023 年 1 月 19 日，周四）涨幅为 12.37%，第二根（2023 年 2 月 2 日，周四）涨幅为 12.82%。

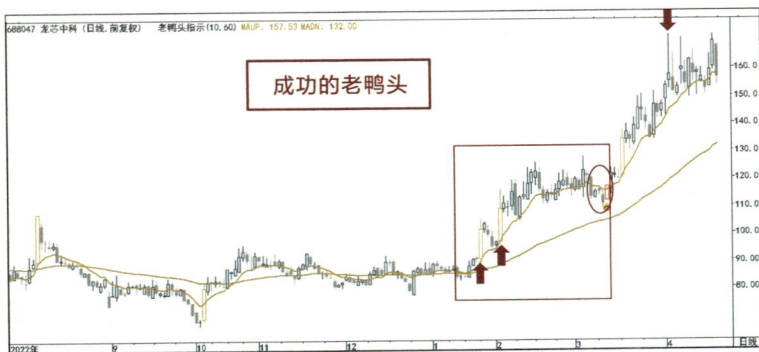

图 6-27　强势老鸭头个股 1

老鸭头的 K 线用红色表示，下方有一个金色上箭头图标。前面第 4 天，价格跌破快线，价格在快线下方运动了 3 天后，在老鸭头的位置收盘站上了快线。

假设以当日收盘价 117.06 元作为进场点，至下箭头处（2023 年 4 月 4 日，周二）以收盘价 157.50 元卖出，那么总共 16 个交易日，收益率约为 35%。

如图 6-28 所示，个股（603767）于 2023 年 2 月 23 日（周四）出现老鸭头形态，满足条件被选中。图中用方框圈出来的部分是从快线和慢线金叉至老鸭头的位置，共计 19 个交易日。金叉出现后，在快线抬头往上的过程中，出现一根向上跳空的金色 K 线。老鸭头形态出现后，个股继续走下降趋势，慢线拐头向下。

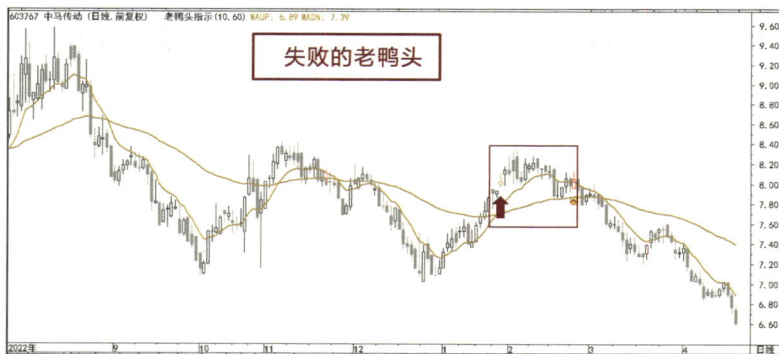

图 6-28　强势老鸭头个股 2

再看个股（603927），如图 6-29 所示。图中有两个老鸭头标记，第一个老鸭头标记位于 2022 年 12 月 1 日（周四），不在图

6-26 中的选股时间范围内。第二个老鸭头标记（2023 年 2 月 15 日，周三）前面没有出现金色 K 线，所以该股不会被图 6-26 的选股条件选中。

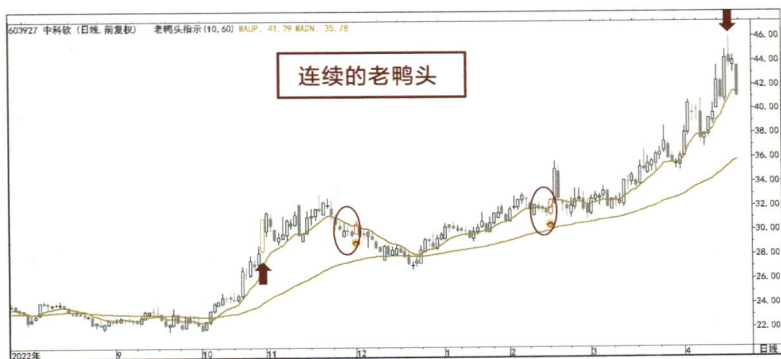

图 6-29　强势老鸭头个股 3

但是该股在短时间内出现了两次老鸭头形态，符合复杂浪的特征，并且慢线处于抬头向上的状态。假设以第二个老鸭头标记的收盘价 32.47 元作为进场点，至下箭头处（2023 年 4 月 19 日，周三）以收盘价 43.79 元卖出，那么总共 44 个交易日，收益率约为 35%。

再看个股（000034），如图 6-30 所示，图中有 6 个老鸭头标记。多个老鸭头的出现，与个股的时间周期有关，很大可能是复杂的 3 浪结构，而不是 5 浪结构。交易者可以采用价格行为 AB=CD 的交易策略应对处理。对于过于复杂的走势，交易者可以放弃。

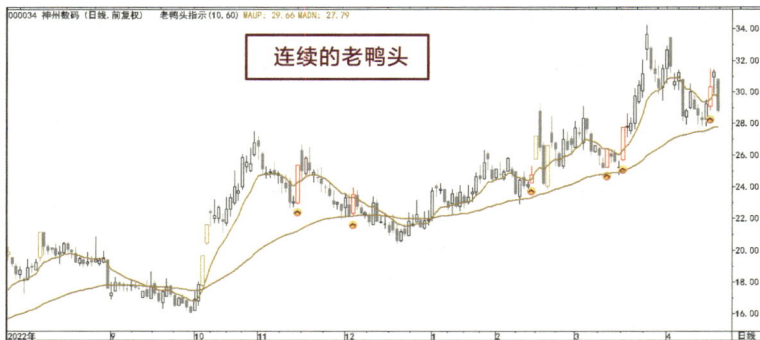

图 6-30　强势老鸭头个股 4

当使用老鸭头选股法进行交易时，最好选择具有"长长的鸭脖子"特征的个股，如图 6-31 所示。"长长的鸭脖子"意味着强势的 AB 段出现老鸭头形态后，有很大概率走出了强势的 CD 段，给交易者带来丰厚的利润。

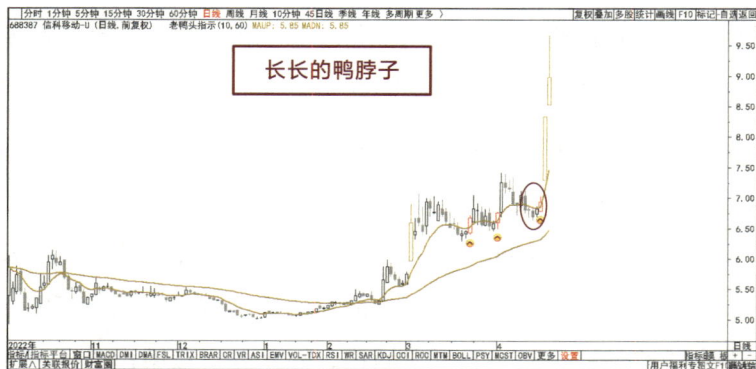

图 6-31　强势老鸭头个股 5

第 7 章

通达信股票排序功能选股

7.1　如何使用通达信系统的排序功能

通达信系统的排序功能非常强大，能够帮助投资者快速、全面地了解市况。市况包括两个概念：

- 所有个股依据特定的排序标准，逐一呈现；
- 及时的盘面异动呈现。

投资者应该熟练掌握常用的排序功能，并形成适合自己交易风格的查看习惯。所谓查看习惯，是指投资者掌握几个自己熟悉的查看要点和标准，并主要利用这几个标准快速判断市场和个股的情况。拥有个性化查看习惯的投资者通常会形成独特的交易优势，既能够及时了解市场变化，又不会被海量的市场信息淹没。

7.1.1　表头按涨幅排序

图 7-1 所示为常见的股票列表页，默认情况为展示 A 股最新的行情报价信息，5 000 多只股票通常按股票代码由小到大进行排序。切换下方的标签栏，可以查看指定板块的股票列表。

表格的所有栏目（除了"代码"左侧的下三角图标）都可以通过单击的方式进行排序。此处仅以"涨幅 %"为例，单击表头的"涨幅 %"，可以快速按照股票当前的涨幅从高到低进行排序。查看当下涨幅最高的股票，如图 7-2 所示，"涨幅 %"的右侧出现了红色下箭头，涨幅最高的股票排在第一位。

#	代码	名称	涨幅%	现价	涨跌	买价	卖价	总量	现量	涨速%	换手%	今开	最高	最低	昨收	总金额
1	000001	平安银行	-1.96	12.50	-0.25	12.50	12.51	918568	12726	0.08	0.47	12.70	12.83	12.48	12.75	11.6亿
2	000002	万 科A	-0.84	15.30	-0.13	15.30	15.31	993354	9868	0.07	1.02	15.49	15.74	15.26	15.43	15.4亿
3	000004	ST国华	-4.26	10.57	-0.47	10.57	10.58	52974	771	0.00	4.45	11.01	11.14	10.50	11.04	5729万
4	000005	ST星源	-0.58	1.71	-0.01	1.71	1.72	34563	508	1.18	0.33	1.72	1.74	1.70	1.73	595.0万
5	000006	深振业A	-2.44	4.79	-0.12	4.78	4.79	208792	2853	-0.20	1.55	4.96	5.02	4.78	4.91	1.02亿
6	000007	全新好	-3.84	6.77	-0.27	6.77	6.78	44739	179	0.00	1.45	7.10	7.10	6.73	7.04	3088万
7	000008	神州高铁	-0.42	2.36	-0.01	2.36	2.37	480306	3811	0.00	1.83	2.37	2.43	2.35	2.37	1.15亿
8	000009	中国宝安	-1.44	10.92	-0.16	10.92	10.93	178386	1714	0.18	0.70	11.07	11.19	10.90	11.08	1.97亿
9	000010	美丽生态	-3.17	2.44	-0.08	2.43	2.44	157938	2502	0.00	3.02	2.49	2.52	2.40	2.52	3879万
10	000011	深物业A	-1.19	9.98	-0.12	9.98	9.99	46146	790	-0.19	0.88	10.12	10.30	9.98	10.10	4671万
11	000012	南 玻A	-0.45	6.71	-0.03	6.71	6.72	274790	2814	-0.29	1.40	6.75	6.90	6.71	6.74	1.87亿
12	000014	沙河股份	0.11	9.22	0.01	9.21	9.22	71346	887	0.00	2.95	9.29	9.77	9.20	9.21	6746万
13	000016	深康佳A	-3.76	4.86	-0.19	4.86	4.87	216057	1428	-0.20	1.35	5.05	5.06	4.84	5.05	1.06亿
14	000017	深中华A	-1.40	4.23	-0.06	4.23	4.24	39254	257	0.24	1.30	4.28	4.34	4.21	4.29	1679万
15	000019	深粮控股	1.57	7.75	0.12	7.74	7.75	110325	2197	0.26	1.45	7.62	7.79	7.61	7.63	8532万
16	000020	深华发A	-3.81	9.60	-0.38	9.60	9.61	19491	214	-0.20	1.08	10.00	10.01	9.58	9.98	1893万
17	000021	深科技	-3.27	20.40	-0.69	20.40	20.41	163.3万	10373	-1.01	10.45	21.05	21.99	20.20	21.09	34.3亿
18	000023	深天地A	-4.11	8.64	-0.37	8.64	8.65	25177	67	0.00	1.81	9.01	9.02	8.61	9.01	2203万
19	000025	特 力A	-1.33	17.04	-0.23	17.03	17.04	35547	303	-0.22	0.91	17.26	17.42	17.03	17.27	6111万
20	000026	飞亚达	-1.22	11.33	-0.14	11.30	11.33	34507	805	0.00	0.95	11.47	11.57	11.25	11.47	3930万
21	000027	深圳能源	-1.72	6.27	-0.11	6.26	6.27	151701	3678	-0.15	0.32	6.38	6.42	6.27	6.38	9617万
22	000028	国药一致	-4.31	54.16	-2.44	54.15	54.16	98790	809	-0.32	2.69	56.31	56.31	53.83	56.60	5.42亿
23	000029	深深房A	-0.89	11.10	-0.10	11.10	11.11	30813	517	-0.17	1.35	11.25	11.52	11.10	11.20	3489万

图 7-1　A 股的股票列表页

#	代码	名称	涨幅%	现价	涨跌	买价	卖价	总量	现量	涨速%	换手%	今开	最高	最低	昨收	总金额
1	688146	N中船	35.80	49.09	12.94	49.09	49.10	438574	3161	-0.42	74.24	55.10	56.21	46.56	36.15	22.1亿
2	872808	曙光数创	22.17	91.70	16.64	91.50	91.70	39254	446	4.20	15.24	74.00	93.50	72.10	75.06	3.23亿
3	301048	金鹰重工	20.02	13.01	2.17	13.01	—	586450	559	0.00	4.39	11.28	13.01	11.11	10.84	7.21亿
4	688569	铁科轨道	20.01	41.26	6.88	41.26	—	166108	152	0.00	12.62	37.00	41.26	34.99	34.38	6.57亿
5	873593	鼎智科技	19.56	53.80	8.80	53.79	53.80	22926	541	1.78	12.76	45.00	53.80	43.83	45.00	1.13亿
6	688282	理工导航	17.16	59.87	8.77	59.86	59.87	54183	789	0.13	15.06	51.35	61.31	51.10	51.10	3.14亿
7	301185	鸥玛软件	13.82	24.55	2.98	24.53	24.55	192756	1698	-0.19	18.16	22.03	25.63	21.95	21.57	4.50亿
8	300533	冰川网络	13.11	64.10	7.43	64.02	64.10	255186	1764	-1.37	23.98	59.13	66.18	56.60	56.67	15.2亿
9	301302	华如科技	12.93	72.50	8.30	72.49	72.50	847072	763	-0.17	32.15	64.80	77.04	64.08	64.20	6.20亿
10	301089	拓新药业	12.78	59.48	6.74	59.47	59.48	91362	640	0.00	11.81	52.75	62.00	52.75	52.74	5.30亿
11	301211	亨迪药业	11.02	28.71	2.85	28.70	28.71	200392	1999	0.33	14.42	25.94	29.95	25.58	25.86	5.65亿
12	688506	百利天恒-U	10.98	97.05	9.60	97.05	97.60	32429	204	-0.55	9.81	87.75	103.88	86.10	87.45	3.12亿
13	600105	永鼎股份	10.06	6.62	0.62	6.78	—	240.7万	4017	0.00	17.43	6.15	6.78	6.10	6.16	16.1亿
14	603158	莎普爱思	10.03	8.67	0.79	8.67	—	248749	458	0.00	7.71	7.87	8.67	7.80	7.88	2.10亿
15	600072	中船科技	10.02	16.25	1.48	16.25	—	884274	3308	0.00	12.01	14.80	16.25	14.77	14.77	14.1亿
16	600784	鲁银投资	10.02	6.70	0.61	6.70	—	235079	1386	0.00	4.14	6.51	6.70	6.42	6.09	1.56亿
17	600419	天润乳业	10.00	19.14	1.74	19.14	—	192033	203	0.00	13.31	18.76	19.14	18.21	17.40	3.65亿
18	600260	华润双鹤	10.00	20.02	1.82	20.02	—	877305	3854	0.00	8.56	18.21	20.02	18.21	18.20	17.4亿
19	600785	新华百货	9.99	17.06	1.55	17.06	—	70185	62	0.00	3.11	17.02	17.06	16.51	15.51	1.20亿
20	601512	中新集团	9.96	10.27	0.93	10.27	—	182544	3387	0.00	1.12	9.66	10.27	9.66	9.34	1.86亿
21	601949	中国出版	9.95	8.51	0.77	8.51	—	510692	2751	0.00	2.30	7.77	8.61	7.77	7.74	4.25亿
22	300964	本川智能	9.81	56.88	5.08	56.88	56.90	145920	1567	-0.55	49.03	50.32	60.22	49.50	51.80	8.23亿
23	300600	国瑞科技	9.48	10.62	0.92	10.62	10.63	382013	4521	-0.08	15.61	9.61	10.98	9.57	9.70	3.99亿

图 7-2　按涨幅排序的股票列表页

若再次单击"涨幅 %"，可快速按照股票当前的涨幅从低到高进行排序。"涨幅 %"右侧的红色下箭头变为红色上箭头，涨幅最低也就是跌幅最高的股票排在第一位。

很多有经验的投资者在收盘后，通常会花费 10 分钟左右的时间，利用股票列表页的排序功能，快速浏览当天涨幅前 50 名、跌幅前 20 名，以及换手率前 50 名的个股。

笔者建议投资者每天这样做，坚持 3 个月到半年。

7.1.2　用快捷键查看盘面异动

盘面异动对于短线交易非常重要，一般使用快捷键查看。

按快捷键"61"，通达信键盘精灵提示查看"上证 A 股涨幅排名"，按回车键"Enter"，快速进入对 2 000 多只上证 A 股按涨幅排序的股票列表页。下方的标签栏从"A 股"变为"分类"，如图 7-3 所示。

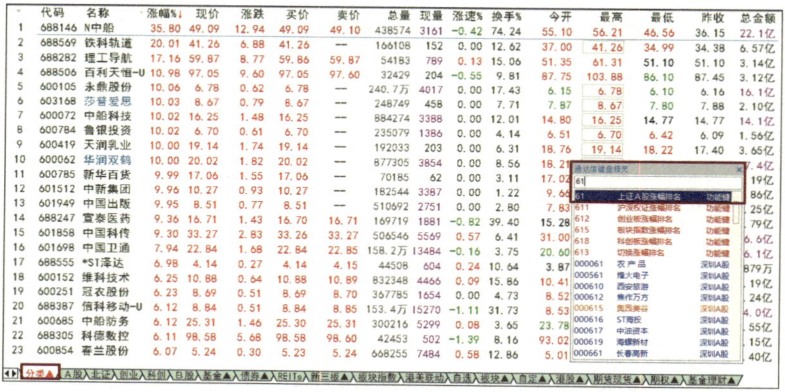

图 7-3　快速查看上证 A 股按涨幅排序的股票列表页

按快捷键"63"，通达信键盘精灵提示查看"深证 A 股涨幅排名"，按回车键"Enter"，快速进入对 2 000 多只深证 A 股按涨幅排序的股票列表页。在下方的标签栏选中"分类"。

按快捷键"81"，通达信键盘精灵提示查看"上证 A 股综合排名"，按回车键"Enter"，打开"综合排名—上证 A 股"窗口，快速查看上证 A 股九大排名，如图 7-4 所示。综合排名窗口由九宫格组成，分别显示今日涨幅排名、今日跌幅排名、今日量比排名、5 分钟涨速排名、5 分钟跌速排名、今日振幅排名、今日委比前排名、今日委比后排名和今日总金额排名。

综合排名

综合排名 - 上证 A 股

今日涨幅排名			5分钟涨速排名			今日委比前排名		
N中船	49.09	35.80%	祥生医疗	53.38	2.63%	石头科技	313.00	93.64
铁科轨道	41.26	20.01%	嘉澳环保	32.80	2.15%	中微公司	184.00	93.46
理工导航	59.87	17.16%	大元泵业	29.67	2.03%	恒盛能源	13.92	92.31
百利天恒-U	97.05	10.98%	恒通股份	19.88	1.69%	合盛硅业	78.90	92.28
永鼎股份	6.78	10.06%	茂莱光学	261.62	1.67%	野马电池	20.87	91.60
莎普爱思	8.67	10.03%	美克家居	2.67	1.52%	福耀玻璃	33.65	91.03
今日跌幅排名			5分钟跌速排名			今日委比后排名		
瑞联新材	46.45	-14.61%	佰维存储	94.01	-3.11%	金冠电气	17.20	-99.46
富信科技	40.00	-14.60%	金冠电气	17.20	-2.11%	厦钨新能	68.62	-94.53
杰华特	48.00	-13.64%	上海电影	31.95	-1.93%	华秦科技	287.88	-93.87
C颀中	15.06	-13.55%	毕得医药	140.50	-1.89%	太极集团	42.49	-93.28
凌云光	33.81	-13.53%	科德数控	98.58	-1.40%	*ST辅仁	0.89	-92.40
博汇科技	41.51	-13.10%	天微电子	37.47	-1.39%	慧辰股份	28.79	-91.30
今日量比排名			今日振幅排名			今日总金额排名		
鲁银投资	6.70	9.66	N中船	49.09	26.69%	中科曙光	53.54	95.7亿
中新集团	10.27	9.57	百利天恒-U	97.05	20.33%	三六零	15.98	75.6亿
冠农股份	8.69	8.22	理工导航	59.87	19.98%	中芯国际	62.80	64.4亿
春兰股份	5.24	7.63	铁科轨道	41.26	18.24%	寒武纪-U	248.00	48.0亿
康尼机电	4.85	7.20	佰维存储	94.01	17.74%	工业富联	18.79	47.3亿
中国重工	4.20	6.99	蓝光发展	0.73	16.88%	剑桥科技	57.90	40.9亿

图 7-4　快速查看上证 A 股九大排名

按快捷键“83”，再按回车键“Enter”，可以打开“综合排名—深证 A 股”窗口，查看深证 A 股的排名情况。

7.1.3　自定义表头排序

股票列表页与 Excel 软件一样，都是依据表头栏目进行排序的。通达信系统的表头栏目提供了自定义功能，投资者可以根据自己的查看习惯进行自定义。

（1）单个栏目自定义设置

在图 7-1 所示的表头任意一列右击，弹出设置表头栏目的菜单，如图 7-5 所示，投资者可以对表头栏目进行自定义设置。

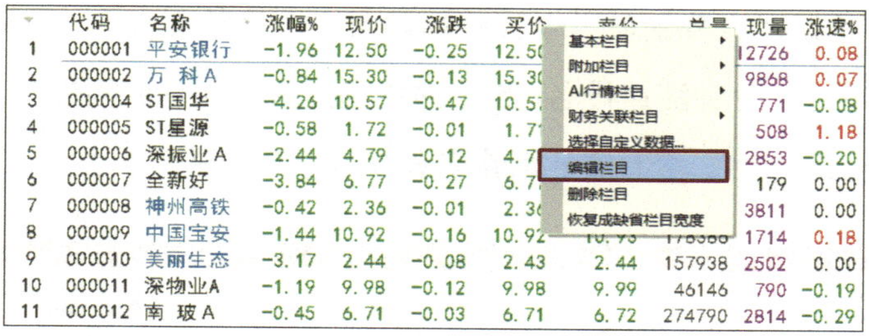

图 7-5 设置表头栏目的菜单

"基本栏目""附加栏目""AI 行情栏目"和"财务关联栏目"是栏目的具体分类，后面有小三角图标。将鼠标停放在这几个菜单上，系统会自动打开其包含的具体栏目。选中某个具体栏目，可将其加在表头右侧的位置。有的股票软件还包含其他栏目分类，如图 7-6 所示的资金驱动力栏目。

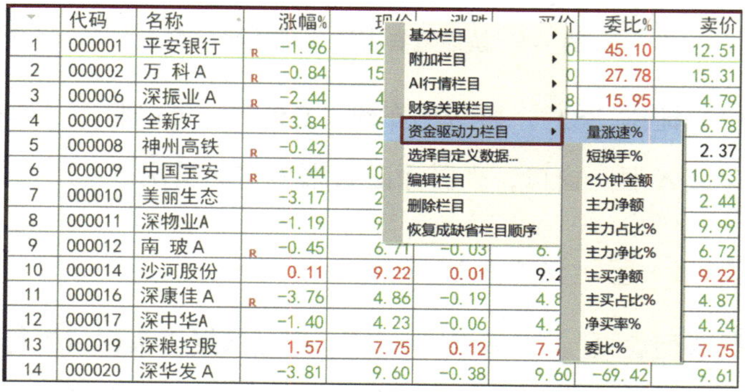

图 7-6 资金驱动力栏目

"选择自定义数据"属于系统扩展功能，单击它可以打开"选择自定义"窗口。该窗口的功能与单击"公式"—"自定义数据管理器"菜单后弹出的"自定义数据管理"窗口类似。

（2）多个栏目批量自定义

单击图 7-5 中的"编辑栏目"菜单，系统弹出"编辑栏目"窗口，如图 7-7 所示。只要修改了栏目顺序，右上角就会出现"恢复初始"和"保存方案"按钮。设置栏目顺序后，需单击"保存方案"按钮。如果对设置不满意，可单击"恢复初始"按钮，回到刚打开"编辑栏目"窗口时的初始状态。

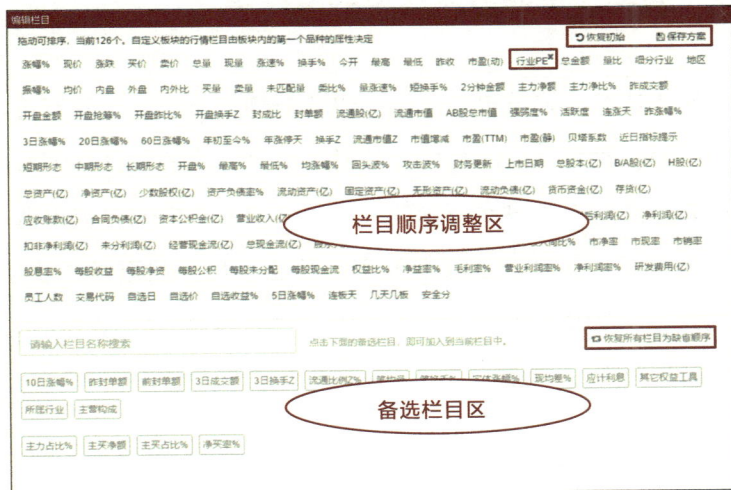

图 7-7 "编辑栏目"窗口

在"编辑栏目"窗口中，以"请输入栏目名称搜索"输入框为区隔，上面是栏目顺序调整区，下面是备选栏目区。

将鼠标放在栏目顺序调整区的任意栏目上，栏目的右上角出现"×"，如图 7-7 所示的"行业 PE×"。单击"×"，可将栏目放回到备选栏目区。

在栏目顺序调整区任意拖动栏目，可在区域内任意调整它的位置。

单击"恢复所有栏目为缺省顺序"，可将栏目顺序恢复至安装软件时的状态。

在备选栏目区，单击任意栏目，将其加入栏目顺序调整区，并放在末尾。

7.2 对特定选股方案结果的再排序

使用选股公式选出的股票会以股票列表页呈现。我们可以通过"编辑栏目"自定义特定的栏目顺序，能够更好地查看筛选结果，提高人工再次筛选的效率。例如，我们想要选出低市盈率的个股，同时将个股市盈率与行业平均市盈率进行比较。那么针对该选股方案，我们要先做"编辑栏目"，然后利用选股公式进行选股。

7.2.1 选股方案的自定义栏目

市盈率（Price Earning Ratio，PE）是用来衡量股票投资价值的指标之一。它包括静态市盈率、动态市盈率和滚动市盈率，其中动态市盈率是常见的基本面选股方式。在股票列表页的表头栏目中，动态市盈率属于基本栏目，显示为"市盈（动）"；在个股详情页中，动态市盈率显示为"PE（动）"。

使用通达信系统公式"低动态市盈率选股"进行选股之前，先打开图 7-8 所示的"编辑栏目"窗口，将"市盈（动）"和

"行业 PE"的顺序排得靠前一些，便于选股后查看。例如，分别拖动"市盈（动）"和"行业 PE"，将其放在"换手 %"与"今开"之间，然后单击"保存方案"按钮。

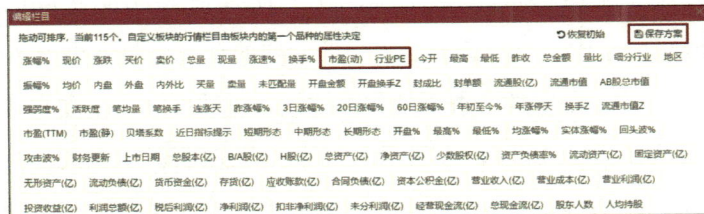

图 7-8　调整市盈率栏目的顺序

7.2.2　执行选股后查看结果

按快捷键"Ctrl+T"，打开"条件选股"窗口。在条件选股公式中选中"A001 低动态市盈率选股"，使用默认参数"动态市盈率 < 20"，选股周期默认选择"日线"，单击"加入条件"按钮，如图 7-9 所示。

图 7-9　市盈率选股

勾选"剔除当前未交易的品种"和"剔除 ST 品种"，单击
"执行选股"按钮。

可以看到，通达信系统从 4 980 只股票中选出了 935 只股票，
选中率约为 18.8%。也就是说，在上证 A 股和深证 A 股的近
5 000 只股票中，有将近五分之一的股票的动态市盈率小于 20。

单击图 7-9 中的"查看公式"按钮，查看低动态市盈率选股
公式的源代码，如图 7-10 所示。对照"动态翻译"，选股条件为
选出动态市盈率大于 0 且小于等于 20 的股票。设置动态市盈率
大于 0 的条件，排除了亏损的股票，因此该选股公式也有排雷
的作用。

图 7-10 低动态市盈率选股公式源代码

如图 7-9 所示，"市盈（动）"和"行业 PE"两列位于"换
手 %"与"今开"之间。由于可以同时看到个股的动态市盈率
和行业 PE，因此关闭"条件选股"和"条件选股公式编辑器"
窗口之后，结合行业 PE 筛选个股会比较直观。单击表头的"市
盈（动）"，可以按照动态市盈率从高到低，或者从低到高对选
股结果进行排序。

7.3　当"编辑栏目"中没有特定栏目时怎么办

通达信系统自带的栏目是有限的，有时不能满足特定选股方案的查看需求。面对这样的情形，只要我们编写简单的指标公式，就能够解决问题。

例如，选股方案的核心标准是连续三年净利润增长，我们希望在股票列表页显示个股三年净利润增长率的具体数据。系统的"编辑栏目"不能实现这样的需求，需要编写一个指标公式，把个股三年净利润增长率的数据呈现在股票列表页上。

7.3.1　净利润率指标排序公式与选股公式

筛选净利润增长率连续处于优质水平的个股，需要编写专门的指标排序公式和选股公式。该选股条件在威廉·欧奈尔（William J. O'Neil）所著的《笑傲股市》（*How to Make Money in Stocks*）一书中曾被提及，它是 CANSLIM 法则中的"A"（年度收益增长率，寻找高收益大牛股）。本节以 2020 年、2021 年和 2022 年为例，查看上市公司在这三年财报中披露的净利润增长率，以及筛选出的三年净利润增长率均在 30% 以上的个股。

（1）编写指标排序公式

在指标公式编辑器中，填写公式名称"净利润率"，填写公式描述"显示 2020—2022 年三年净利润增长率"，如图 7-11 所示。由于该公式被用于列表排序，因此画线方法使用默认选项。编写三行公式语句后，保存公式。

图 7-11　净利润率指标排序公式

公式源代码仅三行，分别定义数据名称：净利率 20、净利率 21 和净利率 22。

使用 FINONE 函数从 2020 年、2021 年和 2022 年财报中分别提取 184 号数据，即净利润增长率（%），提取的数值是百分数（去掉百分号）。假如某股票 2022 年财报的净利润增长率为 35.3%，那么数据名称"净利率 22"对应的数值为 35.3。

（2）编写选股公式

①在条件选股公式编辑器中单击"引入公式"按钮，弹出"是否覆盖现有公式名称"提示框，选择"是"。

②在新弹出的"选择指标"对话框中找到"净利润率"指标公式，双击或者选中后，单击"确定"按钮。

③系统会自动将图 7-11 中的指标公式名称和公式源代码填入空的条件选股公式编辑器，然后参照图 7-12 修改公式源代码。

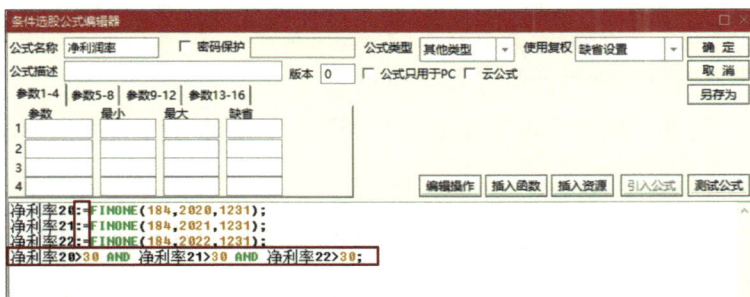

图 7-12　编写净利润率选股公式

公式源代码的修改要点是，首先分别把三个语句的输出符从“：”改为“：=”，然后增加选股条件语句：

净利率 20>30　AND 净利率 21>30　AND 净利率 22>30；

④公式编写完成后，保存公式。

按快捷键“Ctrl+T”，打开“条件选股”窗口。在条件选

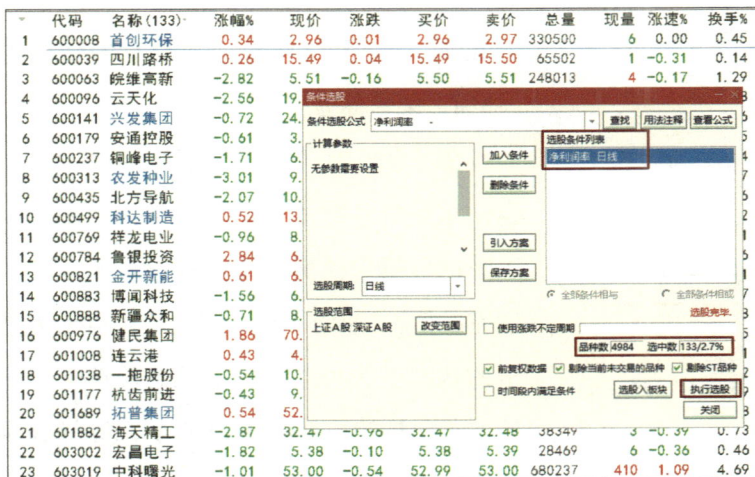

图 7-13　净利润率选股

股公式中选中"净利润率"，选股周期默认选择"日线"，单击"加入条件"按钮，如图 7-13 所示。

勾选"剔除当前未交易的品种"和"剔除 ST 品种"，单击"执行选股"按钮。

可以看到，通达信系统从 4 984 只股票中选出了 133 只股票，选中率约为 2.7%。也就是说，在上证 A 股和深证 A 股的近 5 000 只股票中，有 133 只股票连续三年的净利润增长率在 30% 以上。

由于不同企业财报公布的时间不一样，在财报密集公布的月份，为了保证本地的数据是最新的，需要及时下载财务数据包。

下载财务数据包的步骤为，在菜单栏选择"公式"右侧的"选项"—"专业财务数据"，如图 7-14 所示（也有的软件将"选项"菜单称为"设置"）。

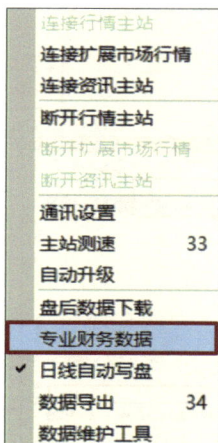

在"专业财务数据"下载窗口，系统自动识别哪些数据包需要下载，并在需要下载的数据包前面打钩。等待系统自动识别完成后，"开始下载"按钮从灰色无法单击的状态变为可以单击的状态。单击"开始下载"按钮，如图 7-15 所示，等待数据下载完成后关闭窗口。

连接行情主站	
连接扩展市场行情	
连接资讯主站	
断开行情主站	
断开扩展市场行情	
断开资讯主站	
通讯设置	
主站测速	33
自动升级	
盘后数据下载	
专业财务数据	
✓ 日线自动写盘	
数据导出	34
数据维护工具	

图 7-14 专业财务
数据菜单

图 7-15　专业财务数据窗口

7.3.2　查看选股结果列表

在图 7-13 所示的股票列表页，虽然关闭"条件选股"窗口后可以直接查看选股结果，但在"编辑栏目"窗口中找不到2020 年、2021 年和 2022 年的净利润增长率栏目。为了直观地展示股票三年的净利润增长率数据，可以使用指标排序功能。

在菜单栏选择"功能"—"报表分析"—"历史行情·指标排序"选项，如图 7-16 所示，或者按快捷键".401"，进

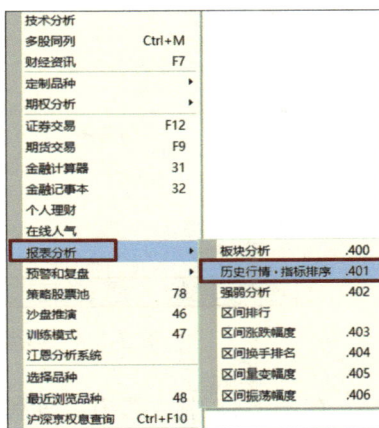

图 7-16　指标排序菜单

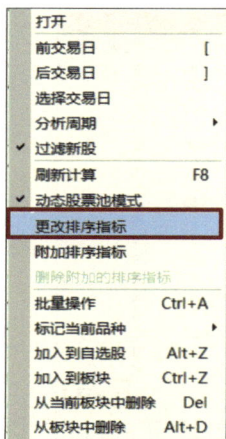

图 7-17 更改排序
指标菜单

入可以自定义排序指标的股票列表页。

在"历史行情·指标排序"界面股票列表的任意位置右击，弹出图 7-17 所示的快捷菜单。

单击"更改排序指标"菜单，弹出图 7-18 所示的"选择排序指标"窗口。在输入框"使用数据个数（0 表示不限制）"中可以输入任意排序的股票数量，图中的数值 6 000 仅作为示例，实际使用时，可将数值设置得小一些。

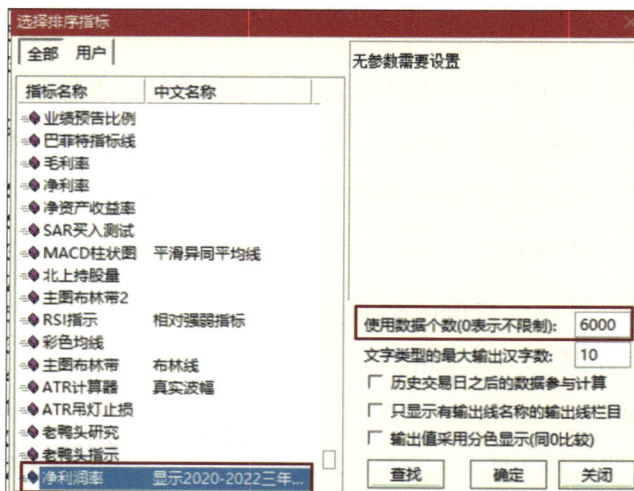

图 7-18 "选择排序指标"窗口

在图 7-18 中，选中"净利润率"指标公式，单击"确定"按钮，回到"历史行情·指标排序"界面，如图 7-19 所示。

图 7-19 中的前几个栏目（代码、名称、涨幅%、收盘和总金额）是系统默认的。

后面的栏目与图 7-18 设置的指标公式有关。例如，图 7-11 中的指标公式有三个语句，每个语句的输出符均为"："，表示净利率 20、净利率 21 和净利率 22 要作为指标值进行输出。图 7-19 按照语句顺序，分别列出了净利率 20、净利率 21 和净利率 22 的数据。

观察图 7-19，"净利率 22"后面有个红色下箭头，代表从高到低进行排序，排在第一位的是在 2022 年年报中净利润增长率最高的股票（688091）。我们可以单击"净利率 20"或者"净利率 21"进行自由排序，从中挑选心仪的股票。

	代码	名称	涨幅%	收盘	总金额	净利率20	净利率21	净利率22↓
1	688091	上海谊众	0.00	86.30	8672万	93.070	81.700	3674.010
2	002192	融捷股份	0.87	74.46	3.08亿	106.450	224.490	3472.94
3	002466	天齐锂业	-3.99	76.03	19.9亿	69.350	213.370	1060.47
4	300390	天华新能	0.36	50.59	2.39亿	362.470	218.460	623.160
5	002240	盛新锂能	-0.62	33.59	2.17亿	145.870	3030.29	541.320
6	600313	农发种业	-3.01	9.01	1.24亿	49.000	34.020	533.610
7	688521	芯原股份	-3.89	87.16	7.46亿	37.900	151.990	455.310
8	688072	拓荆科技	-1.22	404.00	7.55亿	40.680	696.100	438.090
9	000663	永安林业	-0.11	9.01	1755万	115.420	50.140	390.620
10	688556	高测股份	-1.54	65.21	8804万	83.830	193.380	356.660
11	600499	科达制造	0.45	13.42	6971万	138.390	284.600	322.860
12	002460	赣锋锂业	1.72	67.91	8.75亿	186.160	410.260	292.160
13	300363	博腾股份	0.19	36.91	1.68亿	74.840	61.490	282.780
14	000792	盐湖股份	1.00	21.21	2.02亿	104.450	119.580	247.550
15	688303	大全能源	-1.38	50.05	3.46亿	322.340	448.560	234.060
16	002821	凯莱英	-0.28	138.62	3.19亿	30.370	48.320	208.770
17	002932	明德生物	-0.38	57.17	1.15亿	1029.24	201.370	197.790
18	002006	精工科技	0.29	20.75	7645万	123.420	280.490	171.990
19	300343	联创股份	0.62	9.66	1.05亿	94.070	429.270	168.920
20	605117	德业股份	-2.21	252.50	2.60亿	47.260	51.280	162.280
21	688037	芯源微	0.07	290.81	3.34亿	66.790	58.410	158.770
22	002709	天赐材料	-2.08	41.44	3.82亿	3165.21	314.420	158.770

图 7-19　按净利润率指标进行排序

7.4 如何使用通达信系统的智能选股功能

随着人工智能在软件应用方面的普及，各种股票软件均提供了智能对话小机器人，例如，通达信软件的“问小达”，同花顺软件的“问财”，招商证券的“智能选股”，等等。采用与智能小机器人对话的方式进行选股，与自己编写选股公式在本质上是相通的，都是“自然语言转换”的过程。选股需求描述得越精确，选出的结果越符合使用者的主观愿望。由于 AI 小机器人的训练在持续进行，因此投资者查看的结果可能与书里的结果不同。

以前一节的选股需求为例，我们在通达信软件的菜单栏单击“问达”，进入对话窗口。在输入框中输入“连续 3 年净利润增长率大于 30”，那么可以得出图 7-20 所示的结果。

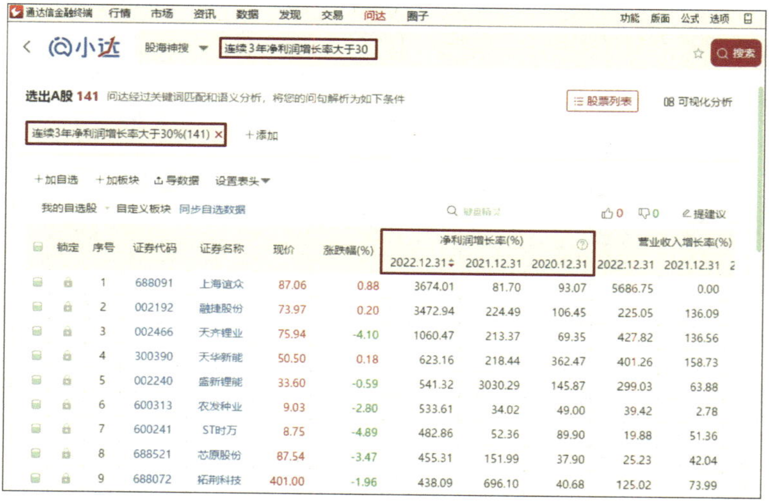

锁定	序号	证券代码	证券名称	现价	涨跌幅(%)	净利润增长率(%) 2022.12.31	2021.12.31	2020.12.31	营业收入增长率(%) 2022.12.31	2021.12.31
	1	688091	上海谊众	87.06	0.88	3674.01	81.70	93.07	5686.75	0.00
	2	002192	融捷股份	73.97	0.20	3472.94	224.49	106.45	225.05	136.09
	3	002466	天齐锂业	75.94	-4.10	1060.47	213.37	69.35	427.82	136.56
	4	300390	天华新能	50.50	0.18	623.16	218.44	362.47	401.26	158.73
	5	002240	盛新锂能	33.60	-0.59	541.32	3030.29	145.87	299.03	63.88
	6	600313	农发种业	9.03	-2.80	533.61	34.02	49.00	39.42	2.78
	7	600241	ST时万	8.75	-4.89	482.86	52.36	89.90	19.88	51.36
	8	688521	芯原股份	87.54	-3.47	455.31	151.99	37.90	25.23	42.04
	9	688072	拓荆科技	401.00	-1.96	438.09	696.10	40.68	125.02	73.99

图 7-20　问小达结果 1

小机器人将"连续 3 年"判断为"连续 3 年"，将"净利润增长率"判断为"净利润增长率"，将"大于 30"判断为"大于 30%"，所以匹配的检索条件为"连续 3 年净利润增长率大于 30%"，并给出以"净利润增长率"为关键栏目的选股结果。

对比图 7-20 机器人选股与图 7-19 公式选股的结果，可以看出，图 7-20 默认按照 2022 年年报的净利润增长率进行排序。两张图中的前 6 个选股结果是完全一样的。但第 7 个是 ST 的股票，我们在用公式进行选股时，勾选了"剔除 ST 品种"，因此该股不会被选出。

在"问财"输入框中输入"连续 3 年净利润增长率大于 30"，得到的结果如图 7-21 所示。匹配的检索条件为图中的"连续 3 年的归属母公司股东的净利润（同比增长率）>30%"。软件默认对 2020 年年报的数据从高到低进行排序。

图 7-21　问财结果 1

在"问小达"输入框中输入"老鸭头买入"，得到的结果如图 7-22 所示。

图 7-22　问小达结果 2

在"问财"输入框中输入"老鸭头买入"，得到的结果如图 7-23 所示。

图 7-23　问财结果 2

对比图 7-22 和图 7-23，"问小达"和"问财"小机器人分别给出了两只不同的股票。

总的来说，小机器人将输入的"自然语言"转换成了"使用者的主观愿望"。随着科技的进步，以及使用者对小机器人的不断训练，小机器人将会变得越来越实用。目前的关键点还是匹配选股条件，也就是核心的公式算法。对于主观性更强的指标公式，因其技术特征不同、参数不同，所以选出的股票自然也不同。

　　智能选股的优点是简单，不用编写公式，能够实现快速和粗略的选股需求。投资者在使用的时候要注意对选股结果的甄别，最好使用自己熟悉的方法进行人工筛选。

第 8 章

综合运用各种选股公式
找到强势股

8.1 发现强势股是一个过程

相较于普通股票，强势股可以为投资者带来更多收益。由于成为强势股的理由各不相同，发现强势股的过程也各有千秋。技术派的投资者信奉价格包含市场上的所有信息，愿意把时间花在研究价格特征方面；基本面的投资者寻找价值投资的优质标的。除非投资者做的是超短线交易，否则通常在找到投资标的之后，不应立刻就冲进去，最好经过综合研判后找到合适的进场点，再执行交易计划。

真实的选股过程分为两种情况。

- 第一，投资者不参考各种类型的即时性信息，只依靠特定的选股方案进行个性化选股。

- 第二，投资者知晓并认可当下或即将出现的市场热点，采用特定的选股方案在热点板块或热门股中选股。

喜欢提前潜伏的股民通常是第一种情况，第二种情况适合经验丰富的短线投资者及趋势交易者。

无论上述哪一种情况，公式选股的结果必然以股票列表页的形式呈现，投资者需要逐一查看，进行人工筛选。人工筛选也有方法和技巧，与个人的交易风格有关。例如，有的股民爱做 10.00 元以下的低价股，有的股民爱做 30.00 元上下的中价股……人工筛选可以用价格排序功能直接排除价格不合适的个股。

更重要的是，很多有经验的投资者在人工筛选环节，会使用个性指标查看个股详情页。这样做既能筛选股票，又能对个股走势有更直观的判断。

8.2　强势基本面选股示例

基本面选股属于依靠特定选股方案的个性化选股。本节案例是强势基本面选股，选股方案的交易逻辑如下。

市场通常把业绩好的个股称为白马股，把净利润率稳定或快速增加的个股称为成长股。如果个股同时具备白马股和成长股的特点，既是白马股中的成长股，又是成长股中的白马股，那么大概率会是机构青睐的强势股。

制定强势基本面选股方案的目的就是找出这样的个股，方案的选股指标是净利润增长率。由于不同行业有明显的季节性因素，因此应选用年净利润增长率数据。

另外，该选股方案还有一个关键点，只在每年的 4 月末使用。原因有三个。

- 第一，只有在上一年度的年报都出来后，该选股方案才能使用。
- 第二，机构通常会根据年报筛选当年的重点股。该选股方案与机构年度选股大致同步。
- 第三，4 月末，个股的一季报通常也出来了。通过一季报，大致能够判断当年的业绩趋势，从而提高选股的稳定性。

现在，我们具体讨论该选股方案。

投资者可以仅通过基本面公式进行选股，例如，筛选连续 3 年（2019—2021 年）净利润增长率在 50% 以上的股票，排除上市时间在一年以内的新股，这样可以选出 75 只股票，部分结果如图 8-1 所示。

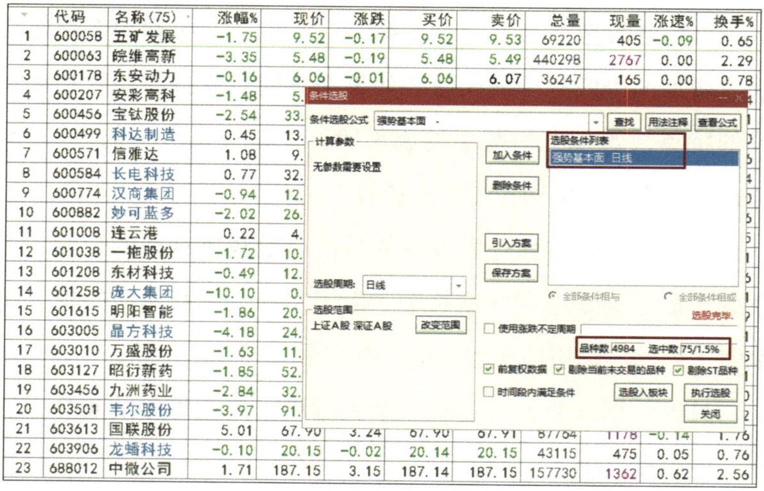

图 8-1　强势基本面选股示例

编写选股公式"强势基本面"，如图 8-2 所示。

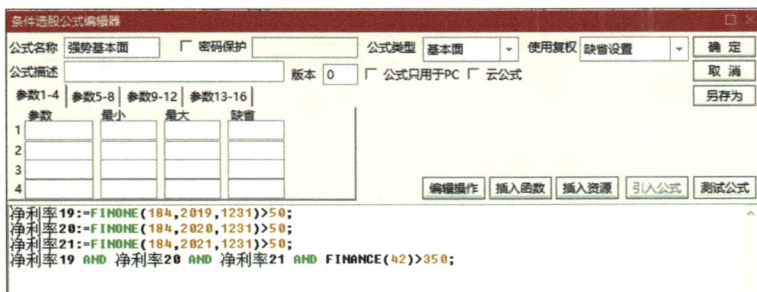

图 8-2　强势基本面选股公式

通常，年报在每年 4 月公布。若以 2022 年 4 月的最低价为基准线，上涨幅度以 2022 年年底之前的最高价计算，这 75 只股票的表现统计结果如表 8-1 所示。

表 8-1　股票表现统计

2022 年年底前的最高幅度	股票数量（只）	占比（%）
100% 以上	26	34.67
50% ～ 100%	30	40.00
50% 以下	19	25.33
小计	75	100

从表 8-1 可以看出，有近四分之三的股票年内都能实现 50% 的涨幅，其中涨幅靠前的股票如表 8-2 所示。排名第一的个股在年报公布后的 6 个月内涨了五倍多，排名第二的个股 4 个月内涨了两倍多，排名第三的个股 3 个月内涨了两倍多。另外，7 月、8 月和 11 月出现最高价的次数相对较多。

表 8-2　表现优秀的股票

序号	代码	名称	2022 年 4 月最低价（元）	2022 年年底前最高价（元）	最高价月（4 月不计）	涨幅（%）
1	688248	南网科技	12.46	76.04	10 月	510.27
2	002876	三利谱	23.50	74.80	8 月	218.30
3	688778	厦钨新能	55.73	168	7 月	201.45
4	301155	海力风电	48.60	122.60	7 月	152.26
5	688776	国光电气	111.03	264.91	9 月	138.59
6	603613	国联股份	56.66	131.75	11 月	132.53
7	000045	深纺织 A	6.07	13.99	8 月	130.48
8	300269	联建光电	2.36	5.43	12 月	130.08
9	300354	东华测试	19.45	44.22	11 月	127.35
10	688046	药康生物	15.85	35.87	8 月	126.31

　　以表中的个股（000045）为例，如图 8-3 所示，该股在第一个下箭头处（2022 年 4 月 28 日，周四）创出当月的最低价 6.07元，该日布林带下轨的价格是 6.17 元，收盘价是 6.20 元。尽管当日创出最低价，但收盘价站上了布林带下轨。考虑到前一日

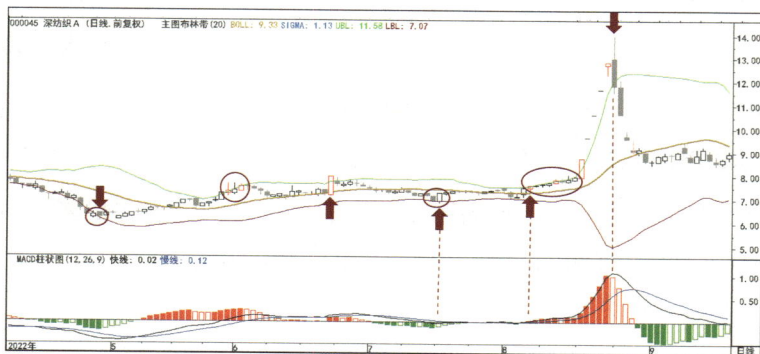

图 8-3　个股交易策略分析 1

的开盘价 6.20 元、收盘价 6.33 元均在布林带下轨 6.34 元的下方，所以股价能够在布林带下轨止跌，后面可以进入观察期。

该股随后从布林带下轨穿过布林带中轨，运动到布林带上轨，出现了两根收盘价站上布林带上轨的阳线，当时的 MACD 快线正好从下方穿越 0 轴。这时的走势有两种可能：一种是立刻强势上冲，考虑到该股刚成功探底，所以这种走势的可能性不大；另一种是横盘整理后再出现上升趋势。

该股后面持续了两个月的横盘整理，期间在第一个上箭头处（2022 年 6 月 23 日，周四）出现了一根涨停大阳线。它是一根强势信号线，在底部区间吸筹时，只有买方力量足够强，才能出现涨停大阳线。

后续可以考虑的进场点有两处。

第一处进场点在第二个上箭头处（2022 年 7 月 18 日，周一）。该股前一日是一根饱满的阴线，正常的走势是后面可能会继续下跌。但最低价 6.93 元和收盘价 6.93 元刚好与布林带下轨 6.93 元相同。如果布林带下轨存在支撑作用，次日大概率可以收回到布林带下轨的上方。

第二个上箭头处创出新低 6.85 元后，一路上涨，收盘价为 7.27 元，也是当日最高价。该日布林带中轨价格是 7.40 元，布林带下轨价格是 6.94 元，相比布林带下轨，收盘价更接近布林带中轨价格。这是一根涨幅 4.91% 的中阳线，与前一日的阴线构成了看涨吞没形态，属于强势的趋势反转形态，收盘之前是可以考虑进场的，止损位就设置在当日最低价下方。

第二处进场点在第三个上箭头处（2022 年 8 月 5 日，周五）。观察布林带上轨和布林带下轨之间的距离和 SIGMA 数值，还有 MACD 柱线贴着 0 轴且长度很短，可以得出该股的价格已经极其收敛的结论。后续就是选方向了，不是往上走，就是往下走。第三个上箭头处的阳线收盘价站上布林带上轨就是往上走的信号。

向上信号出现后，该股又贴着布林带上轨运动了 7 天。这几天的振幅都很小，但几乎每天都在创新高。最后再次以涨停大阳线宣告发动，连续 4 天出现涨停缺口，价格远离布林带上轨。这种强趋势通常是难以持续的，价格一旦回到布林带上轨，最好赶紧离场，落袋为安。

假如投资者在第三个上箭头处的收盘价 7.60 元进场，在第二个下箭头处的收盘价 11.80 元离场，那么总共 13 个交易日，收益率约为 55%。

再看个股（002876），如图 8-4 所示。该股在第一个下箭头

图 8-4　个股交易策略分析 2

处（2022 年 4 月 27 日，周三）创出了当月的最低价 23.50 元，该日布林带下轨的价格是 24.69 元，收盘价是 25.88 元。尽管当日创出了最低价，但收盘价站上了布林带下轨。考虑到前一日的收盘价 24.30 元在布林带下轨 25.03 元的下方，两根 K 线组合成看涨吞没形态，在布林带下轨止跌，后面可以进入观察期。

该股经过一个月横盘整理后便开始向上发动，在第一个上箭头处（2022 年 6 月 7 日至 6 月 15 日）出现了三根涨停大阳线和一个向上缺口。这是比图 8-3 中第一个上箭头处的涨停大阳线更加强势的信号线。

后续再次进入横盘整理，并且构成了疑似双重底的形态。该股在横盘整理的过程中又分别在第二个上箭头处和第三个上箭头处出现了涨停大阳线，说明价格强烈拒绝下跌。

可以考虑的进场点位于第四个上箭头处（2022 年 7 月 27 日，周三）。价格在突破双重底之后在颈线附近做盘整，前一日又以跌幅 4.23% 的大阴线跌破颈线和布林带中轨。正常的走势是后面可能会继续下跌。但第四个上箭头处收出一根涨幅 4.42% 的中阳线。一阴一阳的最低价都是 37.80 元，说明价格在两日内做了个小双底，证明布林带中轨存在支撑作用，投资者可以在收盘前进场。

随后几天，价格冲过布林带上轨，并且贴着布林带上轨运动，每次回调都是不错的进场加仓点。

第二个下箭头处（2022 年 8 月 22 日，周一）是最后的离场点。由于该股每次回调都会回到布林带上轨的下方，因此，前一日即便收盘在布林带上轨的下方，也可以考虑继续持有。但是第二个下箭头处的 K 线不仅最高价在布林带上轨的下方，而且是一根阴线。考虑到惯性，第二天有可能继续下跌一段时间，所以投资者最好在收盘前就离场，落袋为安。

假如投资者在第四个上箭头处的收盘价 40.40 元进场，在第二个下箭头处的收盘价 68.00 元离场，那么总共 18 个交易日，收益率约为 68%。

8.3 热门板块和热门股选股示例

市场热点通常是指当下市场最热门的板块，市场参与者众多，资金聚集面广，价格波动幅度高，是中短期投资者偏爱的投资板块之一。通过新闻、网站、自媒体等多种宣传方式，市场热点得到快速传播，与之相关的板块可能有好几个，每个板块又包含众多股票，投资者应该如何跟随市场热点进行选股交易呢？

首先，投资者要掌握正确的热门板块和热门股的市场逻辑。市场上任何一个热门板块的酝酿、发酵、凸显、共识、高潮、做头……都是需要时间的过程。所谓主流热门板块，是市场合力的共识，热门股是特定时空的明星股，多数时候与个股基本面关系不大，是市场情绪面的综合体现。

其次，热门板块和热门股是市场的明牌，特点是强者恒强。因此，在很大程度上，热门板块和热门股的选股方案都是技术面选股。本节以"布林带 +MACD"指标为选股和交易的辅助工具，对近几年流行的医美板块进行分析，重点是研判热门股的实战买卖点。

8.3.1　查看医美概念的股票

医美概念属于概念板块类型下的子板块，进入方式为选择股票列表页下方的"板块"—"概念板块"—"医美概念"，如图 8-5 和图 8-6 所示。

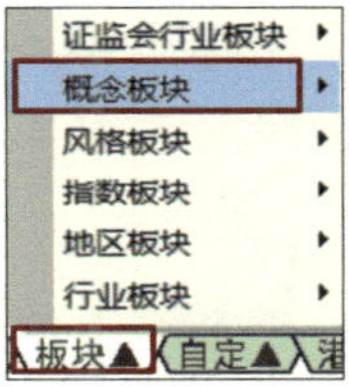

图 8-5　概念
板块菜单

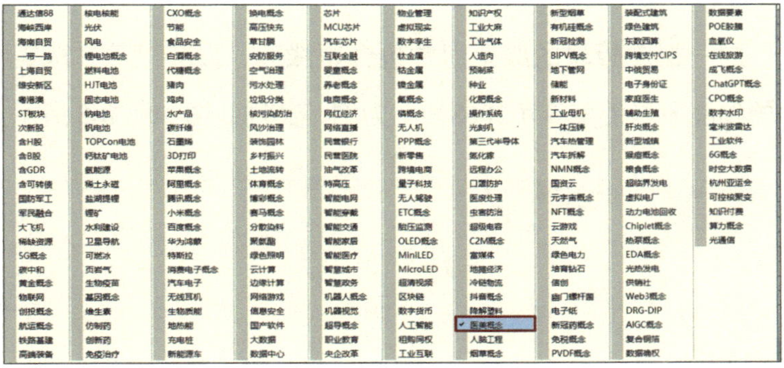

图 8-6　医美概念菜单

概念板块菜单中罗列了新闻媒体中常见的炒作概念，如次新股、光伏、仿制药、白酒、乡村振兴、人工智能、元宇宙和ChatGPT 等。菜单内容会随时更新。

与医美概念相关的股票都在此板块中，如图 8-7 所示，默认按照股票代码从小到大进行排序。进入板块后，还可以按涨幅、现价、换手率、年初至今的涨幅、连板天数等进行排序。

代码	名称	涨幅%	现价	涨跌	买价	卖价	总量	现量	涨速%	换手%	市盈(动)	行业PE	今开	最高
1	000150	*SI宣康	-5.00	0.57	-0.03	——	0.57	7738	30	0.00	0.10	——	45.57	0.57	0.57
2	000516	国际医学	-0.66	10.48	-0.07	10.47	10.48	73247	1	0.19	0.39	——	22.60	10.60	10.70
3	000538	云南白药	-0.98	53.56	-0.53	53.56	53.58	25440	3	-0.10	0.15	32.07	45.57	53.82	54.20
4	000615	奥园美谷	-1.82	4.32	-0.08	4.32	4.33	284042	13	0.23	3.73	——	22.60	4.40	4.69
5	000650	仁和药业	-5.09	6.15	-0.33	6.15	6.16	401950	1	-0.31	2.99	14.15	45.57	6.49	6.51
6	000718	苏宁环球	-0.70	2.85	-0.02	2.85	2.84	52823	1	0.00	0.23	24.16	430.80	2.89	2.89
7	000756	新华制药	-7.18	25.99	-2.01	25.99	26.00	307506	44	-0.37	6.98	28.88	45.57	27.52	27.52
8	000790	华神科技	-2.91	4.34	-0.13	4.34	4.35	62945	2	-0.22	1.02	78.83	45.57	4.47	4.48
9	000813	德展健康	-1.90	3.10	-0.06	3.08	3.09	86272	1	0.00	0.39	78.28	45.57	3.17	3.17
10	000908	景峰医药	-3.21	2.71	-0.09	2.71	2.71	72636	3	0.00	0.93	——	45.57	7.49	2.81
11	000919	金陵药业	-3.46	7.26			7.26						45.57	7.49	7.49
12	000963	华东医药												40.60	41.12
13	000989	九 芝 堂	-2.26										45.57	13.15	13.20
14	000990	诚志股份	-1.82	8.08	-0.15								18.87	8.25	8.27
15	002004	华邦健康	-1.10	5.40	-0.06	5.39	5.40	79702	7	-0.36	0.42	11.18	18.87	5.45	5.48
16	002019	亿帆医药	-2.35	14.57	-0.35	14.56	14.57	81619	1	-0.26	0.96	93.39	45.57	14.92	14.98
17	002038	双鹭药业	-2.16	8.59	-0.19	8.58	8.59	55104	2	0.00	0.65	27.82	45.57	8.84	8.84
18	002118	紫鑫药业	-3.70	1.56	-0.06	1.55	1.56	381233	25	0.00	2.98	——	45.57	1.62	1.64
19	002162	悦心健康	-2.53	3.85	-0.10	3.84	3.85	71786	10	0.00	0.78	——	26.16	3.97	3.97
20	002172	澳洋健康	-2.62	3.34	-0.09	3.33	3.34	65356	5	0.30	0.85	——	22.60	3.44	3.44
21	002173	创新医疗	-4.53	6.32	-0.30	6.31	6.32	53384	1	-0.15	1.42	——	22.60	6.64	6.64
22	002332	仙琚制药	1.22	14.05	0.17	14.04	14.05	64996	1	-0.27	0.66	19.70	45.57	13.95	14.10
23	002390	信邦制药	-2.51	4.66	-0.12	4.65	4.66	124186	10	0.00	0.66	40.35	27.40	4.79	4.80

按代码排序的医美概念股

图 8-7 医美概念股票列表

8.3.2 分析领涨股——爱美客（300896）

同一概念板块的股票通常包含领涨股、强势股等。医美概念的领涨股以爱美客（300896）为例，其周线图如图 8-8 所示。

图 8-8 医美概念股（爱美客）周线图

爱美客作为 2020 年创业板注册制背景下的龙头股之一，在股票除权前股价曾突破千元。图 8-8 中的纵坐标是前复权的价格。该股发行价为 118.27 元，在 2020 年 9 月 28 日上市当天

收盘价为 340.10 元。2021 年 2 月 18 日，不复权的最高价为
1 331.02 元。以发行价计算，涨幅约为 1 025.4%；以上市收盘价
计算，涨幅约为 291%。

　　图 8-9 为该股上市半年内的不复权日线图。图中第一个上箭
头处是典型的启明星形态，属于底部反转形态。第一根阴线跌
幅为 4.27%，随后是一根跳空低开的十字星线，第三根阳线涨
幅为 4.79%。十字星线的最低价为 488.00 元，当天布林带下轨
的价格是 488.89 元。综合分析，布林带下轨对股价可能存在良
好的支撑作用，投资者在启明星的第三根阳线收盘前可以进场，
止损设置在十字星线最低价的下方。

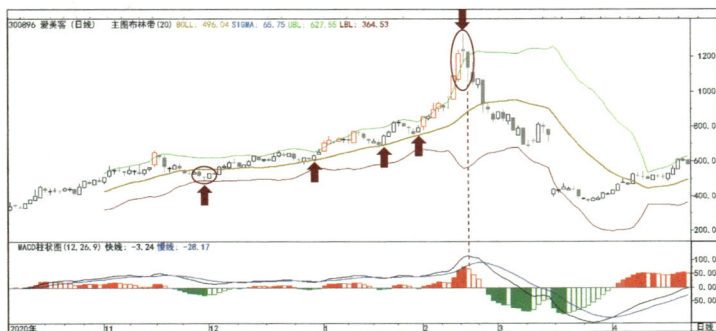

图 8-9　医美概念股（爱美客）日线图

　　综合布林带指标和 MACD 指标可以很好地跟随这段上升趋
势。由于 MACD 的快线和慢线始终在 0 轴上方，说明上升趋势
很健康。

　　出现启明星形态后，价格长期在布林带中轨和布林带上轨
之间横盘整理。价格运动到布林带中轨，得到支撑后便是合适

的进场点，在图 8-9 中的第二个、第三个和第四个上箭头处。

第四个上箭头出现后，价格频繁突破布林带上轨，这种形式的上涨通常是难以持续的。投资者要随时关注价格何时回到布林带上轨之下。

下箭头处是一个典型的黄昏星形态，属于顶部反转形态。第一根阳线涨幅为 11.63%，随后是一根跳空高开的十字星线，第三根阴线跌幅为 7.8%。十字星线的最高价是 1 331.02 元，最低价是 1 169.36 元，当天布林带上轨的价格是 1 170.72 元。如果布林带上轨对价格存在支撑作用，那么第三根 K 线应该是一根在布林带上轨附近运动的 K 线。但当天该 K 线在布林带上轨以上开盘后，一路向下，最低价 1 051.12 元比两天前大阳线的最低价 1 053.05 元略低。这说明当前的上升趋势可能已经结束，投资者应考虑在收盘之前赶紧离场。

结合 MACD 柱状图，黄昏星形态的第三根阴线同时也是 MACD 柱线从红色实心变成红色空心的一天，投资者应考虑当天离场。

8.3.3 分析强势股——华东医药（000963）

以医美概念的强势股华东医药（000963）为例，其周线图如图 8-10 所示。该股在 2020 年 3 月探底成功，结束了持续一年多的下降趋势。随后的上升趋势到 2021 年 4 月底，持续了一年的时间。以 2020 年 3 月 19 日（周四）最低价 16.02 元、2021 年 5 月 6 日（周四）最高价 53.94 元计算，这段趋势涨幅约为 237%。

图 8-11 所示为这段上升趋势的日线图。使用布林带指标跟

随这段上升趋势，布林带上轨是有效的阻力线，布林带下轨是有效的支撑线。当上升趋势的动力很强时，布林带中轨也可以作为支撑线使用。

图 8-10　医美概念股（华东医药）周线图

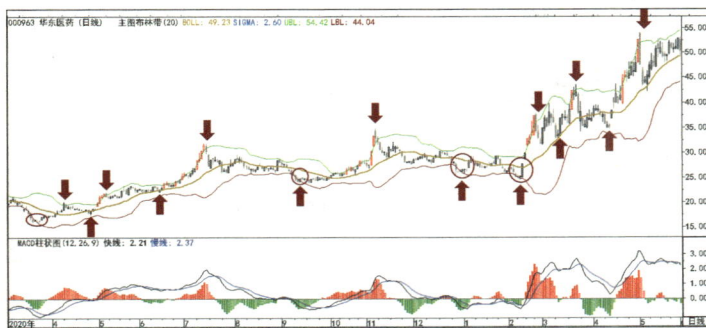

图 8-11　医美概念股（华东医药）日线图 1

　　放大图 8-11 左侧的底部 K 线，如图 8-12 所示，这是一个典型的小型双底形态。2020 年 3 月 19 日（周四）走出最低价 16.02 元后，次日反弹，最高价为 16.69 元。第三天（2020 年 3 月 23 日，周一）又在 16.02 元止跌，该日布林带下轨的价格是 16.09 元，收盘价是 16.15 元，说明布林带下轨存在支撑作用。

图 8-12　医美概念股（华东医药）日线图 2

第五天在第一个上箭头处是一根涨幅 5.31% 的中阳线，完成了小型双底形态的构造，投资者可在该日收盘之前进场。随后价格在中阳线的实体上半部分做横盘整理。第二个上箭头处的小 T 字线表明买方力量很强，市场拒绝价格下跌，投资者可在该日收盘之前进场。

这段小型上升趋势在下箭头处结束。前一天是一根涨幅为 7.51% 的大阳线，收盘突破布林带上轨。第二天是一根跌幅为 4.07% 的中阴线，开盘价是 19.60 元，最高价是 19.88 元，收盘价是 19.09 元，布林带上轨的价格是 19.64 元，整个实体部分都在布林带上轨的下方，说明布林带上轨存在阻力作用，投资者在收盘之前应及时离场。

如果投资者以第一个上箭头处的收盘价 17.25 元买入，以下箭头处的收盘价 19.09 元卖出，那么总共 10 个交易日，收益率约为 11%。

放大图 8-11 右侧的最后一段上升趋势，如图 8-13 所示。上箭头处（2021 年 4 月 13 日，周二）的小阴线收盘价为 35.00 元，是整数位，此前价格也多次测试过 35.00 元的支撑。

投资者可以在这根阴线收盘之前进场吗？答案是不可以。

从老底（2020 年 3 月 19 日，最低价是 16.02 元）到第一个下箭头处的前高（2021 年 3 月 22 日，最高价是 43.63 元），该

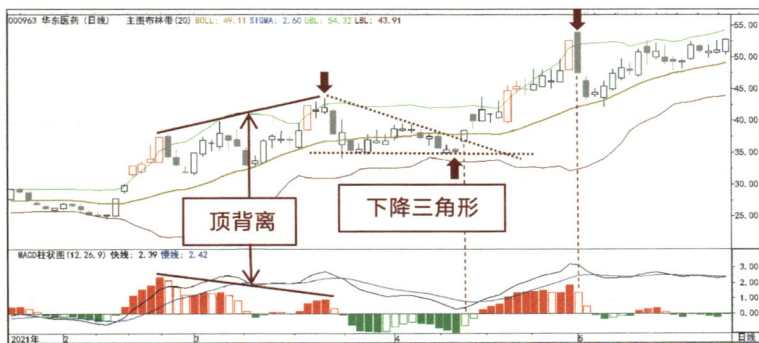

图 8-13　医美概念股（华东医药）日线图 3

股已经涨了一年时间，涨幅约为 172%。医美概念的领涨股爱美客早在一个月前已经见顶。

MACD 柱状图也形成了顶背离。结合前面的顶部形态，如果把 35.00 元的支撑位看成是下降三角形的下沿，那么上箭头处的阴线后续走势可能很危险。

如何把握最后这段上升趋势呢？

图 8-14 所示为上箭头处的阴线后一天的分时图。从形态学分析，本来应该是继续下跌的一天，结果股价以 36.80元跳空高开，在 37.50 元附近遇阻回落，继续回踩整数位 37.00 元，快速构造双底形态后一骑绝尘冲涨停。

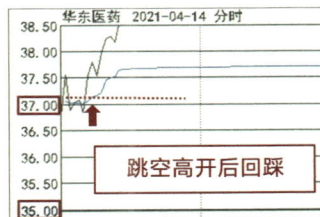

图 8-14　医美概念股（华东医药）分时图 1

投资者在这一天追高进场需要很大的勇气，还要通过提前挂单的方式完成。跳空高开对该股来说属于异常走势，本应继续不断拉长的 MACD 绿色实心柱，在跳空高开之后，就变为绿色空心了。开盘价附近是否真的有支撑，是个未知数。

如果我们主观判断，认为趋势变了，价格止跌了，那么后续就不可能回调，价格应该比开盘价 36.80 元更高，甚至比阻力线 37.50 元更高。所以在双底形态构造时，价格在 36.80 元附近止跌，就要快速挂 37.50 元，甚至挂更高的买单。

利用布林带上轨跟踪这段上升趋势，第二个下箭头处是一根跌停板大阴线，与前一天的涨停大阳线构成了看跌吞没形态，属于典型的趋势反转形态。大阴线的分时图如图 8-15 所示。

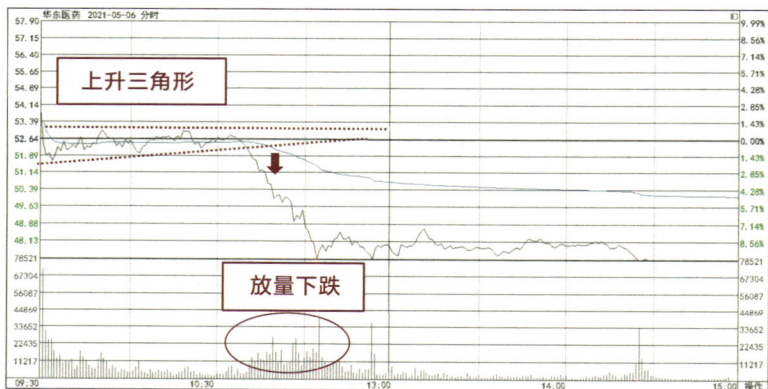

图 8-15　医美概念股（华东医药）分时图 2

开盘前一个小时，该股都在围绕前一天收盘价 52.64 元横盘整理，并且处在构造看涨的上升三角形形态过程中。从形态学角度分析，本来应该继续上涨的一天，却在第 2 小时开始放量下跌。投资者在上午收盘之前应及时离场。

如果投资者在跳空高开当天以提前挂单的价格 37.50 元买入，以大阴线上午的收盘价 47.99 元卖出，那么总共 13 个交易日，收益率约为 28%。

图 8-12 的底部案例是见底反弹。图 8-13 的顶部案例是在上升趋势的尾声。尽管趋势尾声获取的收益是见底反弹的 2 倍还多，但是风险更大，盯盘细节也更复杂。

8.3.4　分析强势股——金发拉比（002762）

再看医美概念强势股金发拉比（002762），其周线图如图 8-16 所示。该股自 2020 年 2 月 4 日（周二）最低价 4.70 元至 9 月 8 日（周二）最高价 9.20 元，这波上升趋势涨幅约为 96%。随后几个月呈下降趋势，2021 年 2 月 8 日（周一）最低价为 4.16 元，比一年前的最低价 4.70 元更低。

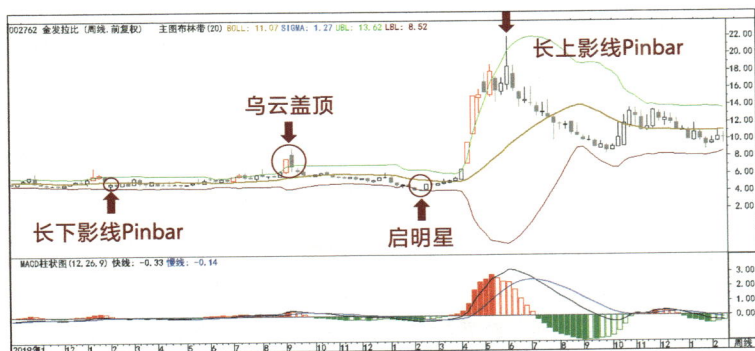

图 8-16　医美概念股（金发拉比）周线图

之后再次启动上升趋势至 2021 年 5 月底。以 2021 年 2 月 8 日（周一）最低价 4.16 元和 2021 年 6 月 2 日（周三）最高价 22.18 元计算，这段 4 个月的趋势涨幅约为 433%。

图 8-17 所示为第二段上升趋势的日线图。将底部反转形态

周线级别的启明星放在日线级别，可以清晰地看到布林带下轨存在支撑作用。价格在布林带上轨和布林带中轨之间横盘整理了一个多月。

趋势的启动点在上箭头处的阳线（2021年3月30日，周二）位置。此前价格已经两次收盘在布林带上轨。第一次上攻时，收盘价是5.38元，布林带上轨的价格也是5.38元，之后回调4天。第二次上攻时，收盘价是5.60元，布林带上轨的价格是5.53元，回调了1天。第三次上攻时，收盘价是5.76元，布林带上轨的价格是5.68元。三次上攻布林带上轨，收盘价不断创新高，说明该股正处于上升趋势，投资者在收盘之前可以考虑进场。

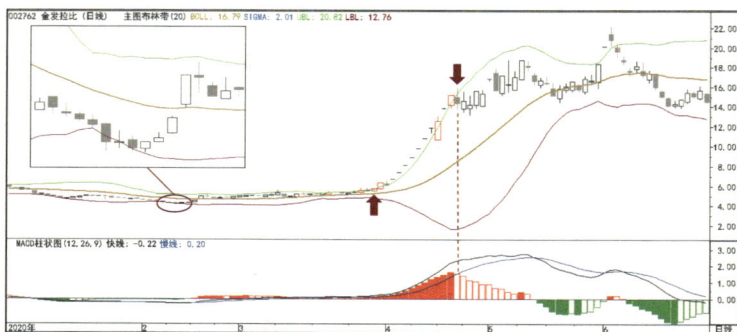

图8-17　医美概念股（金发拉比）日线图

随后的10个涨停板很难有进场加仓的机会，通常这种飙涨的行情难以持续。跟随这段趋势需要以布林带上轨作参考，一旦收盘价跌破布林带上轨，投资者就要立刻离场。

如果投资者以上箭头处的收盘价5.76元买入，以下箭头处的收盘价14.30元卖出，那么总共13个交易日，收益率约为148%。

第 9 章

选股实战进阶——
从"神奇九转"到
"TD 序列多转"

9.1　通达信公式选股实战高阶讨论

"股市是历史的重复"，市场所有的参与者，无论机构还是游资，抑或是个体投资者，其炒股赚钱的唯一途径就是破解股市价格运动的重复密码。这是人类最渴望破解的财富密码，破解这个财富密码需要将理论和工具相结合。

几百年来，人们对金融产品的价格运动建立了多种理论，从古老的日本蜡烛图到现代江恩理论和波浪理论。众多的交易大师也贡献了独特的经验型技术，如利弗莫尔的关键点技术、巴菲特的价值投资原理等。但是，在信息时代之前，人们没有办法处理海量的数据，因此，对各种理论和技术既不能证真，也不能证伪。交易在很大程度上是一门艺术。

计算机的出现推动人类进入信息时代，行情的海量数据已经是"小数据"。在此基础上，人们可以利用计算机庞大的计算能力寻找特定数据与未来价格运动的关联性，从而在一定程度上破解股市价格运动的重复密码，并在此基础上发展出程式交易和量化交易。

大型的程式交易和量化交易一般需要有足够的投入，包括资金、硬件、人才和适合的机构。对个体投资者来说，把经典的技术理论与通达信公式相结合，才是切实可行的"康庄大道"。

笔者选择了股民熟悉的"神奇九转"指标，该指标的理论基础是基于时间的 TD 序列。在技术分析理论中，基于时间的理论相对较少，可将其视为价格运动中更为高级的理论。原因在于，在实战中，什么时间买卖比以什么价格买卖更有可操作性。

例如，如果以"13.00 元左右的价格买进"，就会出现三种场景。

- 价格很快到了 13.00 元左右，买进。
- 价格在 14.00 元上方停滞，是否买进成了一个问题。
- 价格快速跌破 13.00 元，是否买进同样也是一个问题。

而基于时间的判断，"4 月 22 日左右买进"，就是一个确定的场景。

事实上，江恩理论和波浪理论都试图破解价格运动的时间密码，利弗莫尔的投资启示"关键心理时刻"和巴菲特的投资名言"别人贪婪我恐惧，别人恐惧我贪婪"也是在一定程度上破解了时间的密码。TD 序列理论是典型的基于时间的技术分析理论，笔者认为值得投资者学习和研究。

TD 序列是实战型技术理论，通达信公式编写是强大的辅助工具，两者结合既能够验证技术理论的有效性，又能够根据该理论设置多种类型的实战交易策略。这样的学习方法和过程是我们掌握通达信公式编写的出发点，也是真正需要实现的目标。

"神奇九转"指标源于美国技术分析师汤姆·狄马克（Tom DeMark）命名的 TD 序列。该指标可预测趋势的衰竭，以及随后可能的逆转，常用于波段型的摆动交易。在通达信、同花顺和东方财富等股票软件中都有"神奇九转"的指标公式，各种股票软件的手机 App 也能显示"神奇九转"指标。由于指示简单、效果明显，深得投资者追捧，但是对不会运用公式编写技术的投资者来说，难以用它快速筛选趋势衰竭并可能出现反转的股票。

本章将详细讲解"神奇九转"的技术原理、历史验证、公式编写，以及可以使用的交易策略。在此基础上，笔者灵活编写了不同使用场景的"TD序列多转"的指标公式和选股公式。

9.2 "神奇九转"的技术原理

"神奇九转"计数从 1 开始，确定 1 的关键在于 1 的前一天是 0。这是掌握"神奇九转"计数原理的关键点。

"神奇九转"分为多头计数和空头计数两种情形。多头计数是指如果当天收盘价高于 4 天前的收盘价，并且前一天的收盘价低于 5 天前的收盘价，那么当天计数为 1。如果随后每天的收盘价都高于 4 天前的收盘价，就在前一个计数的数值上加 1，持续计数至 9 天后，可能会从多头转为空头，如图 9-1 所示。连续 9 天的计数并不表示每一天的收盘价都比前一天更高，可能存在横盘整理的形态。只要盘整期间没有发生某天的收盘价低于 4 天前的收盘价的情况，便可以继续加 1，否则从 0 开始重新计数。

空头计数是指如果当天收盘价低于 4 天前的收盘价，并且前一天的收盘价高于 5 天前的收盘价，那么当天计数为 1。如果随后每天的收盘价都低于 4 天前的收盘价，就在前一个计数的数值上加 1，持续计数至 9 天后，趋势可能会从空头转为多头，

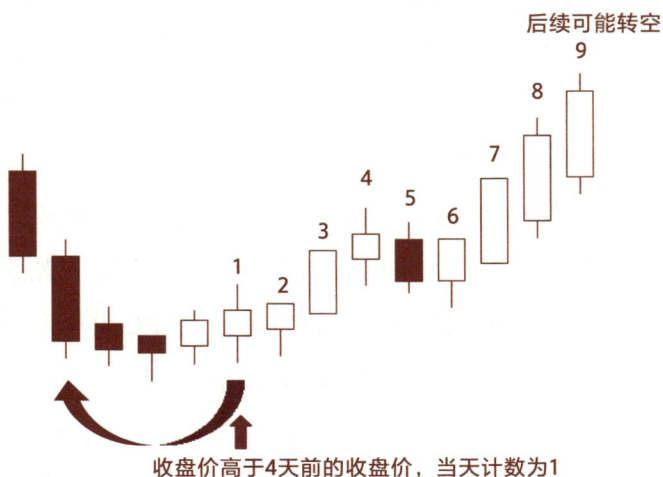

图 9-1　多头计数示意图

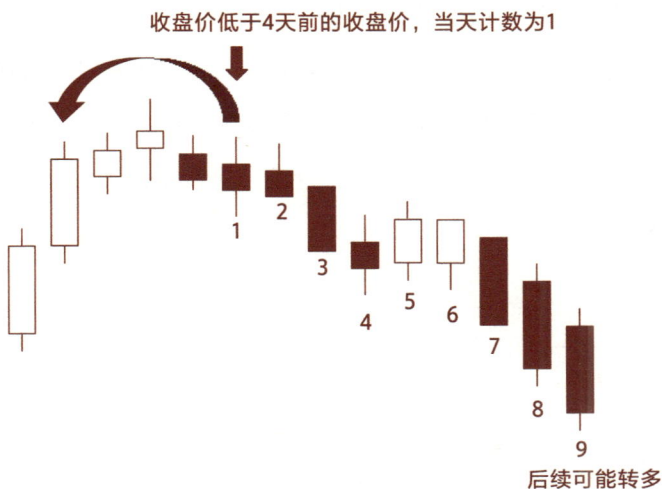

图 9-2　空头计数示意图

如图 9-2 所示。连续 9 天的计数并不表示每一天的收盘价都比前一天更低，也可能存在横盘整理的形态。只要盘整期间没有发生某天的收盘价高于 4 天前的收盘价的情况，就可以继续加 1，否则从 0 开始重新计数。

"神奇九转"的计数过程利用了斐波那契数列的原理，主要使用了数列 1，3，5，8，13。当计数为 1 时，事实上描述了最近 5 个时间周期内的价格关系（1+3+1）；当计数为 9 时，事实上描述了最近 13 个时间周期内的价格关系（1+3+1+8）。

以图 9-1 为例，当把某根 K 线计数为 1 时，表示可能从这根 K 线开始，趋势就与前面不同了。因为这根 K 线的收盘价比 4 天前的收盘价更高，而这根 K 线的前一根 K 线并不满足该条件，否则前一根 K 线就被计为 1 了。

符合这种计数情况的走势有两种：一种是图 9-3 所示的底部反转，另一种是图 9-4 所示的盘整后继续上涨。图 9-3 和图 9-4 中的圆点表示每个时间周期的收盘价，虚线表示对收盘价连接而成的曲线。

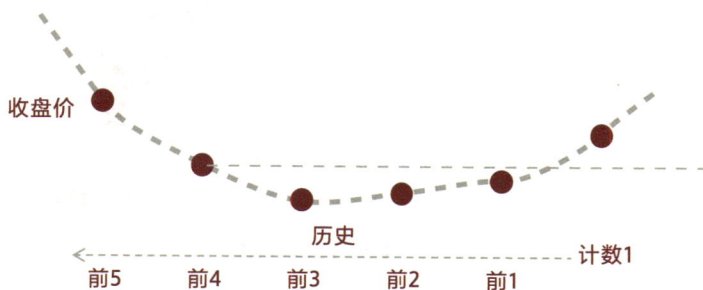

图 9-3　多头计数的收盘价示意图 1

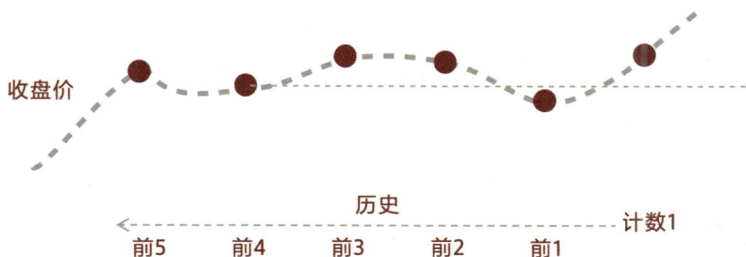

图 9-4 多头计数的收盘价示意图 2

以日线为例，假设最后一天计数为 1，那么左侧的圆点代表已经发生的历史收盘价。图中的前 1、前 2、前 3、前 4 和前 5 分别对应计数 1 的前一天收盘价、前两天收盘价、前三天收盘价、前四天收盘价和前五天收盘价。

计数 1 最多只能描述前 1 与前 5 之间的收盘价的关系。由于计数 1 是确定的，因此前 1 的计数肯定是 0。如果前 1 的计数是 1，那么当前的计数就是 2。

如图 9-3 所示，前 5 之前是下降趋势，收盘价一个比一个低，造成前 2、前 3 的收盘价都不会比前 4 的收盘价更高，它们的计数都是 0。如果计数 1 之后能够持续计数加 1，就可以成功构造从下降趋势到上升趋势的反转。如果计数 1 之后没有持续计数，那么之前的下降趋势就有可能延续。

如图 9-4 所示，前 5 之前是上升趋势，收盘价一个比一个高，造成前 2、前 3 的收盘价都比前 4 的收盘价更高，前 2、前 3 的计数都不是 0。如果计数 1 之后能够持续计数，那么之前的上升趋势可以得到持续。如果计数 1 之后没有持续计数，那么当前的横盘整理可能会持续。

通过前面的分析，使用 TD 序列的计数方法，当计数为 1 时，只是说明趋势可能有一定的概率会改变。由于市场大部分时间处于横盘整理的无序运动中，如果每次计数从 0 变 1 就进场交易，那么胜率会很低，因此持续计数加 1 就变得尤为重要。

持续计数意味着上升趋势得到延续。将当前收盘价仅与 4 天前的收盘价进行比较，就能包容这 4 天期间内的小型整理。将图 9-4 中的计数 1 持续计数到 9，形成的收盘价示意图通常如图 9-5 所示。

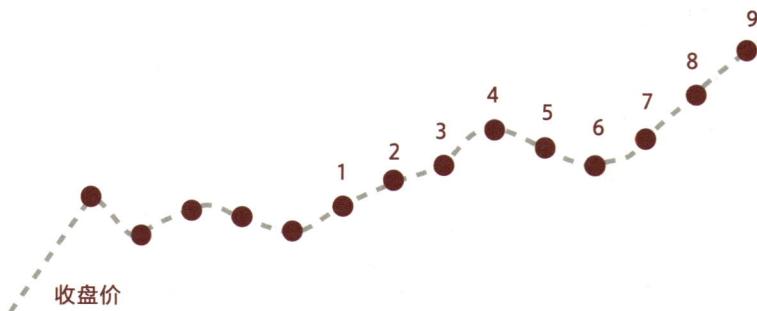

图 9-5　多头计数的收盘价示意图 3

9.3 "神奇九转" 指标的历史重复

正常趋势在计数到 9 后，就有可能涨不动了，"神奇九转" 因此得名。"九转" 并不是指计数到 9 之后肯定反转，它只是一个大概率的事件。参考斐波那契数列，常用的还有 "五转"

"十三转"等。当趋势较弱时，计数到5趋势就变了；当趋势较强时，即使计数到了13，趋势还可能再持续一段时间。

如图9-6所示，在个股（301308）的日线图上进行"神奇九转"标记。为了便于理解"神奇九转"的计数原理，图中用圆点标记了每根K线的收盘价。

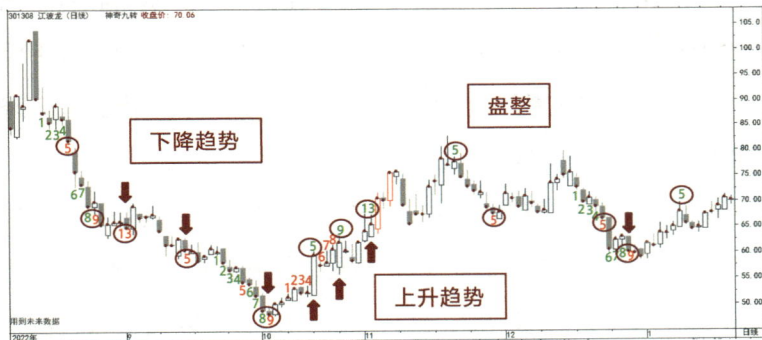

图9-6 个股"神奇九转"指示1

图中的计数分为两种情形。第一种是多头计数，当收盘价比4天前的收盘价更高时，在K线上方用数字做标记。用红色数字标记1、2、3、4、6、7、8，但必须连续计数到9时才能标记，否则图会显得非常乱。而当计数到5、9、13时，用绿色数字进行提醒。使用绿色数字的目的是提示上涨趋势可能结束，需要做"卖出"交易。

第二种是空头计数，当收盘价比4天前的收盘价更低时，在K线下方用数字做标记。用绿色数字标记1、2、3、4、6、7、8，但必须连续计数到9时才能标记。而当计数到5、9、13

时，分别用红色数字进行提醒，原因是此时可能需要做"买进"交易。

在图 9-6 左侧的下降趋势中，第一段下跌的空头计数到红色数字 13。随后一根涨幅为 6.67% 的大阳线与红色数字 13 形成了看涨吞没形态。大阳线又与后面的 3 根 K 线形成了孕线的整理形态，但这次没有止跌。之后出现了红色数字 5，提醒投资者当前股价仍在继续下跌，但有可能会止跌。随后又出现一段下降趋势，计数到红色数字 9。"神奇九转"的标记显示出这段下降趋势包括 13—5—9 这三段。

从红色数字 9 开始启动了一段上升趋势，红色数字 1、2、3、4 后出现绿色数字 5，接下来出现红色数字 6、7、8，再接下来出现绿色数字 9，最后出现绿色数字 13。计数到了绿色数字 13 后还有一段上涨，说明这段趋势很强。

在上升趋势后的盘整阶段分别标记了摆动高点的绿色数字 5 和摆动低点的红色数字 5，说明当前多空双方势均力敌。观察第四个下箭头处的红色数字 9 与前一个红色数字 5。由于红色数字 5 之后出现一根跌幅为 9.17% 的大阴线，导致这段下跌在计数 5 之后继续计数到 9，此时的数字 6、7、8、9 已进入横盘整理阶段。最后一个绿色数字 5 同样是一个摆动高点。

再看个股（002527）日线图的"神奇九转"标记，如图 9-7 所示。左侧盘整阶段有两个红色数字 5，右侧是一个包括多段小型趋势的上升趋势。两个上箭头处分别指示的是绿色数字 9 和绿色数字 13。

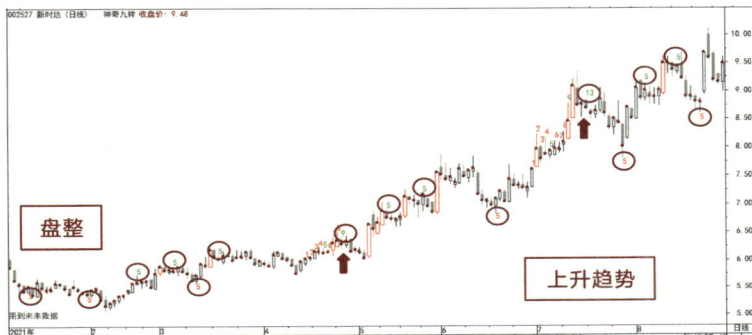

图 9-7　个股"神奇九转"指示 2

放大图 9-7 计数为 9 和计数为 13 的两段趋势，如图 9-8 所示。观察计数为 9 的这一段趋势，前面有一段连续 4 天阴线形成的小型下跌。计数为 1 的前一根 K 线是涨幅为 4% 的中阳线，这根中阳线没有被计为 1，原因是中阳线的收盘价 5.98 元低于 4 天前的收盘价 6.03 元（下箭头处的第一根阴线）。而计数为 1 的这根 K 线的收盘价 6.03 元高于 4 天前的收盘价 6.01 元（第二根阴线）。

图 9-8　个股"神奇九转"指示 3

观察计数为 13 的这一段趋势，前面有第一个上箭头处涨幅为 5.53% 的中阳线，随后连续 4 天小幅回调，第一天是小阴线，第二天是十字星线，第三天是长上影线 Pinbar，第四天是纺锤线。计数为 1 的这根 K 线的收盘价 7.61 元高于 4 天前的收盘价 7.33 元（第一根小阴线）。

9.4 "神奇九转"指标历史重复的规律

总体来说，走势可分为趋势和盘整两类。为了更好地研究"神奇九转"指标历史重复的规律，我们用一根均线做辅助判断。

与常见的其他指标不同，"神奇九转"指标不是一根连续的指标线或者柱状图。它用数字记录了当天价格与 4 天前价格的关系，通过数字大小指示当前趋势可能出现衰竭，数字越大趋势越强，但是大于特定数字后反转的可能性也越大。将"神奇九转"扩展为"五转""十三转"之后，可以适应各种股票在不同级别的趋势。

通常在下降趋势中，"神奇九转"指标的数字标记是在 K 线下方的空头计数；在上升趋势中，"神奇九转"指标的数字标记是在 K 线上方的多头计数。利用"神奇九转"指标进行交易时，无须显示图 9-6 至图 9-8 中收盘价的圆点，投资者还可以配合 20 日均线一起研判。

如图 9-9 所示，个股（300364）的第一段下跌计数到红色数字 13，第二段下跌计数到红色数字 9。但反弹时，仅在价格接近均线时出现计数绿色数字 5。均线和数字的指标共振，说明卖压很大。

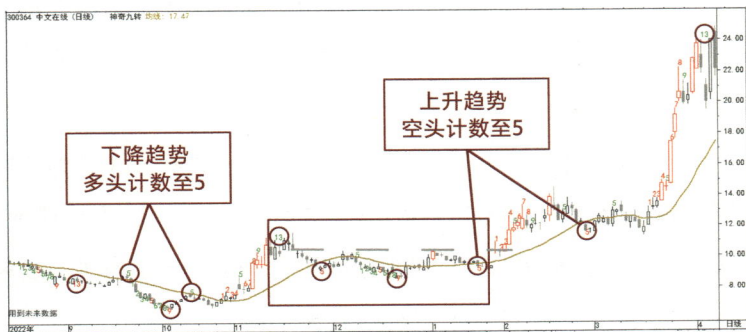

图9-9 "神奇九转"策略1

当价格站上均线后，第一次出现绿色数字13的标记，这段多头计数既表明短期可能从多头转为空头，又表明中期的下降趋势已经结束。

随后的头肩底包含三段下跌，第一段和第三段下跌的空头计数到5，第二段下跌的空头计数到9。底部的颈线在10.40元附近。计数1的K线跳空高开，收盘价为10.41元。计数2和计数3的K线继续测试颈线，确认突破有效。尽管在计数3当天，K线并没有进行"神奇九转"标记，但是基于前面的空头计数5和均线抬头，投资者在计数3当天收盘之前可以进场，止损设置在计数2的K线下方。如果后续呈上升趋势，那么该缺口大概率不会被回补；如果回补，投资者应选择立即离场。

这段多头计数到9，随后又紧接一个多头计数5，这一段都在均线上方。当出现空头计数5时，投资者需要关注，一旦止跌，就可以进场加仓。

最后一段多头计数到 13，随后一天跳空低开。当跟随这段趋势看到多头计数到 9 时，投资者就应提高警惕。谨慎的投资者可以先出一半，用剩下的仓位去博取更高收益，待可能涨到计数 13 时再离场。

如图 9-10 所示，个股（300369）在第一个多头计数到 9 后立刻反转，出现 9—5—5 三段下跌，并且均线的阻力作用明显。上箭头处是一根涨幅为 10.97% 的大阳线，强势突破均线。之后是一个多头计数 5，接一个空头计数 5。

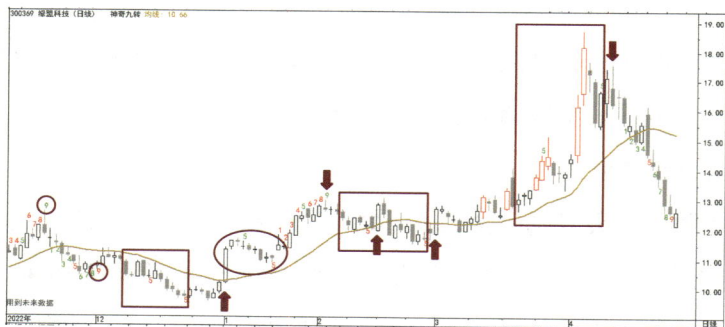

图 9-10 "神奇九转"策略 2

空头计数 5 是一根长下影线 Pinbar，说明价格拒绝下跌。并且这段下跌并没有跌至均线下方，说明买方力量更强，投资者可以在开盘之前进场，在后续多头计数到 9 时及时离场。

后面的回调连续出现空头计数 5，并且空头计数 5 之后的第三天是涨幅为 6% 以上的大阳线，说明买方力量强于卖方，投资者可以在价格再次回撤到均线附近时进场。后续有两个离场点，均出现在多头计数到 5 时。尤其是第二个多头计数 5，此时价格远离均线，要提高警惕。如果价格继续涨，就会出现 1、2、3、4、5、6、7、8、9 的多头计数，但如果不继续涨，就不会出现连续多头计数。下箭头处的阴线上影线很长，投资者可以主观认为涨不动了，收盘之前要赶紧离场。

该股出现了两次连续的空头计数 5，也可以把这种连续空头计数合起来视为一大段空头趋势。正因为该股空方力量相对不弱，后面的上涨也只有两段多头计数 5，所以这一大段多头趋势中，均线向上抬头的角度不到 45 度。

综合图 9-9 和图 9-10 的案例，可以看出，就算是同一只股票，可能数到 9 时，趋势就已经变了；也可能数到 9 后，还能数到 13；当多空双方力量相当时，只能数到 5，这是常态。运用"神奇九转"指标做摆动交易，我们要依据趋势的力度，灵活使用"五转""九转""十三转"，如此才能更好地获利。

如图 9-11 所示，个股（600551）的均线处于上下大幅波动的状态，图中最高价 12.00 元与最低价 9.34 元之间有接近 30% 的价格波动空间。

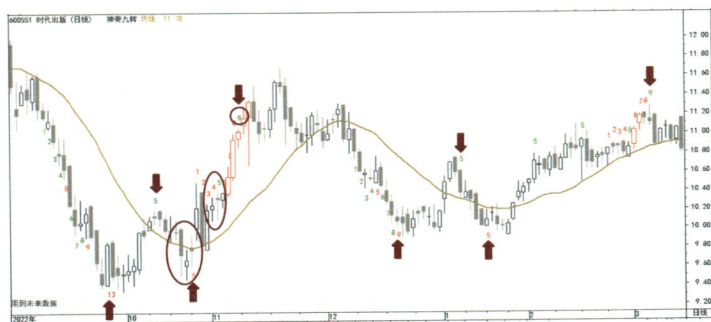

图 9-11 "神奇九转"策略 3

第一段下跌价格远离均线，空头计数到 13 后，在底部横盘整理了几天后再反弹到均线上方，多头计数到 5，继续下跌构造双底形态。空头计数到 5 后，跳空高开突破均线，开启一段上升趋势，多头计数到 9。

头肩顶形态构造完成后，又是一段空头计数到 9 的下跌趋势，随后在底部横盘整理了几天，再次反弹到均线上方，多头计数到 5，继续下跌再次构造双底形态，空头计数到 5。

随后的上升趋势包括 5—5—9 三段上涨，价格长期在均线上方运动。

在图 9-11 中，每一次 5、9、13 的计数并不是准确地摆动高点或者摆动低点，但都很接近。投资者在交易时需要结合价格行为学一起分析。例如，第一段下跌计数到 13 时，由于这段下跌很急，并且幅度很大，因此通过观察后续走势，可以确认止跌成功。计数 13 是一根涨幅为 4.46% 的中阳线，随后是一根跌幅为 3.46% 的中阴线。中阴线之后出现的是 4 根小阳线，其影线长但实体很短，属于典型的横盘整理，说明市场在此价位附近有支撑。

当价格第二次下跌至第二个上箭头处时，空头计数 5 是一根十字星线，前一根是纺锤线，再前一根阴线的下影线也很长，再次说明价格到了此价位附近，市场拒绝继续下跌。当空头计数 5 出现时，投资者在收盘之前可以进场，在前一天纺锤线的最低点下方止损。

价格次日跳空高开后在均线上方做盘整，当多头计数 5 出现时，它是一根有短上影线的 T 字线，并且连续 3 天高点逐步抬高，低点也逐步抬高，盘整接近尾声，投资者可以考虑在收盘之前进场做多。当多头计数 9 出现时，投资者应主动止盈离场。

9.5 "TD 空转多"选股公式

"神奇九转"指标公式的核心算法是基于 TD 序列的，主要是关于"加 1"的条件。利用引用函数 BARSLASTCOUNT 统计连续满足条件的周期数就可以实现自动加 1 的效果。不同的"神奇九转"公式的核心算法都一样，只是显示效果不同。

9.5.1 "神奇九转"系统指标公式

如果使用通达信系统自带的指标公式"SQJZ 神奇九转"，那么显示效果如图 9-12 所示。与图 9-11 相同的地方是，多头计数标记在 K 线上方，空头计数标记在 K 线下方。但图 9-12 中只对计数 1、2、8、9 进行标记，多头计数 9 是绿色数字，空头计数 9 是红色数字，其余数字用紫色显示。还有的股票软件里的"神

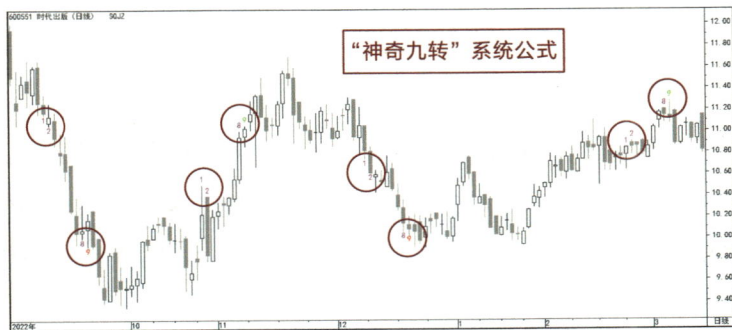

图 9-12 "神奇九转"系统指标公式的显示效果

奇九转"指标会标记1、2、3、4、5、6、7、8、9这几个数字。

按快捷键"Alt+S"，打开"神奇九转"源代码的"指标公式编辑器"窗口，如图9-13所示。公式共有29行，分为上、下两部分。在第1行至第15行做出空头计数的数字标记，在第16行至第29行做出多头计数的数字标记。

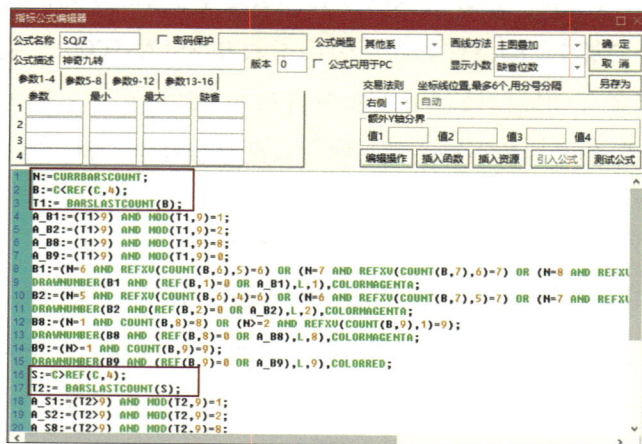

图9-13 "神奇九转"系统指标公式源代码

其中，第1行至第8行、第10行、第12行、第14行、第16行至第22行、第24行、第26行、第28行是实现算法的语句，分别计算多头计数1、2、8、9和空头计数1、2、8、9。

而第9行、第11行、第13行、第15行、第23行、第25行、第27行、第29行实现了绘图功能，8个语句分别使用DRAWNUMBER函数实现标记多头计数1、2、8、9和空头计数1、2、8、9。

"神奇九转"计数原理主要是靠图9-13中的第2行、第3行、第 16 行和第 17 行语句实现的。从第 2 行语句可以判断，当前 K 线的收盘价小于 4 天前的收盘价，第 3 行语句对符合第 2 行语句的结果进行计数。从第 16 行语句可以判断，当前 K 线的收盘价大于 4 天前的收盘价，第 17 行语句对符合第 16 行语句的结果进行计数。

9.5.2　自编"TD 序列多转"指标公式

复制图 9-13 中的第 2 行、第 3 行、第 16 行和第 17 行语句，在指标公式编辑器中编写公式"TD 序列多转"时粘贴，然后增加其他语句，如图 9-14 所示。

图 9-14　"TD 序列多转"指标公式

公式共有 19 行，第 19 行用于添加收盘价的 20 均线。

在第 1 行至第 9 行做出多头计数的数字标记，第 1 行至第 2

行是系统公式的第 16 行至第 17 行。将多头计数的条件数据名称改为 UP。

第 3 行表示判断多头计数值是否为 9，如果计数为 9，那么 NUP=9 为真，该语句输出 1；如果计数不为 9，那么 NUP=9 为假，该语句输出 0。

第 4 行至第 5 行用于设定显示多头计数的条件，当计数为 9 时，需要显示计数 1、2、3、4、5、6、7、8、9。如果最后一根 K 线计数在 5 和 8 之间，还没有出现 9，那么也要把数字显示出来。

第 6 行使用 DRAWTEXT 函数实现标记多头计数 1、2、3、4、6、7、8，使用红色数字做标记。

第 7 行使用 DRAWTEXT 函数实现标记多头计数 5，使用绿色数字做标记。

第 8 行使用 DRAWTEXT 函数实现标记多头计数 9，使用绿色数字做标记。

第 9 行使用 DRAWTEXT 函数实现标记多头计数 13，使用绿色数字做标记。

在第 10 行至第 18 行做出空头计数的数字标记，第 10 行至第 11 行是系统公式的第 2 行至第 3 行。将空头计数的条件数据名称改为 DN。

第 12 行表示判断空头计数是否为 9，如果计数为 9，那么 NDN=9 为真，该语句输出 1；如果计数不为 9，那么 NDN=9 为假，该语句输出 0。

第 13 行至第 14 行用于设定显示空头计数的条件，当计数为

9 时，需要显示计数 1、2、3、4、5、6、7、8、9。如果最后一根 K 线计数在 5 和 8 之间，还没有出现 9，那么也要把数字显示出来。

第 15 行使用 DRAWTEXT 函数实现标记空头计数 1、2、3、4、6、7、8，使用绿色数字做标记。

第 16 行使用 DRAWTEXT 函数实现标记空头计数 5，使用红色数字做标记。

第 17 行使用 DRAWTEXT 函数实现标记空头计数 9，使用红色数字做标记。

第 18 行使用 DRAWTEXT 函数实现标记空头计数 13，使用红色数字做标记。

将指标公式"TD 序列多转"的画线方法设置为"主图叠加"，编写完成后保存公式。在主图设置使用"TD 序列多转"指标公式，效果如图 9-15 所示。

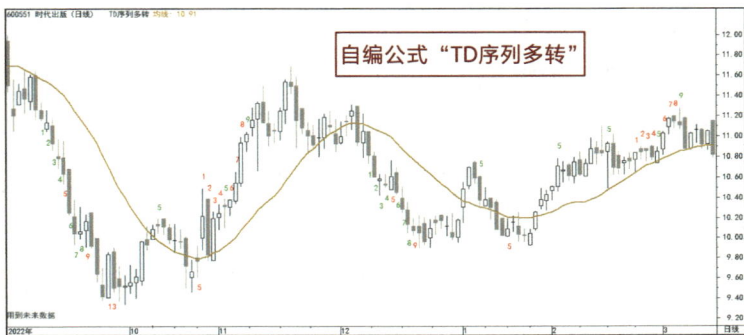

图 9-15　"TD 序列多转"指标公式的显示效果

对比图 9-13 和图 9-14 的公式，二者使用了同样的算法公式，主要的差异体现在指标的显示上。图 9-14 中的公式不仅可以提示计数 5、9、13，而且在九转成立时，补齐显示了计数 3、4、5、6、7，另外还增加了 20 均线，便于投资者研判分析。

9.5.3　自编"TD 空转多""TD 多转空"选股公式

如何编写选股公式，筛选指定 K 线，实现"五转""九转""十三转"？

回到图 9-14 所示的指标公式，对多头标记 5、9、13 的识别，由逻辑判断语句 NUP=5、NUP=9、NUP=13 来实现；而对空头标记 5、9、13 的识别，由逻辑判断语句 NDN=5、NDN=9、NDN=13 来实现。

编写选股公式"TD 多转空"，只需要在核心算法公式的基础上添加选股条件，如图 9-16 所示。

复制图 9-14 中的第 2 行、第 3 行语句，在条件选股公式编辑器中编写公式"TD 多转空"时粘贴，然后增加输出的选股条件语句，如图 9-16 所示。

选股条件语句如下：

NUP=N；

表示筛选多头计数数值等于 N 的股票，默认筛选 N=9，即多转空"九转"的股票。

然后添加参数信息：参数 N，最小值 1.00，最大值 100.00，缺省值 9.00。参照图 9-16 录入参数精灵的文本"设置转折日：Param#"。填写公式名称"TD 多转空"，编写完成后保存选股公式。

同样，编写选股公式"TD 空转多"，如图 9-17 所示。

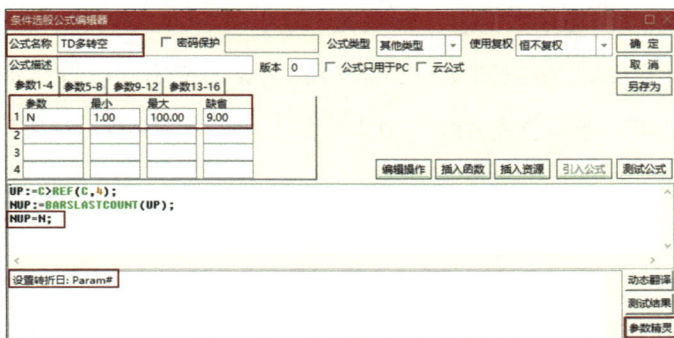

图 9-16 "TD 多转空"选股公式

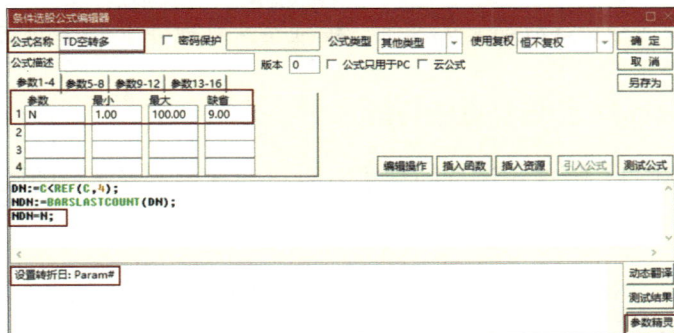

图 9-17 "TD 空转多"选股公式

复制图 9-14 中的第 16 行、第 17 行语句，在条件选股公式编辑器中编写公式"TD 空转多"时粘贴，然后增加输出的选股条件语句，如图 9-17 所示。

选股条件语句如下：

NDN=N;

表示筛选空头计数数值等于 N 的股票，默认筛选 N=9，即空转多"九转"的股票。

然后添加参数信息：参数 N，最小值 1.00，最大值 100.00，缺省值 9.00。参照图 9-17 录入参数精灵的文本"设置转折日：Param#"。填写公式名称"TD 空转多"，编写完成后保存选股公式。

9.6 "TD 空转多"选股公式示例

利用图 9-17 编写的"TD 空转多"选股公式，通过修改参数和选股时间，可以灵活地筛选出"五转"（空头计数等于 5）、"九转"（空头计数等于 9）、"十三转"（空头计数等于 13）的股票。

9.6.1 筛选最近的转折

例如，筛选在最近的交易日发生空转多"五转"的股票，操作步骤如下。

按快捷键"Ctrl+T"，打开"条件选股"窗口。在条件选股公式中选中"TD 多转空"，将设置转折日从默认的"9"改为"5"，选股周期默认选择"日线"，单击"加入条件"按钮，如图 9-18 所示。

在选股条件列表中增加"TD 空转多（5）日线"的选股条件，括号里的参数 5 与设置的选股参数要保持一致。

勾选"剔除当前未交易的品种"和"剔除 ST 品种"，单击"执行选股"按钮。

可以看到，通达信系统从 4 989 只股票中选出了 83 只股票，选中率约为 1.7%。也就是说，在上证 A 股和深证 A 股的近 5 000

	代码	名称(83)	涨幅%	现价	涨跌	买价	卖价	总量	现量	涨速%	换手%
1	600118	中国卫星	1.34	26.44	0.35	26.44	26.45	188454	2162	-0.03	1.59
2	600152	维科技术	4.59	9.57	0.42	9.56	9.57	241621	2647	0.31	4.60
3	600280	中央商场	3.17	4.56	0.14	4.56	4.57	303336	3307	0.22	2.69
4	600381	青海春天	8.57	8.							
5	600647	同达创业	2.80	12.							
6	600749	西藏旅游	2.96	13.							
7	600839	四川长虹	3.57	4.							
8	600971	恒源煤电	3.53	6.							
9	600997	开滦股份	-0.58	6.							
10	601100	恒立液压	-0.11	61.							
11	601666	平煤股份	-4.37	9.							
12	601869	长飞光纤	1.34	36.							
13	603180	金牌厨柜	-0.76	35.							
14	603268	松发股份	2.42	14.							
15	603356	华菱精工	0.88	12.							
16	603508	思维列控	-0.76	30.							
17	603599	广信股份	-1.28	29.							
18	603712	七一二	-2.82	32.							
19	603738	泰晶科技	-0.33	21.							
20	603882	金域医学	2.05	81.							
21	603992	松霖科技	2.52	15.44	0.38	15.44	15.45	23332	140	0.00	0.58
22	603993	洛阳钼业	1.19	5.96	0.07	5.96	5.97	170.2万	20474	0.00	0.96
23	688008	澜起科技	-3.39	60.90	-2.14	60.90	60.91	335090	1986	-0.06	2.95

图 9-18　"TD 空转多"选股 1

只股票中，在最近的交易日发生空转多"五转"的股票仅 83 只。

　　双击查看选股结果，如图 9-19 所示，个股（600381）最近的 K 线出现了空头计数 5。由于它是最近的计数，所以这段空头计数 1、2、3、4 也用绿色数字做出标记，便于投资者分析近期走势。而对历史的空头计数 5 和多头计数 5 均只标记数字 5，使该图整体上显得整洁。可以看到，该股在出现多头计数绿色

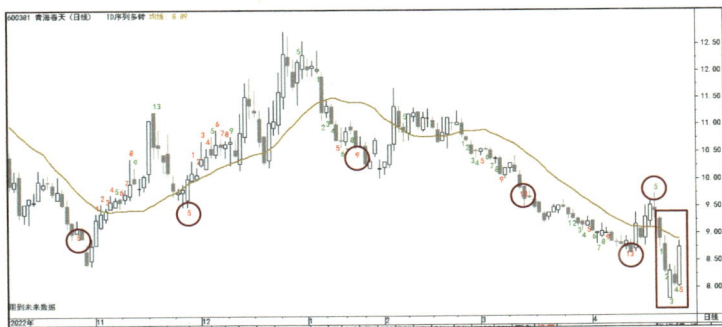

图 9-19　"TD 空转多"五转选股结果 1

数字 5 之前，曾出现了 9—13—13 三段下跌。

再看个股（300538），如图 9-20 所示，该股最近的空头计数到 5，计数 3、4、5 这三根 K 线形成了启明星形态。此前的上升趋势多次形成摆动高点 5 和摆动低点 5。

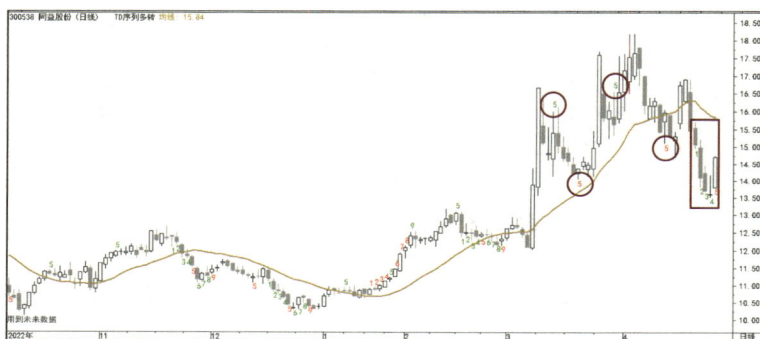

图 9-20　"TD 空转多"五转选股结果 2

再看次新股个股（301322），如图 9-21 所示，该股最近的空头计数到 5，与此前的摆动高点 5 和摆动低点 5 构成了波动幅度为 10% ～ 15% 的区间震荡。

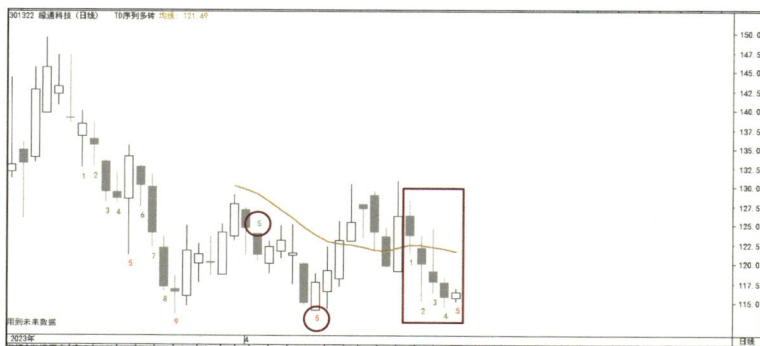

图 9-21　"TD 空转多"五转选股结果 3

9.6.2　寻找过去的转折

中长期的下降趋势通常由好几段空头计数的下跌组成，包含计数 5、9、13 等。通过指定过去的时间段选股，可以观察股票在中长期是否能成功实现"九转""十三转"等。

例如，筛选 2022 年 9 月 20 日至 2022 年 9 月 30 日曾出现空转多"十三转"的股票。操作步骤如下。

按快捷键"Ctrl+T"，打开"条件选股"窗口。在条件选股公式中选中"TD 空转多"，设置转折日从默认的"9"改为"13"，选股周期默认选择"日线"，单击"加入条件"按钮，如图 9-22 所示。

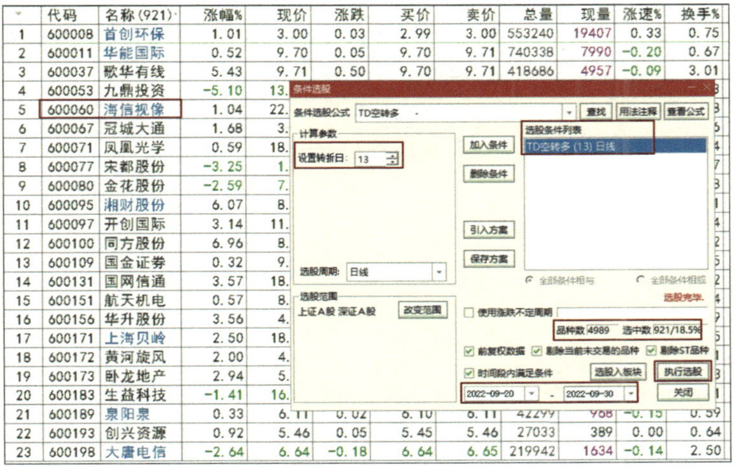

图 9-22　"TD 空转多"选股 2

在选股条件列表中增加了"TD 空转多（13）日线"的选股条件，括号里的参数 13 与设置的选股参数要保持一致。

勾选"剔除当前未交易的品种"和"剔除 ST 品种"。

勾选"时间段内满足条件"，在开始日期输入框中输入"2022-09-20"，在结束日期输入框中输入"2022-09-30"，单击"执行选股"按钮。

可以看到，通达信系统从 4 989 只股票中选出了 921 只股票，选中率约为 18.5%。也就是说，在上证 A 股和深证 A 股的近 5 000 只股票中，在 2022 年 9 月 20 日至 2022 年 9 月 30 日期间，有接近五分之一的股票曾出现空转多"十三转"。

双击查看选股结果，如图 9-23 所示，个股（600060）在 2022 年 9 月 21 日出现空头计数红色数字 13，符合选股条件。两天后出现十字星线，该股出现的极限低点为 10.82 元。短期几天横盘整理后，该股于 2022 年 10 月 13 日跳空高开启动上升趋势。

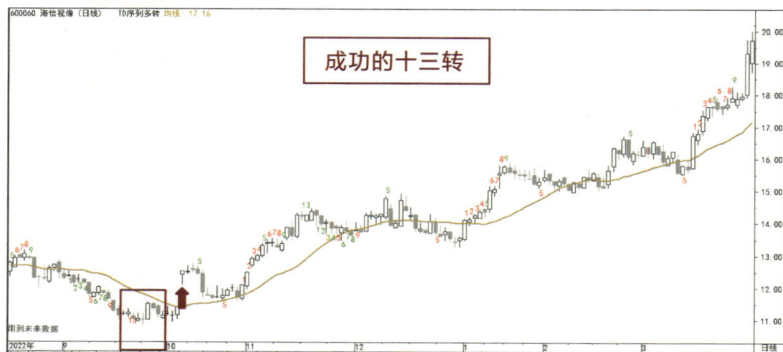

图 9-23　"TD 空转多"十三转选股结果 1

再看个股（600438），如图 9-24 所示，在 2022 年 9 月 29 日出现空头计数红色数字 13，符合选股条件。四天后出现长下影线 Pinbar，该股出现近期最低价 45.80 元。两天后又出现一根涨幅为 4% 的中阳线。随后出现多头计数绿色数字 5，但这段反弹并没有止跌，之后又出现一段空头计数到 13 的下跌。两天后，第二次出现空头计数 13，创出极限低点 37.33 元。以中阳线的最高价 51.85 元起算，至极限低点 37.33 元，这段下跌总共 51 个交易日，跌幅约为 28%。

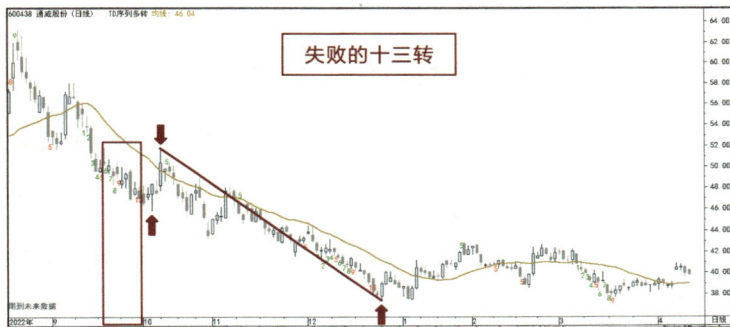

图 9-24　"TD 空转多"十三转选股结果 2

9.7　"TD 序列多转"指标的摆动交易策略

很明显，"TD 序列"理论能够覆盖绝大多数价格运动，并能提供胜率较高的交易信号。因此，我们可以利用"TD 序列"理论和编写的"TD 序列多转"指标设计多种交易策略。笔者继续采用经典裸 K 线 AB=CD 的交易策略。

以做多为例，利用"TD 序列多转"指标进行交易，大原则是首先利用"TD 多转空"公式进行选股，识别后续可能出现的小型上升趋势。然后利用 AB=CD 原理预估可能的涨幅，如果估计涨幅超过 10 个点，那么再制订交易计划。如果出现进场信号就进场，如果没有出现进场信号就不进场。如果进场后的价格走势与预计的方向不同，投资者应及时主动离场。（这里预估的 10 个点仅作为示例，投资者可以根据自己的交易风格自行设置，需要考虑到交易的时间成本和费用等因素，面对预估涨幅较小的交易机会，建议主动放弃。）

9.7.1　摆动交易策略的两张原理图

通常利用 AB=CD 原理做交易，有两张原理图：区间的摆动交易和趋势的摆动交易。

图 9-25 所示为区间的摆动交易。价格从区间摆动低点 A 点到区间摆动高点 B 点，价格空间是确定的。评估这段价格空间是否满足 10 个点的涨幅，如果满足就去找 C 点的位置。当价格再次回落到 C 点时，价格与 A 点大致齐平。如果 C 点附近出现 TD 序列空头计数的标记，随后市场的价格行为也表现出 C 点附

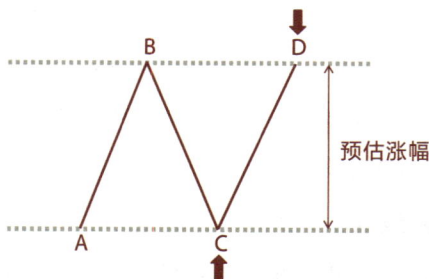

图 9-25　区间的摆动交易

近有支撑，那么投资者就可以进场。离场的位置要选在 D 点附近，D 点的价位与 B 点大致相当。

图 9-26 所示为趋势的摆动交易。当市场处于上升趋势时，价格从 A 点涨到 B 点后，回落的 C 点肯定比 A 点更高。如果 C 点附近出现 TD 序列空头计数的标记，随后市场的价格行为表现出 C 点附近存在支撑，那么投资者就可以进场。离场位置的 D 点比 B 点更高，D 点价格的计算方法为 C 点价格加上预估涨幅。

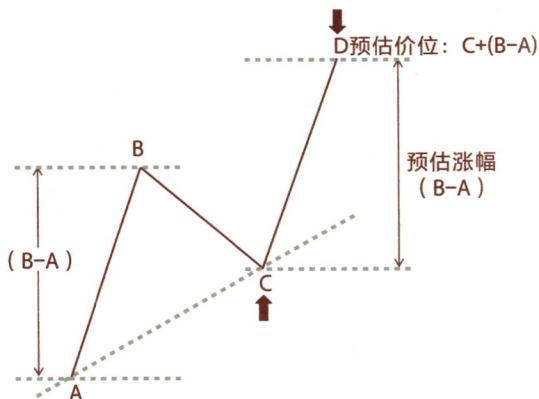

图 9-26　趋势的摆动交易

9.7.2　摆动交易选股与策略验证

使用摆动交易策略时，由于挑选的不是区间震荡低点，就是趋势回调低点，TD 序列的空头计数很少会计数到 13，通常在计数 5 或者计数 9 时就准备反转了。下面以默认参数 9 为例进行选股。

按快捷键"Ctrl+T"，打开"条件选股"窗口。在条件选股公式中选中"TD 空转多"，设置转折日默认选择"9"，选股周期默认选择"日线"，单击"加入条件"按钮，如图 9-27 所示。

在选股条件列表中增加了"TD 空转多（9）日线"的选股条件，括号里的参数 9 与设置的选股参数要保持一致。

勾选"剔除当前未交易的品种"和"剔除 ST 品种"。

勾选"时间段内满足条件"，在开始日期输入框中输入"2023-03-01"，在结束日期输入框中输入"2023-03-01"，单击"执行选股"按钮。

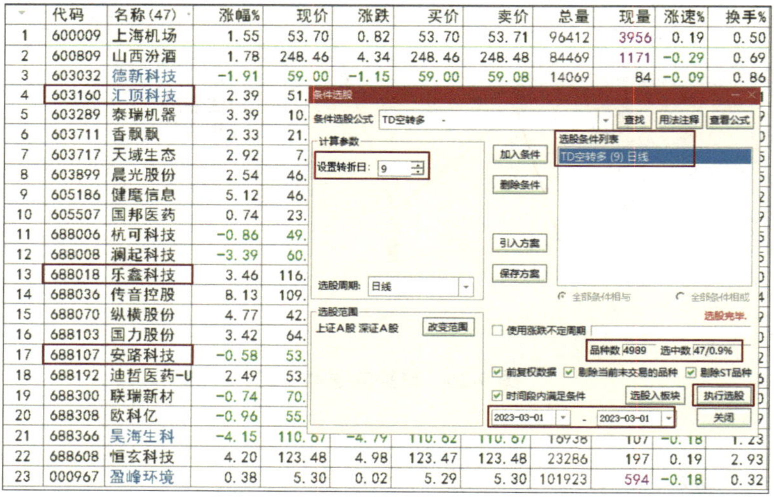

图 9-27 "TD 空转多"选股 3

可以看到，通达信系统从 4 989 只股票中选出了 47 只股票，选中率约为 0.9%。也就是说，在上证 A 股和深证 A 股的近 5 000 只股票中，在 2023 年 3 月 1 日曾发生空转多"九转"的股票仅 47 只。

9.7.3 区间的摆动交易案例一

双击查看选股结果，如图 9-28 所示，个股（688107）在选股日出现了空头计数红色数字 9。此时价格与前面的摆动低点 A 点的价格相当。A 点的最低价为 62.44 元，B 点的最高价为 77.37 元，从 A 点到 B 点的价格空间有 14.93 元，涨幅约为 24%。如果价格在 C 点附近得到支撑，就可以做一段耗时 10 个交易日左右、涨幅 20 个点的波段，具有制订交易计划的价值。

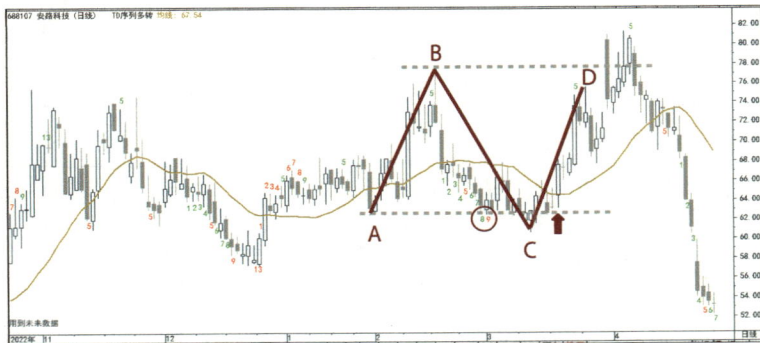

图 9-28 "TD 空转多"九转选股结果 1

空头计数 9 的最低价是 62.50 元，连接 A 点和空头计数 9 做一条支撑线，观察价格是否在此价位有支撑、C 点是否成立。

空头计数 9 之后是一根小阴线，最低价是 62.41 元，比 A 点更低，投资者要继续等待。

C 点是在空头计数 9 之后的第 8 个交易日出现的，当日创出了新低 60.60 元。随后一天的小阳线整个实体都回到了支撑线上方。第三天的小阴线最低价是 62.42 元，收盘价是 62.59

元，尽管它是根阴线，也要再次测试支撑线是否存在支撑作用。第四天倒 T 字线的价格已经远离支撑线。

上箭头处的大阳线开盘后的分时图，如图 9-29 所示。开盘后快速测试前一天的收盘价 63.23 元，便快速回弹，此时价格已经远离支撑线 62.40 元了。投资者可以执行 AB=CD 的交易计划，进场买入了。例如，以摆动高点 64.94 元为参考价，在回调时主动挂单 65.00 元进货。

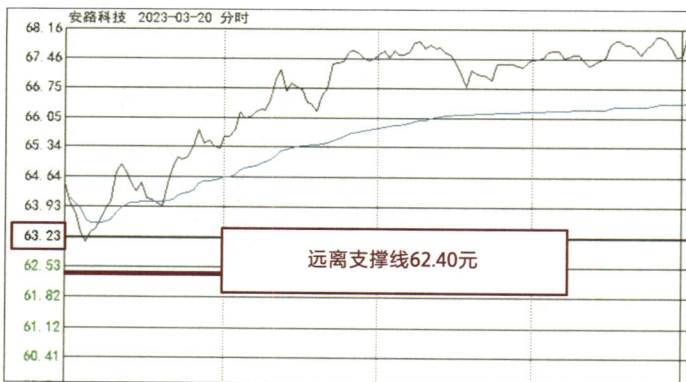

图 9-29 "TD 空转多"九转选股结果的分时图

如图 9-28 所示，计算 D 点的目标价，用 C 点最低价 60.60 元加上摆动空间 14.93 元，结果等于 75.53 元。

从上箭头处的大阳线进场起算，3 个交易日后出现了多头计数绿色数字 5，这天的最高价是 74.80 元，与我们计算的目标价 75.53 元相差 0.73 元，大约相差 1%。这种小误差可以被视为已经到达目标价 D 点附近了，同时可以判断该股在 75.00 元附近可能存在阻力，后续可以在 74.50 元附近主动止盈。

次日最高价 74.76 元再次证明 75.00 元是强阻力位。第三天的最高价是 75.59 元，与 D 点目标价 75.53 元仅相差 0.06 元。

做交易时，极限高点和极限低点是我们计算价格空间的参考价，并不应被视为实际能成交的价格。本例中，以买入价 65.00 元、卖出价 74.50 元计算，总共约 5 个交易日，收益率约为 15%。

9.7.4　区间的摆动交易案例二

再看个股（603160），如图 9-30 所示，该股在选股日出现了空头计数红色数字 9。此时的价格与前面的摆动低点 A 点的价格相当。A 点的最低价是 51.95 元，B 点的最高价是 59.58 元，从 A 点到 B 点的价格空间有 7.63 元，涨幅约为 15%。如果价格在 C 点附近得到支撑，就可以做一段耗时 10 个交易日左右、涨幅超过 10 个点的波段，具有制订交易计划的价值。

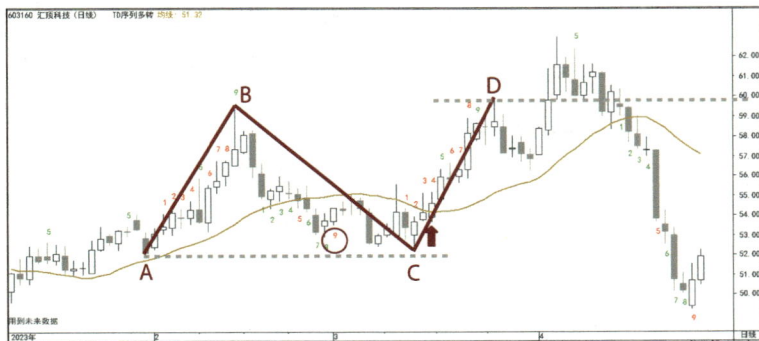

图 9-30　"TD 空转多"九转选股结果 2

空头计数 9 与前面的计数 7 和计数 8 构成了小型反转，但是计数 8 的最低价 52.90 元比 A 点的最低价高了大约 1 元。对

50.00 元左右的股票来说，1 元约等于 2 个点，投资者继续等待价格在 52.00 元附近的变化。

C 点是在空头计数 9 之后的第 9 个交易日出现的，当日最低价为 52.20 元，最高价为 53.98 元，收盘价为 53.68 元，收盘时已经远离支撑线 52.00 元。这时投资者可以执行 AB=CD 的交易计划，进场买入了。例如，以 C 点最高价 53.98 元为参考价，在回调时主动挂单 54.00 元进货。

计算 D 点的目标价，用 C 点最低价 52.20 元加上摆动空间 7.63 元，结果等于 59.83 元。由于目标价接近整数位 60.00 元，因此可能在 60.00 元附近有强阻力，后续可以在 59.00 元附近主动挂单止盈。

图 9-30 中的 D 点出现在多头计数 9 之后的第 3 天，最高价是 59.99 元，与 D 点目标价 59.83 元仅相差 0.16 元。多头计数 8 的最高价是 58.93 元，多头计数 9 的最高价是 58.70 元，多头计数 9 的后一天最高价是 59.11 元。自从多头计数 8 的标记出现后，近几天都是主动止盈离场的交易日。

本例中，以买入价 54.00 元、卖出价 59.00 元计算，总共约 8 个交易日，收益率约为 9%。

9.7.5　趋势的摆动交易案例一

看个股（300054），如图 9-31 所示，该股在选股日出现了空头计数红色数字 9。选股日附近的低点价格比前一段的最低价更高，所以可以把当前这段空头计数视为上升趋势的回调。A 点的最低价为 20.89 元，B 点的最高价为 24.02 元，从 A 点到 B 点的价格空间有 3.13 元，涨幅约为 15%。

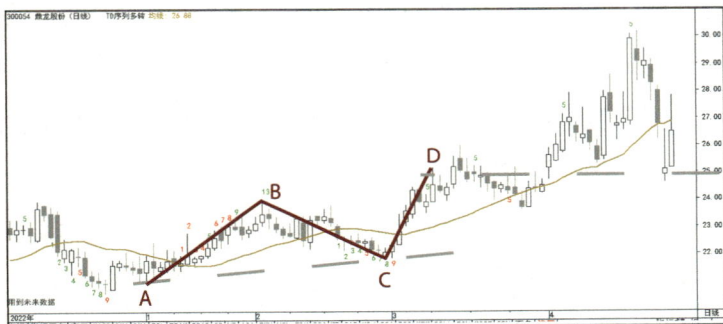

图 9-31　"TD 空转多"九转选股结果 3

由于空头计数 9 的最低价 21.83 元高于前一根 K 线，空头计数 8 的最低价为 21.80 元，因此可以将空头计数 8 视为 C 点，市场在 21.80 元附近有支撑。投资者可以做一段耗时约 10 个交易日、涨幅超过 10 个点的波段，具有制订交易计划的价值。

计算 D 点的目标价，用 C 点最低价 21.80 元加上摆动空间 3.13 元，结果等于 24.93 元。由于目标价接近整数位 25.00 元，因此可能在 25.00 元附近有阻力。

图 9-31 中的 D 点出现在多头计数 5 之后的第 2 天，最高价是 25.18 元，与 D 点目标价 24.93 元相差 0.25 元。如果投资者没有在 D 点及时卖出，那么后续还有几个交易日可以实现在 25.00 元附近卖出。

本例中，以买入价 22.32 元、卖出价 25.00 元计算，总共约 10 个交易日，收益率约为 12%。

9.7.6 趋势的摆动交易案例二

看个股（688018），如图 9-32 所示，该股在选股日出现了空头计数红色数字 9。选股日附近的低点价格比前一段的最低价更高，投资者可以把当前这段空头计数视为上升趋势的回调。A 点的最低价为 88.33 元，B 点的最高价为 116.62 元，从 A 点到 B 点的价格空间有 28.29 元，涨幅约为 32%。

由于空头计数 9 的最低价 106.30 元高于前一根 K 线，并且空头计数 8 的最低价为 106.50 元，空头计数 7 的最低价为 105.95 元，因此可以将空头计数 7 视为 C 点，市场在 106.00 元附近有支撑。投资者可以做一段耗时约 10 个交易日、涨幅超过 20 个点的波段，具有制订交易计划的价值。

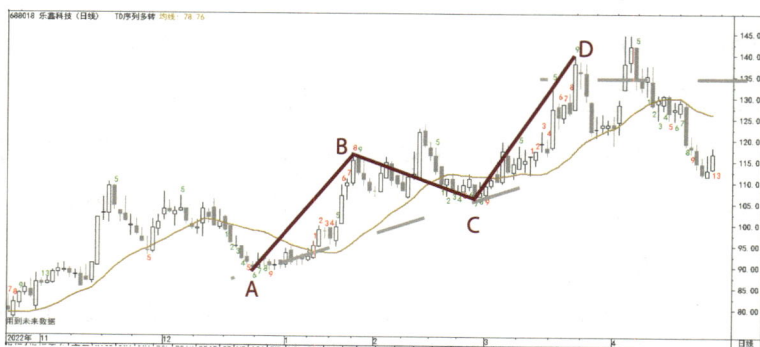

图 9-32 "TD 空转多"九转选股结果 4

计算 D 点的目标价，用 C 点最低价 105.95 元加上摆动空间 28.29 元，结果等于 134.24 元。目标价接近整数位 135.00 元，所以可能在 135.00 元附近有阻力。

图 9-32 中的 D 点出现在多头计数 9 的位置，最高价是
140.02 元，比 D 点目标价 134.24 元高出 5.78 元。投资者应在 D
点附近主动止盈卖出。

本例中，以买入价 109.00 元、卖出价 135.00 元计算，总共
16 个交易日，收益率约为 24%。

以上案例利用"九转"的选股结果，分别使用区间的摆动
交易策略和趋势的摆动交易策略，目标交易的 CD 段取决于 AB
段的涨幅。AB 段的涨幅越多，投资者在计划中的 CD 段可能获
得的收益越多。如果不容易辨识股票的 AB 段，或者 AB 段的幅
度没有超过 10%，就不应制订交易计划。

总结一下，我们通过将"TD 序列"理论和通达信公式编写
相结合，编写出了"TD 序列多转"指标公式和对应的选股公
式，其中选股公式分为"TD 空转多"选股公式和"TD 多转空"
选股公式。

在交易策略的讨论中，我们讲解了采用裸 K 线的 AB=CD 交
易策略。由于 A 股做多的市场特性，我们使用"TD 空转多"选
股公式进行选股，并作为潜在交易标的进场信号，离场方式则采
用在 D 点主动止盈，并没有采用 TD 序列的离场信号。投资者可
以根据自身的投资经验，优化后形成更好的个性化交易策略。

总之，无论技术分析理论还是通达信公式编写，都是投资
者的工具。投资是一门专业性很强的事业，投资者只有付出大
量的时间和精力学习，才能从知其然到知其所以然，步入成功
的殿堂。

附录

附录 A：公式选股常用的快捷键

快捷键	快捷功能
06	进入"自选股"板块
51	进入自定义的第一个板块
52	进入自定义的第二个板块
Ctrl+E	打开"专家系统指示"
Ctrl+F	打开"公式管理器"
Ctrl+K	打开"五彩 K 线指示"
Ctrl+H	删除所有指示
Ctrl+I	打开"选择副图指标"
Ctrl+O	打开主图"选择叠加的品种"
Ctrl+S	打开"程序交易评测系统"
Ctrl+T	打开"条件选股"
Tab	显隐主图指标
Alt+R	打开"指标用法注释"
Alt+S	修改当前指标公式，打开"指标公式编辑器"

（续表）

快捷键	快捷功能
Alt+T	打开"调整指标参数"
Alt+Z	弹出"加入自选股 / 板块"提示框
Alt+1	设置 1 个窗口，只显示 1 个主图
Alt+2	设置 2 个窗口，显示 1 个主图和 1 个副图
Alt+3	设置 3 个窗口，显示 1 个主图和 2 个副图
F10	查看个股基本面信息
F3	在"公式管理器"或者"插入函数"窗口逐个查找
.401	进入"历史行情·指标排序"界面
Esc	从个股详情页回到股票行情报价列表页

附录 B：重要的公式源代码

1. 指标公式：翻亚当

公式名称：翻亚当，出自威尔斯·威尔德在《亚当理论》（*The Adam Theory of Markets or What Matters Is Profit*）一书中关于预测中心对称和画出中心对称图的讲解。

公式类型：其他类型。

画线方法：副图。

公式源代码：

MIDDLE:=(C+O)/2;

中 轴 线 :DRAWSL(ISLASTBAR,MIDDLE,0,10000,2),COL

```
OR LIGRAY;
    DRAWSL(CURRBARSCOUNT=11,MIDDLE,10000,10000,2),
COL OR LIGRAY;
    {K线往前移动10根}
    NC:=REFX(C,10);
    NO:=REFX(O,10);
    NH:=REFX(H,10);
    NL:=REFX(L,10);
    STICKLINE(NC>=NO,NC,NO,3,1),COL OR CYAN;
    STICKLINE(NC<NO,NC,NO,3,0),COL OR CYAN;
    STICKLINE(1,NH,NC,0,0),COL OR CYAN;
    STICKLINE(1,NO,NL,0,0),COL OR CYAN;
    {最后一根K线}
    AC1:=MIDDLE+(MIDDLE-REF(C,10));
    AO1:=MIDDLE+(MIDDLE-REF(O,10));
    AL1:=MIDDLE+(MIDDLE-REF(H,10));
    AH1:=MIDDLE+(MIDDLE-REF(L,10));
    STICKLINE(ISLASTBAR AND AC1>=AO1,AC1,AO1,3,0),
RGBX8E2021;
    STICKLINE(ISLASTBAR AND AC1<AO1,AC1,AO1,3,1),R
GBX8E2021;
    STICKLINE(ISLASTBAR,AH1,AO1,0,0),RGBX8E2021;
    STICKLINE(ISLASTBAR,AC1,AL1,0,0),RGBX8E2021;
```

{ 倒数第 2 根 K 线 }

MID2:=(REFX(C,1)+REFX(O,1))/2;

AC2:=MID2+(MID2-REF(C,8));

AO2:=MID2+(MID2-REF(O,8));

AL2:=MID2+(MID2-REF(H,8));

AH2:=MID2+(MID2-REF(L,8));

STICKLINE(CURRBARSCOUNT=2 AND AC2>=AO2,AC2,AO2,
3,0),RGBX8E2021;

STICKLINE(CURRBARSCOUNT=2 AND AC2<AO2,AC2,AO2,
3,1),RGBX8E2021;

STICKLINE(CURRBARSCOUNT=2,AH2,AO2,0,0),RGBX
8E2021;

STICKLINE(CURRBARSCOUNT=2,AC2,AL2,0,0),RGBX
8E2021;

{ 倒数第 3 根 K 线 }

MID3:=(REFX(C,2)+REFX(O,2))/2;

AC3:=MID3+(MID3-REF(C,6));

AO3:=MID3+(MID3-REF(O,6));

AL3:=MID3+(MID3-REF(H,6));

AH3:=MID3+(MID3-REF(L,6));

STICKLINE(CURRBARSCOUNT=3 AND AC3>=AO3,AC3,AO3,
3,0),RGBX8E2021;

STICKLINE(CURRBARSCOUNT=3 AND AC3<AO3,AC3,AO3,

```
3,1),RGBX8E2021;
    STICKLINE(CURRBARSCOUNT=3,AH3,AO3,0,0),RGBX
8E2021;
    STICKLINE(CURRBARSCOUNT=3,AC3,AL3,0,0),RGBX
8E2021;
```
{ 倒数第 4 根 K 线 }
```
    MID4:=(REFX(C,3)+REFX(O,3))/2;
    AC4:=MID4+(MID4-REF(C,4));
    AO4:=MID4+(MID4-REF(O,4));
    AL4:=MID4+(MID4-REF(H,4));
    AH4:=MID4+(MID4-REF(L,4));
    STICKLINE(CURRBARSCOUNT=4 AND AC4>=AO4,AC4,AO4,
3,0),RGBX8E2021;
    STICKLINE(CURRBARSCOUNT=4 AND AC4<AO4,AC4,AO4,
3,1),RGBX8E2021;
    STICKLINE(CURRBARSCOUNT=4,AH4,AO4,0,0),RGBX
8E2021;
    STICKLINE(CURRBARSCOUNT=4,AC4,AL4,0,0),RGBX
8E2021;
```
{ 倒数第 5 根 K 线 }
```
    MID5:=(REFX(C,4)+REFX(O,4))/2;
    AC5:=MID5+(MID5-REF(C,2));
    AO5:=MID5+(MID5-REF(O,2));
```

```
AL5:=MID5+(MID5-REF(H,2));

AH5:=MID5+(MID5-REF(L,2));

STICKLINE(CURRBARSCOUNT=5 AND AC5>=AO5,AC5,AO5,
3,0),RGBX8E2021;

STICKLINE(CURRBARSCOUNT=5 AND AC5<AO5,AC5,AO5,
3,1),RGBX8E2021;

STICKLINE(CURRBARSCOUNT=5,AH5,AO5,0,0),RGBX
8E2021;

STICKLINE(CURRBARSCOUNT=5,AC5,AL5,0,0),RGBX
8E2021;
{ 倒数第 6 根 K 线 }
MID6:=(REFX(C,5)+REFX(O,5))/2;

AC6:=MID6+(MID6-C);

AO6:=MID6+(MID6-O);

AL6:=MID6+(MID6-H);

AH6:=MID6+(MID6-L);

STICKLINE(CURRBARSCOUNT=6 AND AC6>=AO6,AC6,AO6,
3,0),RGBX8E2021;

STICKLINE(CURRBARSCOUNT=6 AND AC6<AO6,AC6,AO6,
3,1),RGBX8E2021;

STICKLINE(CURRBARSCOUNT=6,AH6,AO6,0,0),RGBX
8E2021;

STICKLINE(CURRBARSCOUNT=6,AC6,AL6,0,0),RGBX
```

```
8E2021;
    { 倒数第 7 根 K 线 }
    MID7:=(REFX(C,6)+REFX(O,6))/2;
    AC7:=MID7+(MID7-REFX(C,2));
    AO7:=MID7+(MID7-REFX(O,2));
    AL7:=MID7+(MID7-REFX(H,2));
    AH7:=MID7+(MID7-REFX(L,2));
    STICKLINE(CURRBARSCOUNT=7 AND AC7>=AO7,AC7,AO7,
3,0),RGBX8E2021;
    STICKLINE(CURRBARSCOUNT=7 AND AC7<AO7,AC7,AO7,
3,1),RGBX8E2021;
    STICKLINE(CURRBARSCOUNT=7,AH7,AO7,0,0),RGBX
8E2021;
    STICKLINE(CURRBARSCOUNT=7,AC7,AL7,0,0),RGBX
8E2021;
    { 倒数第 8 根 K 线 }
    MID8:=(REFX(C,7)+REFX(O,7))/2;
    AC8:=MID8+(MID8-REFX(C,4));
    AO8:=MID8+(MID8-REFX(O,4));
    AL8:=MID8+(MID8-REFX(H,4));
    AH8:=MID8+(MID8-REFX(L,4));
    STICKLINE(CURRBARSCOUNT=8 AND AC8>=AO8,AC8,AO8,
3,0),RGBX8E2021;
```

```
STICKLINE(CURRBARSCOUNT=8 AND AC8<AO8,AC8,AO8,
3,1),RGBX8E2021;

STICKLINE(CURRBARSCOUNT=8,AH8,AO8,0,0),RGBX
8E2021;

STICKLINE(CURRBARSCOUNT=8,AC8,AL8,0,0),RGBX
8E2021;
{倒数第9根K线}
MID9:=(REFX(C,8)+REFX(O,8))/2;

AC9:=MID9+(MID9-REFX(C,6));

AO9:=MID9+(MID9-REFX(O,6));

AL9:=MID9+(MID9-REFX(H,6));

AH9:=MID9+(MID9-REFX(L,6));

STICKLINE(CURRBARSCOUNT=9 AND AC9>=AO9,AC9,AO9,
3,0),RGBX8E2021;

STICKLINE(CURRBARSCOUNT=9 AND AC9<AO9,AC9,AO9,
3,1),RGBX8E2021;

STICKLINE(CURRBARSCOUNT=9,AH9,AO9,0,0),RGBX
8E2021;

STICKLINE(CURRBARSCOUNT=9,AC9,AL9,0,0),RGBX
8E2021;
{倒数第10根K线}
MID10:=(REFX(C,9)+REFX(O,9))/2;

AC10:=MID10+(MID10-REFX(C,8));
```

```
AO10:=MID10+(MID10-REFX(O,8));

AL10:=MID10+(MID10-REFX(H,8));

AH10:=MID10+(MID10-REFX(L,8));

STICKLINE(CURRBARSCOUNT=10 AND AC10>=AO10,AC10
,AO10,3,0),RGBX8E2021;

STICKLINE(CURRBARSCOUNT=10 AND AC10<AO10,AC10,
AO10,3,1),RGBX8E2021;

STICKLINE(CURRBARSCOUNT=10,AH10,AO10,0,0),RGBX
8E2021;

STICKLINE(CURRBARSCOUNT=10,AC10,AL10,0,0),RGBX
8E2021;
```

2. 选股公式：中期不是下降

公式名称：中期不是下降。

公式描述：当日收阳，近两日收盘价都在 20 日均线上。

公式类型：其他类型。

公式源代码：

```
MAM:=MA(CLOSE,20);

CLOSE>OPEN AND CLOSE>MAM AND REF(C,1)>=MAM;
```

3. 指标公式：新股价格分析

公式名称：新股价格分析。

公式类型：其他类型。

画线方法：主图叠加。

公式源代码：

```
HH20:HHV(H,20),COL OR RED,LINETHICK2;
发行价:GPONEDAT(1),COL OR BLUE,LINETHICK2;
HEIGHT:=HH20-发行价;
FB382:HH20-HEIGHT*0.382,COL OR MAGENTA;
FB500:HH20-HEIGHT*0.5,COL OR GREEN;
FB618:HH20-HEIGHT*0.618,COL OR LICYAN;
```

4. 选股公式：商誉排雷

公式名称：商誉排雷。

公式类型：基本面。

参数说明如下。

- 参数1：N，最小值1.00，最大值100.00，缺省值15.00。
- 参数2：A，最小值1.00，最大值10 000.00，缺省值2.00。

公式源代码：

```
{商誉小于15%，商誉绝对值小于2亿元}
SY:=FINVALUE(35);
JZC:=FINVALUE(290);
商誉占比:SY/JZC*100<N AND SY<A*100000000;
```

5. 选股公式：业绩预告

公式名称：业绩预告。

公式描述：净利润增幅下限的最小百分比。

公式类型：基本面。

参数说明如下。

参数 1：N，最小值 1.00，最大值 100.00，缺省值 50.00。

公式源代码：

```
GPONEDAT(38)>=N;
```

6. 选股公式：业绩预亏排雷

公式名称：业绩预亏排雷。

公式描述：最新净利润下限大于等于 0。

公式类型：基本面。

公式源代码：

```
GPONEDAT(36)>=0;
```

7. 指标公式：应收账款占比

公式名称：应收账款占比。

公式描述：应收账款 / 营业收入。

公式类型：其他类型。

画线方法：副图。

公式源代码：

报告期 :FINVALUE(0),NODRAW;

YSZK:=FINVALUE(11);

YYSR:=FINVALUE(74);

应收账款占比 :YSZK/YYSR*100,NODRAW;

ZZ:= 应收账款占比 >REF(应收账款占比 ,1);

DD:= 应收账款占比 <REF(应收账款占比 ,1);

EQ:= 应收账款占比 =REF(应收账款占比 ,1);

STICKLINE(报告期 =041231, 应收账款占比 ,0,2,0),
RGBXCC9933;

STICKLINE(ZZ, 应收账款占比 ,0,2,0),RGBXCC9933;

STICKLINE(DD, 应收账款占比 ,0,2,1),RGBXCC9933;

STICKLINE(EQ, 应收账款占比 ,0,0.5,0),RGBXCC9933;

8. 指标公式: 机构持股分析

公式名称：机构持股分析。

公式类型：其他类型。

画线方法：副图。

公式源代码：

报告期 :FINVALUE(0),NODRAW;

QFII:=FINVALUE(249);

QS:=FINVALUE(251);

BX:=FINVALUE(253);

```
JJ:=FINVALUE(255);

SB:=FINVALUE(257);

LTA:=FINVALUE(239);

MYJG:=QFII+QS+BX+JJ+SB;

机构持股占比 :MYJG/LTA*100,NODRAW;

ZZ:= 机构持股占比 >REF( 机构持股占比 ,1);

DD:= 机构持股占比 <REF( 机构持股占比 ,1);

EQ:= 机构持股占比 =REF( 机构持股占比 ,1);

STICKLINE(ZZ, 机构持股占比 ,0,2,0),RGBXCC9933;

STICKLINE(DD, 机构持股占比 ,0,2,1),RGBXCC9933;

STICKLINE(EQ, 机构持股占比 ,0,0.5,0),RGBXCC9933;
```

9.指标公式：北上资金持股量

公式名称：北上资金持股量。

公式类型：其他类型。

画线方法：副图。

公式源代码：

```
报告期 :FINVALUE(0),NODRAW;

北上资金持股量 :FINVALUE(326),NODRAW;

ZZ:= 北上资金持股量 >REF( 北上资金持股量 ,1);

DD:= 北上资金持股量 <REF( 北上资金持股量 ,1);

EQ:= 北上资金持股量 =REF( 北上资金持股量 ,1);

STICKLINE(ZZ, 北上资金持股量 ,0,2,0),RGBXCC9933;
```

```
STICKLINE(DD, 北上资金持股量 ,0,2,1),RGBXCC9933;

STICKLINE(EQ, 北上资金持股量 ,0,0.5,0),RGBXCC9933;
```

10. 选股公式：机构持股比例

公式名称：机构持股比例。

公式类型：基本面。

参数说明如下。

参数 1：N，最小值 1.00，最大值 100.00，缺省值 10.00。

参数精灵：

最新机构持股比例 %：Param#0。

公式源代码：

```
GPONEDAT(32)/GPONEDAT(34)*100>N;
```

11. 指标公式：股东人数分析

公式名称：股东人数分析。

公式类型：其他类型。

画线方法：副图。

公式源代码：

```
报告期 :FINVALUE(0),NODRAW;

股东人数 :FINVALUE(242),NODRAW;

ZZ:= 股东人数 >REF( 股东人数 ,1);

DD:= 股东人数 <REF( 股东人数 ,1);
```

```
EQ:= 股东人数 =REF( 股东人数 ,1);
STICKLINE(ZZ, 股东人数 ,0,2,0),RGBXCC9933;
STICKLINE(DD, 股东人数 ,0,2,1),RGBXCC9933;
STICKLINE(EQ, 股东人数 ,0,0.5,0),RGBXCC9933;
```

12. 指标公式：均线趋势

公式名称：均线趋势。

公式类型：均线型。

画线方法：主图叠加。

参数说明如下。

参数 1：N，最小值 0.00，最大值 1000.00，缺省值 20.00。

参数精灵如下。

请调整中短期趋势周期：Param#0 天。

公式源代码：

```
MA0:=MA(CLOSE,N);

ZZ:=C>=MA0;

DD:=C<=MA0;

IF(ZZ,MA0,DRAWNULL),COL OR RED,LINETHICK2;

IF(DD,MA0,DRAWNULL),RGBX329632,LINETHICK2;
```

13. 指标公式：MACD 柱状图

公式名称：MACD 柱状图。

公式类型：趋势型。

画线方法：副图。

参数说明如下。

参数 1：SHORT，最小值 2.00，最大值 200.00，缺省值 12.00。

参数 2：LONG，最小值 2.00，最大值 200.00，缺省值 26.00。

参数 3：MID，最小值 2.00，最大值 200.00，缺省值 9.00。

参数精灵：

Param#1 日快线移动平均；

Param#2 日慢线移动平均；

Param#3 日移动平均。

额外 Y 轴分界：

值 1: 0

公式源代码：

```
DIF:=EMA(CLOSE,SHORT)-EMA(CLOSE,LONG);

DEA:=EMA(DIF,MID);

MACD:=(DIF-DEA)*2;

MACDUP1:=MACD>=0 AND MACD>=REF(MACD,1);

STICKLINE(MACDUP1,MACD,0,3,0),COL OR RED;

MACDUP2:=MACD>=0 AND MACD<REF(MACD,1);

STICKLINE(MACDUP2,MACD,0,3,1),COL OR RED;

MACDDN1:=MACD<=0 AND MACD<=REF(MACD,1);

STICKLINE(MACDDN1,MACD,0,3,0),RGBX329632;
```

```
MACDDN2:=MACD<=0 AND MACD>REF(MACD,1);
STICKLINE(MACDDN2,MACD,0,3,1),RGBX329632;
快线: DIF,COL OR BLACK;
慢线: DEA,COL OR BLUE;
```

14. 选股公式：MACD 柱状图

公式名称：**MACD 柱状图**。

公式类型：指标条件。

参数说明如下。

参数 1：SHORT，最小值 2.00，最大值 200.00，缺省值 12.00。

参数 2：LONG，最小值 2.00，最大值 200.00，缺省值 26.00。

参数 3：MID，最小值 2.00，最大值 200.00，缺省值 9.00。

公式源代码：

```
DIF:=EMA(CLOSE,SHORT)-EMA(CLOSE,LONG);
DEA:=EMA(DIF,MID);
MACD:=(DIF-DEA)*2;
MACDDN1:=MACD<=0 AND MACD<=REF(MACD,1);
MACDDN2:=MACD<=0 AND MACD>REF(MACD,1);
DIF<0 AND DEA<0 AND MACDDN2 AND REF(MACDDN1,1);
```

15. 指标公式：主图布林带

公式名称：主图布林带。

公式类型：路径型。

画线方法：主图叠加。

参数说明如下。

参数 1：M，最小值 2.00，最大值 999.00，缺省值 20.00。

参数精灵：

请调整中短期趋势周期：Param#0 天。

公式源代码：

```
BOLL:MA(CLOSE,M),RGBXCC9933,LINETHICK2;
SIGMA:STD(CLOSE,M),NODRAW;
UB:=BOLL+2*SIGMA;
LB:=BOLL-2*SIGMA;
DIF:=EMA(CLOSE,12)-EMA(CLOSE,26);
CON:=CLOSE>UB AND C>O AND DIF>=0;
STICKLINE(CON,C,O,3,1),COL OR RED;
STICKLINE(CON,H,C,0,0),COL OR RED;
STICKLINE(CON,O,L,0,0),COL OR RED;
UBL:UB,RGBX00C01C;
LBL:LB,RGBX8E2021;
```

16. 选股公式：主图布林带

公式名称：主图布林带。

公式类型：指标条件。

参数说明如下。

参数 1：M，最小值 2.00，最大值 999.00，缺省值 20.00。

参数精灵：

请调整中短期趋势周期：Param#0 天。

公式源代码：

```
BOLL:=MA(CLOSE,M);

SIGMA:=STD(CLOSE,M);

UB:=BOLL+2*SIGMA;

LB:=BOLL-2*SIGMA;

DIF:=EMA(CLOSE,12)-EMA(CLOSE,26);

CON:CLOSE>UB AND C>O AND DIF>=0;
```

17. 指标公式：ATR 吊灯止损

公式名称：ATR 吊灯止损。

公式类型：停损型。

画线方法：主图叠加。

公式源代码：

```
ATR:=MA(TR,14);

HH:=HHV(H,14);

ZS:=HH-3*ATR;

IF(C>=ZS,ZS,DRAWNULL),COL OR BLUE,LINETHICK2;
```

18. 选股公式：ATR 吊灯线

公式名称：ATR 吊灯线。

公式类型：指标条件。

公式源代码：

```
ATR:=MA(TR,14);
HH:=HHV(H,14);
ZS:=HH-3*ATR;
CON:=C>=ZS;
BARSLASTCOUNT(CON)>=3;
```

19. 选股公式：看涨吞没阳线

公式名称：看涨吞没阳线。

公式类型：形态特征。

公式源代码：

```
K0:=CLOSE/OPEN>1.05 AND HIGH/LOW<CLOSE/
OPEN+0.018;
K1:=C>MAX(REF(C,1),REF(O,1)) AND O<MIN(REF
(C,1),REF(O,1));
HH:=HHV(H,20);
K0 AND K1 AND H=HH;
```

20. 指标公式：强势老鸭头

公式名称：强势老鸭头。

公式类型：均线型。

画线方法：主图叠加。

参数说明如下。

参数 1：N1，最小值 2.00，最大值 100.00，缺省值 10.00。

参数 2：N2，最小值 2.00，最大值 100.00，缺省值 60.00。

参数精灵如下。

快线周期：Param#0 天。

慢线周期：Param#1 天。

公式源代码：

```
E1:=EMA(C,N1);

E2:=EMA(C,N2);

A1:=COUNT(E1<REF(E1,1),5)>=3 AND E1>REF(E1,1);

A2:=COUNT(E2>REF(E2,1),13)>=8 AND E2>REF(E2,1);

A3:=LLV((L/E2-1),13)<=0.1;

A4:=COUNT(E1>E2,13)=13;

A5:=COUNT(C>E2,5)=5;

A6:=CROSS(C,E1);

A7:=V>MA(V,5);

YT:=A1 AND A2 AND A3 AND A4 AND A5 AND A6 AND A7;

CON:=(C-REF(C,1))/REF(C,1)>0.099 OR L>REF(H,1);

STICKLINE(CON AND C>=O,C,O,3,1),RGBXCC9933;

STICKLINE(CON AND C<O,C,O,3,0),RGBXCC9933;
```

```
STICKLINE(CON,H,C,0,0),RGBXCC9933;

STICKLINE(CON,O,L,0,0),RGBXCC9933;

STICKLINE(YT AND C>=O,C,O,3,1),COL OR RED;

STICKLINE(YT AND C<O,C,O,3,0),COL OR RED;

STICKLINE(YT,H,C,0,0),COL OR RED;

STICKLINE(YT,O,L,0,0),COL OR RED;

DRAWICON(YT,L*0.99,34);

MAUP:E1,RGBXCC9933,LINETHICK2;

MADN:E2,RGBXCC9933,LINETHICK2;
```

21. 选股公式：强势老鸭头

公式名称：强势老鸭头。

公式类型：形态特征。

参数说明如下。

参数 1：N1，最小值 2.00，最大值 100.00，缺省值 10.00。

参数 2：N2，最小值 2.00，最大值 100.00，缺省值 60.00。

参数精灵：

快线周期:Param#0 天；

慢线周期:Param#1 天。

公式源代码：

```
E1:=EMA(C,N1);

E2:=EMA(C,N2);
```

```
A1:=COUNT(E1<REF(E1,1),5)>=3 AND E1>REF(E1,1);

A2:=COUNT(E2>REF(E2,1),13)>=8 AND E2>REF(E2,1);

A3:=LLV((L/E2-1),13)<=0.1;

A4:=COUNT(E1>E2,13)=13;

A5:=COUNT(C>E2,5)=5;

A6:=CROSS(C,E1);

A7:=V>MA(V,5);

YT:=A1 AND A2 AND A3 AND A4 AND A5 AND A6 AND A7;

CON:=(C-REF(C,1))/REF(C,1)>0.099 OR L>REF(H,1);

COUNT(CON,50)>=1 AND YT;
```

22. 指标公式：净利润率

公式名称：净利润率。

公式描述：显示 2020—2022 年三年净利润增长率。

公式类型：其他类型。

画线方法：副图。

公式源代码：

```
净利率20:FINONE(184,2020,1231);

净利率21:FINONE(184,2021,1231);

净利率22:FINONE(184,2022,1231);
```

23. 选股公式：净利润率

公式名称：净利润率。

公式类型：其他类型。

公式源代码：

净利率 20:=FINONE(184,2020,1231);

净利率 21:=FINONE(184,2021,1231);

净利率 22:=FINONE(184,2022,1231);

净利率 20>30 AND 净利率 21>30 AND 净利率 22>30;

24. 选股公式：强势基本面

公式名称：强势基本面。

公式类型：基本面。

公式源代码：

净利率 19:=FINONE(184,2019,1231)>50;

净利率 20:=FINONE(184,2020,1231)>50;

净利率 21:=FINONE(184,2021,1231)>50;

净利率 19 AND 净利率 20 AND 净利率 21 AND FINANCE
(42)>350;

25. 指标公式：TD 序列多转

公式名称：TD 序列多转。

公式类型：其他类型。

画线方法：主图叠加。

公式源代码：

UP:=C>REF(C,4);

NUP:=BARSLASTCOUNT(UP);

NUP9:=NUP=9;

LSTUP:=ISLASTBAR AND BETWEEN(NUP,5,8);

UPT:=(BACKSET(NUP9>0,9) OR BACKSET(LSTUP>0, NUP))*NUP;

DRAWTEXT(UPT>0,H*1.01,VAR2STR(UPT,0)),COL OR RED;

DRAWTEXT(NUP=5,H*1.01,'5'),RGBX329632;

DRAWTEXT(NUP=9,H*1.01,'9'),RGBX329632;

DRAWTEXT(NUP=13,H*1.01,'13'),RGBX329632;

DN:=C<REF(C,4);

NDN:=BARSLASTCOUNT(DN);

NDN9:=NDN=9;

LSTDN:=ISLASTBAR AND BETWEEN(NDN,5,8);

DNT:=(BACKSET(NDN9>0,9) OR BACKSET(LSTDN>0, NDN))*NDN;

DRAWTEXT(DNT>0,L*0.99,VAR2STR(DNT,0)),RGBX329632;

DRAWTEXT(NDN=5,L*0.99,'5'),COL OR RED;

DRAWTEXT(NDN=9,L*0.99,'9'),COL OR RED;

DRAWTEXT(NDN=13,L*0.99,'13'),COL OR RED;

均线：MA(C,20),RGBXCC9933,LINETHICK2;

26.选股公式：TD 多转空

公式名称：TD 多转空。

公式类型：其他类型。

参数说明如下。

参数 1：N，最小值 1.00，最大值 100.00，缺省值 9.00。

参数精灵：

设置转折日 :Param#。

公式源代码：

UP:=C>REF(C,4);

NUP:=BARSLASTCOUNT(UP);

NUP=N;

27. 选股公式：TD 空转多

公式名称：TD 空转多。

公式类型：其他类型。

参数说明如下。

参数 1：N，最小值 1.00，最大值 100.00，缺省值 9.00。

参数精灵：

设置转折日 :Param#。

公式源代码：

DN:=C<REF(C,4);

NDN:=BARSLASTCOUNT(DN);

NDN=N;